战略性新兴技术研究导论

侯剑华　柏　丹/著

科 学 出 版 社

北 京

内 容 简 介

本书以我国当前大力培育和发展的战略性新兴产业为背景，以战略性新兴技术的辨识及其演进过程为主线，基于专利计量理论与方法，借助信息可视化技术手段，探索战略性新兴技术创生、演化的规律及其管理问题。从新兴技术管理、技术体系演化等视角，提出战略性新兴技术的概念及其特征，建立战略性新兴技术辨识的信息可视化方法。探测战略性新兴技术的组织开发和管理策略，分析战略性新兴技术创生机制与生成模式。使用技术共生演化、技术熵等方法构建战略性新兴技术体系演化机制和动力系统。以战略性新兴能源产业技术发展为例，分析验证研究方法的有效性和可行性。为我国战略性新兴能源产业发展中新兴技术的选择与管理，以及产业发展对策提供决策支持。

本书可作为高等院校科学技术管理、技术经济及管理、企业管理等相关专业研究生或高年级本科生的参考用书，也可作为科技管理部门和企事业单位管理人员、科研人员及工程技术人员等广大实际工作者的学习参考书。

图书在版编目(CIP)数据

战略性新兴技术研究导论 / 侯剑华，柏丹著. —北京：科学出版社，2016.12
ISBN 978-7-03-050708-2

Ⅰ．①战…　Ⅱ．①侯…　②柏…　Ⅲ．①技术发展-研究-中国
Ⅳ．①F124.3

中国版本图书馆 CIP 数据核字(2015)第 278336 号

责任编辑：马　跃 / 责任校对：贾伟娟
责任印制：张　伟 / 封面设计：无极书装

科学出版社 出版
北京东黄城根北街 16 号
邮政编码：100717
http://www.sciencep.com

北京教图印刷有限公司 印刷
科学出版社发行　各地新华书店经销
*

2016 年 12 月第 一 版　开本：720×1000　B5
2016 年 12 月第一次印刷　印张：15 1/2
字数　303 000

定价：92.00 元
(如有印装质量问题，我社负责调换)

前　言

本书是国家自然科学基金资助项目"战略性新兴能源技术辨识与产业发展对策研究"（项目编号：71103022）的研究成果。近年来笔者带领的课题组一直关注新兴技术管理相关问题，特别是 2009 年以来国家提出大力培育和发展战略性新兴产业重大举措，课题组在前期研究的基础上，创造性地将新兴技术与战略性新兴产业的研究结合起来，提出战略性新兴技术的概念，并开展相关问题的研究工作。特别是自 2012 年围绕这一问题申报的国家自然科学基金项目获批以来，根据国家自然科学基金委的课题立项批示和主持人提交的项目研究计划书，按计划展开课题的研究工作。2012 年 3 月，课题组组织成员和部分在校学生召开了"战略性新兴能源技术辨识与产业发展对策研究"项目启动暨开题报告会。2012 年 12 月和 2013 年 12 月，分别组织两次课题研究中期成果报告会，并向基金委按时提交了课题研究进展报告。2014 年 12 月，课题预期计划的研究任务基本完成，研究成果满足课题研究计划的要求，目前已经顺利结题。

1. 本书成果依托的课题研究概况

2012 年 10 月以来，本课题组每周组织学生召开一次讨论会，每月一次学术报告会，讨论会主要汇报课题研究进展和存在的问题，学术报告会由课题组教师（包括课题组合作单位的大连理工大学教师、博士生）和邀请的专家、学者进行交流汇报，保障了课题研究的顺利进行。在研究过程中，除按计划完成研究任务以外，对相关问题进行了深入和拓展研究，如引入了 SWOT 分析、结构方程、技术熵等新的研究方法和理论，为战略性新兴技术辨识方法和演化机制等问题的研究提供了重要的研究手段。

在研究内容方面，本书主要包括课题组研究的以下方面的问题：①系统梳理相关研究成果，积累研究的知识基础；②建立基础数据库，完成文献数据的下载与处理工作；③提出战略性新兴技术的内涵和基本问题；④战略性新兴技术创生机制与生成模式的相关研究；⑤提出战略性新兴技术辨识方法；⑥战略性新兴技术演化机制的理论和实证研究；⑦战略性新兴技术的开发策略研究；⑧战略性新兴技术的实证研究；⑨战略性新兴技术与产业政策研究。

在研究人员方面，题目申报时，成员共计 9 人，在研究过程中，部分人员由于调离、毕业等原因，根据实际研究需要，对成员的研究分工情况做了适当调整，新加入课题组 4 人。本课题组在研究过程中，积极开展国内外学术交流与合作，特别是与美国 Drexel 大学陈超美（Chaomei Chen）教授、大连理工大学 WISE 实验室、工商管理学院大企业研究所等机构建立了长期稳定的合作关系，在学术研究和人才培养等方面发挥了重要作用。

2. 研究存在的问题及未来计划

（1）对部分数据库专利文献格式的处理问题。项目研究所收集的相关技术领域的专利文献涉及不同的数据库中的格式，数据下载后需要做统一格式的标准化处理，对大量专利文献数据格式的标准化处理工作是项目研究中的一项困难。与此同时，对中文专利文献数据的下载和处理问题，当前国内专利文献数据库尚不提供批量专利文献数据的下载。课题组积极发挥与大连理工大学 WISE 实验室的合作研究优势，联系实验室相关研究人员，使用自编计算机软件程序，实现了对专利数据格式的标准化处理，减少了课题组的大量低水平重复工作。

（2）对部分专利文献知识图谱的解读和内容挖掘的研究。课题组通过绘制相关领域的专利文献数据的科学知识图谱，探测新兴技术及其演化情况，当前的一个难点是对专利文献知识图谱的解读。由于课题组成员缺少新兴能源技术的相关研究背景，在对具体的新能源技术领域进行实证研究时，对知识图谱中展现出来的技术信息把握不够准确，对图谱内容的挖掘不够深入。例如，对固体燃料电池技术、风能发电技术的专利术语和技术领域的理解与把握不够。课题组通过联系战略性新兴能源技术领域的相关专家，帮助课题组对专利文献的知识图谱进行深入解读。同时，相关专家还为课题组提供了大量关于战略性新兴能源产业政策方面的深层讲解。

（3）课题组研究力量略显不足。在项目深入开展过程中，由于研究问题设计内容交叉性较强，现有课题组研究力量，特别是在读研究生数量较少，出现研究力量略显不足。课题组一方面吸收相关研究方向的青年教师合作研究，另一方面吸收 3 名高年级本科生参加课题研究，这在一定程度上缓解了研究力量不足的问题。

此外，课题组在研究过程中还探索了这一领域需要进一步深入研究的问题，如新兴技术体系演化的微观动力问题、如何通过建立数量模型构建新兴技术涌现的机制等问题，这将是本课题组未来研究的重点课题。在未来的研究中，课题组将继续发挥交叉学科研究背景和跨校合作研究的优势，积极探索，争取在战略性新兴技术领域研究中收获更多的研究成果，更好地为我国培育和发展战略性新兴产业提供决策参考。

本书在写作过程中得到了大连理工大学的王续琨教授、刘则渊教授、朱方伟教授，美国 Drexel 大学的陈超美教授，以及部分政府部门和企业的管理者的指导与帮助。正是通过大家共同的辛勤努力，才有本书的问世。在本书即将付梓之际，我郑重地向为本书出版付出努力的各位师友、学生表达衷心的感谢！感谢我的家人对我工作的支持和理解。

特别地将此书献给我刚满月的女儿！

侯剑华

2016 年 6 月

目　录

第一篇　战略性新兴技术的基础研究(基础篇)

1　绪论·· 3

　　1.1　战略性新兴技术的提出 ·· 3

　　1.2　战略性新兴技术的研究框架 ·· 6

　　1.3　科学计量与信息可视化方法 ·· 10

　　1.4　本书依托课题的研究成果及展望 ···································· 15

　　1.5　本章小结 ·· 26

　　本章参考文献 ·· 27

2　战略性新兴技术的研究基础 ·· 28

　　2.1　新兴技术、战略性新兴技术和战略性新兴产业 ······················ 28

　　2.2　新兴技术 ·· 29

　　2.3　战略性新兴产业概述 ·· 31

　　2.4　战略性新兴产业政策概况 ·· 41

　　2.5　本章小结 ·· 47

　　本章参考文献 ·· 47

3　国内外相关研究概况 ·· 49

　　3.1　新兴技术及其管理研究进展 ·· 49

　　3.2　新兴技术演进的研究进展 ·· 64

　　3.3　新兴技术辨识的研究进展 ·· 66

　　3.4　战略性新兴产业研究进展 ·· 67

　　本章参考文献 ·· 76

第二篇　战略性新兴技术的理论研究(理论篇)

4　战略性新兴技术的创生模式 ·· 85

　　4.1　战略性新兴技术的创生机制 ·· 85

　　4.2　战略性新兴技术的生成模式 ·· 89

　　4.3　战略性新兴技术的产业化 ·· 91

　　4.4　本章小结 ·· 94

　　本章参考文献 ·· 94

5 战略性新兴技术的开发与管理 ·· 95
　　5.1 战略性新兴技术开发策略 ··· 95
　　5.2 战略性新兴技术管理策略 ··· 100
　　5.3 战略性新兴技术管理中的反馈控制 ····························· 110
　　5.4 技术标准与知识产权战略 ··· 113
　　5.5 本章小结 ·· 115
　　本章参考文献 ·· 115

6 战略性新兴技术的系统辨识方法 ··· 116
　　6.1 战略性新兴技术辨识的特殊性 ····································· 116
　　6.2 指标选择与模型构建 ··· 117
　　6.3 数据采集与处理 ··· 118
　　6.4 战略性新兴技术辨识 ··· 120
　　6.5 战略性新兴技术辨识的实证研究——以风能为例 ········· 122
　　6.6 本章小结 ·· 133
　　本章参考文献 ·· 133

7 战略性新兴技术演进研究的理论基础 ··································· 134
　　7.1 共生演进理论 ·· 134
　　7.2 技术生命周期理论 ·· 137
　　7.3 技术范式与技术轨道 ··· 139
　　7.4 知识流动理论 ·· 140
　　7.5 本章小结 ·· 142
　　本章参考文献 ·· 143

8 战略性新兴技术的演进研究 ··· 145
　　8.1 战略性新兴技术演进模型 ··· 145
　　8.2 技术体系的内部演化 ··· 149
　　8.3 技术体系与外部环境共生演化 ····································· 154
　　8.4 本章小结 ·· 156
　　本章参考文献 ·· 156

9 战略性新兴技术的协同创新 ··· 157
　　9.1 协同创新理论的相关概述 ··· 157
　　9.2 战略性新兴技术的宏观协同机制 ··································· 159
　　9.3 战略性新兴技术的中介协同机制 ··································· 161
　　9.4 战略性新兴技术的微观协同机制 ··································· 162

9.5　本章小结 ··· 166
本章参考文献 ···166

10　风力发电机技术体系的演进研究 ································ 167
10.1　数据来源与研究方法 ··· 167
10.2　风力发电机技术在科学研究中的演进 ······················· 168
10.3　风力发电机技术在专利文献中的演进 ······················· 172
10.4　风力发电机技术的科学文献与专利互动演化规律 ·········· 174
10.5　本章小结 ·· 175
本章参考文献 ···176

11　基于技术熵的碳捕集技术演进研究 ···························· 177
11.1　技术熵理论及其专利模型构建研究 ···························· 177
11.2　技术熵增量的判据 ·· 179
11.3　技术熵增量趋势值的判据 ·· 181
11.4　技术熵的多维度专利模型构建 ·································· 182
11.5　碳捕集技术的技术监测与评价 ·································· 185
11.6　本章小结 ·· 191
本章参考文献 ···192

第三篇　战略性新兴技术的实证研究（应用篇）

12　美国风力涡轮机技术监测与分析 ································ 195
12.1　研究的背景 ·· 195
12.2　数据来源与研究方法 ··· 196
12.3　专利计量分析结果 ·· 198
12.4　本章小结 ·· 205
本章参考文献 ···206

13　基于专利家族的核心技术演进分析 ···························· 208
13.1　核心技术识别的研究现状 ·· 208
13.2　专利数据来源与研究方法 ·· 209
13.3　光伏电池技术的专利家族分析 ·································· 210
13.4　本章小结 ·· 216
本章参考文献 ···217

14　基于专利指标的技术预测评价体系及其实证研究 ·········· 218
14.1　技术预测模型设计 ·· 218
14.2　基于专利的技术预测评价指标体系 ···························· 220

14.3 实证研究——以 SOFC 为例 ·· 222
14.4 本章小结 ··· 229
本章参考文献 ··· 229

15 提升我国战略性新兴产业发展的策略 ································· 231
15.1 我国战略性新兴技术发展的对策建议 ···························· 231
15.2 我国战略性新兴产业发展的对策建议 ···························· 232
15.3 对我国战略性新兴产业未来发展的展望 ························· 234
15.4 本章小结 ··· 235
本章参考文献 ··· 236

第一篇　战略性新兴技术的基础研究
（基础篇）

1 绪 论

大力培育和发展新兴技术已经成为我国优化产业结构、适应经济发展的新常态，也是实现创新驱动发展战略的必由之路。然而，新兴技术多兴起于技术发达国家，我国对新兴技术的培育和应用始终处于追赶、引进、消化、再吸收等过程中。由于缺乏自主知识产权新兴技术的研发和培育，在技术和产品创新中难以摆脱被动地位，这严重阻碍了我国战略性新兴产业的创新和发展。因此，新兴技术的创生机制和内部规律，特别是战略性新兴技术的演化机理和管理等问题已经成为制约我国传统产业升级和提升产业技术创新能力亟待解决的重要课题。

1.1 战略性新兴技术的提出

2010 年 3 月，在第十一届全国人民代表大会第三次会议的《政府工作报告》中正式提出了大力培育和发展战略性新兴产业的要求。同年 9 月，国务院下发《国务院关于加快培育和发展战略性新兴产业的决定》，从国家层面确立了战略性新兴产业在我国产业结构调整和经济发展中的重要战略地位。培育和发展战略性新兴产业是我国加快转变经济增长方式、调整和优化产业结构的重要措施。在经济全球化和我国实施创新驱动发展战略性的背景下，大力培育和发展战略性新兴产业对推进我国现代化建设具有特殊的现实意义。

发展战略性新兴产业需要多方面的物质条件、社会条件，而掌握足以支撑战略性新兴产业的战略性新兴技术，是其中一个基本前提条件。战略性新兴产业是新兴技术和新兴产业的深度融合，既代表着科学技术创新的方向，又代表着产业发展的方向，而制约新兴产业发展的主要因素是战略性新兴技术的创新和应用。因此，战略性新兴技术在推动产业结构升级和引领产业发展的过程中发挥着不可替代的重要作用。战略性新兴技术既具有高技术含量，又具有带动和促进产业发展的战略性意义。

1.1.1 战略性新兴技术的界定

"战略"通常指对某项事业的发展具有全局意义的原则性构想或谋划。在这里，"战略性"作为形容词来修饰"新兴技术"，指出战略性新兴技术是新兴技术中重要程度最高的那一部分。因此，战略性新兴技术首先是新兴技术，其概念和内涵首先需要符合新兴技术的概念和内涵。其次，战略性新兴技术又具有独特的特点，其战略性不仅体现为其在新兴技术中具有的重要地位，还体现为其对技术主体的战略性新兴产业发展的重要性——战略性新兴技术既是新兴技术中的重要技术，同时也是与战略性新兴产业密切相关的技术。想要更明确地界定战略性新兴技术的概念，界定战略性新兴技术的特征，我们至少还需要进行三个维度的定位，即经济产业维度、科学技术维度、时空维度。

第一，从经济产业维度来看，战略性新兴技术是与战略性新兴产业相伴而生的技术集合体，其与战略性新兴产业密切相关，须臾不离。技术作为人类能动地改造和利用自然界，以科学知识和实践经验为依据而创造的活动手段，终将进入市场领域，并最终以产品形式物化。物化的技术以产品形式影响人类的生活。同样，产业作为生产物质产品和提供劳务活动的集合体，它的形成与发展离不开技术的支撑。没有新材料技术就不会有新材料产业，没有能源技术的能源产业也不会存在。因此，技术与产业相辅相成、不可分割。我们也可以认为，没有战略性新兴技术就没有战略性新兴产业。不掌握战略性新兴技术，发展战略性新兴产业便成了一句大话、空话、假话。

第二，从科学技术维度来看，战略性新兴技术应该是基于科学基础上的高技术，即战略性新兴技术应该具有科学含量高、知识密集度高的基本特点。战略性新兴技术的建立必定依靠科学的革新，如果没有科学研究的突破创新，就不会产生战略性新兴技术。例如，生物技术作为高技术，建立在发现脱氧核糖核酸双螺旋结构、人工合成核酸等生物科学一系列重大成就及分子生物学、分子遗传学、发育生物学、生物信息学、基因组学、蛋白质组学等新兴学科蓬勃崛起的基础之上。另外，战略性新兴技术更应该为国家认定的前沿技术。前沿技术来源于《国家中长期科学和技术发展规划纲要(2006—2020 年)》，是指高技术领域中具有前瞻性、先导性和探索性的重大技术，是未来高技术更新换代和新兴产业发展的重要基础，是国家高技术创新能力的综合体现。根据这个定义，前沿技术属于高技术范畴，是高技术中发挥着前沿导引性作用的那一部分。《国家中长期科学和技术发展规划纲要(2006—2020 年)》选择了生物技术、信息技术、新材料技术、先进制造技术、先进能源技术、海洋技术、激光技术、航空航天技术等 8 个领域作为前沿技术领域（表 1-1）。

第三，从时空维度来看，战略性新兴技术是一个动态变化着的时空概念或历史范畴。战略性新兴技术作为一个术语虽然刚刚出现，但在技术发展史上，它却是早就存在的。例如，19 世纪中叶在以蒸汽动力技术为主导的第一次产业革命出现颓势之时，以发电机、电动机为代表的电力技术成为当时的战略性新兴技术，电力技术所支撑的战略性新兴产业——电机(发电机、电动机)制造业隆重登场。显而易见，不同历史时期应有不同的战略性新兴产业，因而就有不同的战略性新

表 1-1　高技术领域、前沿技术领域与战略性新兴技术的对应关系

高技术领域	信息技术	生物和医药技术	新材料技术	先进制造技术	先进能源技术	资源环境技术	海洋技术	现代农业技术	现代交通技术	地球观测与导航技术
前沿技术领域	信息技术	生物技术	新材料技术	先进制造技术	先进能源技术	—	海洋技术	—	航空航天技术	激光技术
战略性新兴技术	新一代信息技术	生物技术	新材料技术	高端装备制造技术	新能源技术	节能环保技术	—	—	新能源汽车技术	—

资料来源：王续琨，刘洋，侯剑华.论战略性新兴技术[J].科学学研究，2011，（11）：1601-1606

注：前沿技术领域中的航空航天技术，可以归属于高技术领域的现代交通技术，但同先进制造技术也有密切的联系；激光技术既与高技术领域的地球观测与导航技术有关，又与新材料技术、信息技术等有关

兴技术。由于自然资源、发展阶段、科学技术储备等方面存在差异，不同的国家和地区对战略性新兴产业的选择一般不会完全相同，战略性新兴技术也就会有所差异。

国家对于战略性新兴产业的选择，既要看一个产业是否对经济社会全局和长远发展具有重大引领带动作用，满足知识技术密集、物质资源消耗少、成长潜力大、综合效益好等条件，又要看这个产业是否符合中国国情(资源环境条件、财力支撑限度、制度支持力度等)，是否具备应有的人才基础、科学技术基础、产业发展基础。《国务院关于加快培育和发展战略性新兴产业的决定》按 5 年、10 年、20 年三个时点提出了发展目标。我们可以由此继进对 20 年以后的情况进行一番设想，届时中国经济社会的发展需求将会有很大的变化，产业发展的基础条件和边界条件也会有很大的变化，世界各国特别是发达国家的产业发展将出现新的趋势，中国必须对战略性新兴产业做出新的选择。因此，战略性新兴技术将随着战略性新兴产业的变化而变化。其实，在 20 年之内，已经圈定的战略性新兴产业和相应战略性新兴技术都有可能依据背景条件的变化而出现局部的调整。

综合以上三个维度的论述，我们认为，战略性新兴技术是指在一个国家或地区新近出现的，并正在或将在一定时期牵引和支撑着战略性新兴产业形成和发展的重要前沿技术的集合体。

1.1.2　战略性新兴技术的特征

战略性新兴技术除了具有新兴技术的极高的不确定性、极高的复杂性、创造性毁灭和"赢者通吃"四种特征外，还具有一些明显的特征。通过对战略性新兴技术的深入分析，其与新兴技术相比的新特点归纳起来主要有如下三点。

1. 高度战略性

战略性新兴技术与新兴技术相比,其技术的战略性更为突出,战略性新兴技术的战略性体现在技术自身的重要性和技术对夕部环境的重要影响力两个重要方面。技术自身中的战略性,是指战略性新兴技术是新兴技术中具有重要作用的前沿技术,是新兴技术群体中的关键技术领域。而战略性新兴技术对外部环境的重要性体现在对国家和地区的巨大影响力。战略性新兴技术作为支撑战略性新兴产业的发展的关键,可以促使国家提升竞争力,在局部技术领域保持竞争优势,提高综合国力。

2. 高技术增值性

战略性新兴技术与新兴技术相比,其技术增值性更大,即战略性新兴技术的应用可以更大限度地提高经济效益。新兴技术可以创立一个新行业或者毁灭一个旧行业,战略性新兴技术应该是不仅可以创造新行业或者毁灭旧行业的技术,而且应该是既能创造产业自身,又能影响相关产业的技术。

3. 高技术渗透性

战略性新兴技术往往是产业中的一些综合性、交叉性的技术领域。这些技术多表现在与多学科的融合中。这种技术不仅可以促进自身产业的快速发展,而且会快速渗透到相关产业当中,带动传统产业的发展,促进相关产业技术的发展。

1.2　战略性新兴技术的研究框架

战略性新兴技术的相关研究既是一个创新领域,也是传统上的技术科学问题。本书从战略性新兴技术的基本问题、理论基础和典型的案例分析等方面对战略性新兴技术研究做一个引论。重点介绍战略性新兴技术概念释义、特征,研究的知识基础、理论方法及其应用等基本问题。依据表征技术的专利数据载体,对典型的战略性新兴技术进行分析,以启发读者和相关研究者对战略性新兴技术这一问题的关注和研究兴趣。

1.2.1　主要的研究内容

本书主要的研究内容包括以下几点:战略性新兴技术的界定与特征分析;建立系统的辨识战略性新兴技术的可视化方法;战略性新兴技术从创生、成熟到创造性毁灭的演化机制;以新能源产业中的典型技术为例,梳理新能源产业核心领域技术体系优化演进路径。本书研究内容的框架如图 1-1 所示。

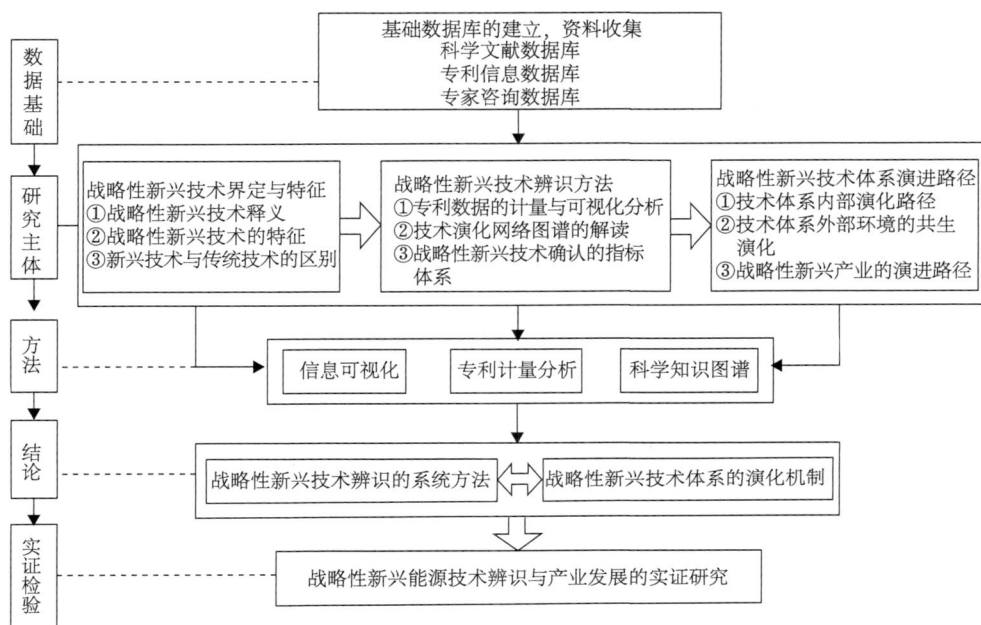

图 1-1 项目研究内容框图

1. 概念界定与特征分析

结合文献资料与专家访谈，分析战略性新兴技术与传统高新技术、新技术、新兴技术等概念的区别和联系，给出战略性新兴技术的界定，分析其特征，为项目后续研究建立分析的基础概念。主要包括：①新兴技术、新技术、高新技术与传统技术的区别和界定；②战略性新兴技术的提出与释义；③战略性新兴技术的特征分析。

2. 战略性新兴技术创生的可视化分析

以同一研究领域的数据为基础，绘制基于专利引文网络的可视化图谱、基于科学文献引文网络的科学知识图谱和文献–专利混合共被引网络可视化图谱。基于知识流动理论框架，探测战略性新兴技术创生的科学知识基础到新兴技术前沿的知识流动过程。主要包括：①基于专利数据共被引网络的技术科学可视化图谱；②科学文献共被引网络的知识基础可视化图谱；③专利–文献混合共被引网络可视化图谱；④基于知识流动的战略性新兴技术创生的可视化分析。

3. 战略性新兴技术辨识的系统方法

以战略性新兴技术创生的可视化图谱为基础，构建分时段、动态演化的专利数据共被引网络，并对专利共被引网络可视化图谱进行深入解读，确立筛选和辨识战略性新兴技术的初级框架。结合专家综合评价指标，对战略性新兴技术进行确认和检验。主要包括：①基于可视化网络图谱的战略性新兴技术的筛选；②基于综合评价指标的战略性新兴技术辨识；③战略性新兴技术的确认与检验。

4. 战略性新兴技术体系的演化机制

本节从微观、中观和宏观三个层面，梳理战略性新兴技术在新能源产业发展中的演化脉络，对新能源产业中战略性新兴技术体系演化机制的研究思路总结如下。首先，技术体系的内部演化(微观层面)：基于专利共被引网络中关键节点的关键技术、关键技术群形成的核心技术、核心技术演化形成的产业共性技术。其次，技术体系与外部环境的共生演化(宏观层面)：市场与社会需求的拉动、政府公共政策的宏观调控、企业技术创新与核心能力。最后，技术体系与战略性新兴产业的发展(中介层面)：传统技术产业的优化升级、新兴产业的崛起与创新体系、战略性新兴产业的发展与管理。

5. 新能源产业中战略性新兴技术辨识与技术体系的演化机制

产业的孕育和形成主要有两个方面的决定因素，即科学技术的进步和市场消费的需求。战略性新兴技术是新兴产业形成和发展的内部核心动力因素，而市场需求则是新兴产业形成的基本动力。战略性新兴产业的培育和发展离不开战略性新兴技术的发展与创新。战略性新兴产业发展的同时，也不断推动战略性新兴技术的向前发展和创新。

1.2.2　研究的技术路线

在研究过程中，将综合运用国际上多种专利计量与信息可视化技术手段，采用多种不同的国际先进计量软件和信息可视化软件，进行反复测试、对比和分析。并在相关专家的咨询建议下，进行数据选取、图谱绘制、图谱解读、方法选择与调整和应用分析的校准。

研究工作将遵循以下技术路线(图 1-2)。

(1)项目总体设计。通过国内外文献检索和调研、专家咨询，确定项目的总体研究目标、研究内容和整体研究方案。

(2)建立数据库，确定研究方法和技术。本书以新能源产业领域为例进行实证研究，将建立新能源产业的核心领域(太阳能电池、风能技术等)的专利数据库、科学文献数据库和专家调查数据库。确定以专利计量、知识计量和信息可视化技术为主要的分析方法。

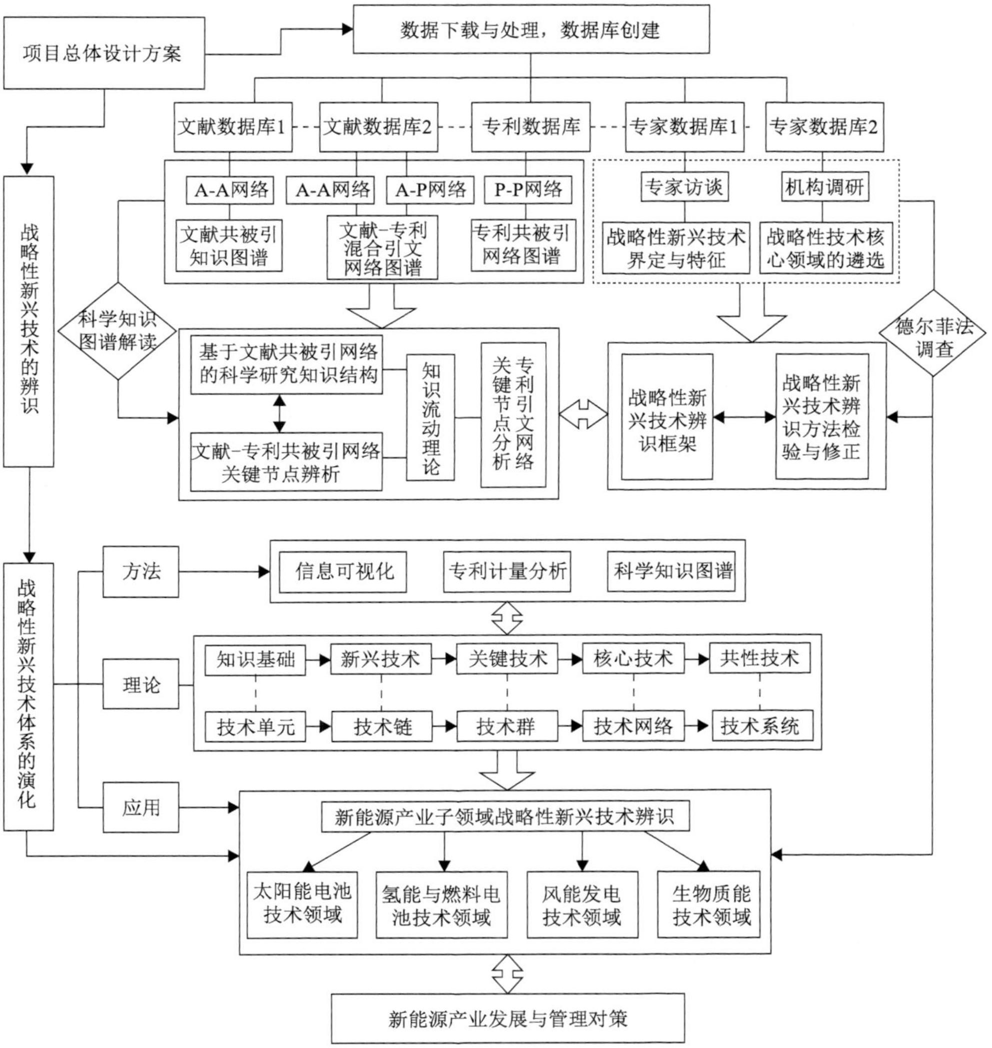

图 1-2 研究的技术路线

（3）建立战略性新兴技术辨识的系统方法。创造性提出并界定战略性新兴技术及其特征，基于专利计量方法和信息可视化技术，对战略性新兴技术的创生和发展进行辨识。结合专家访谈与调查，检验并修正辨识方法的可行性，建立系统的战略性新兴技术辨识方法。

（4）探索战略性新兴技术体系的演化机制。在对战略性新兴技术进行辨识的基础上，依循科学知识基础—新兴技术—关键技术—核心技术—共性技术的技术创生和发展路径，以及技术单元（基因）—技术单元—技术链—技术群—技术网络—复杂技术系统，探索战略性新兴技术演化机制。

(5)战略性新兴技术辨识方法的应用分析。以新能源产业为例,对战略性新兴技术辨识方法进行应用分析,通过对新能源产业的核心领域中的战略性新兴技术的辨识和技术体系的演化机制的分析,提出我国新能源产业发展和管理的对策。

1.3　科学计量与信息可视化方法

本书主要基于科学计量和技术体系演化等相关理论基础,应用当前国际研究前沿的信息可视化技术,探测战略性新兴技术的创生和演化机制。结合专利引文网络中关键节点和突现节点及其相关计量指标的统计分析,依据结构洞原理,辨识和确认战略性新兴技术;基于知识流动理论,依循技术单元(基因)—技术链—技术群—技术网络—复杂技术系统,构建从战略性新兴技术体系到战略性新兴产业发展的优化演进路径;以新能源产业关键技术为例进行实证研究,辨识新能源产业核心领域的战略性新兴技术,探索其技术体系的演化机制。结合专家调研和访谈,对研究的方法和结论进行检验和修正,为新能源产业发展与管理提出科学的对策和决策依据。

在具体研究中采取定量研究与定性分析相结合的方法。将定量研究结果与定性分析的结论相比较,以验证结论的有效性。对可视化图谱进行定性分析,深入诠释定量研究结果。运用的具体方法是科学计量学方法,包括共现分析、引文分析、共被引分析等。技术手段主要是信息可视化技术,应用工具包括 CiteSpace可视化应用软件系统、VOSviewer 可视化图谱绘制软件、SPSS 统计分析软件等。

1.3.1　科学计量学方法

科学计量学是科学学的一门分支学科,也是科学学研究的重要方法论学科。我国科学计量学奠基人之一蒋国华认为:"科学计量学是指科学学研究中定量方面的问题"[1]。科学计量学是以科学为研究对象,通过对科学本身的一种定量分析来反映科学发展的特征及其规律性。科学计量学是用定量方法处理科学活动的投入(如科研人员、研究经费)、产出(如论文数量、被引数量)和过程(如信息传播、交流网络的形成)的研究领域。科学计量学所探讨和应用的领域十分广泛,目前其定义和内涵在学界尚没有统一。例如,科学计量学是"研究科学活动、科学生产率及科学进步的评价和比较"的学科;是"研究科学、技术进步的计量"的学科;是"把数字资料的方法应用于科学学研究"的学科等[2]。

科学计量学与文献计量学和信息计量学有一定的交叠。科学活动的产出和交流的主要形式之一是科学文献,因此对这类文献进行的定量研究既是科学计量学研究,又是文献计量学研究。同理,用定量方法处理科学信息的产生、流行、传播和利用，既属科学计量学研究，也属信息计量学研究。但科学计量学也有独特的研究领域，如对科学创造最佳年龄结构的研究，对做出重大科技成果时科学家年龄的频度分布规律的研究等。

1.3.2 专利计量方法

专利文献是技术知识的重要载体，也是最大的技术信息源。对专利文献信息进行计量分析可以有效地展现具体的技术演化轨迹、技术前沿及其发展趋势和探测新兴技术等。近年来，随着信息科学与计算机技术的快速发展，在文献计量、科学计量及信息计量等研究的基础上，专利计量与分析越来越成为相关领域研究的重要领域。1994 年，纳林首次提出专利计量的概念。2000 年以后，我国学者开展了专利计量与分析的相关研究，这一研究领域得到了快速发展，以专利计量与分析为研究对象的一门新的学科——专利计量学正在形成。对专利文献信息进行计量和分析不仅对计量学和技术管理理论的研究具有重要的理论价值，对企业竞争情报和发展战略也具有重要的现实意义。

随着文献计量、科学计量及信息计量的发展，专利计量与分析受到国内外学术界的关注。专利计量与分析还是有所区别的，纳林对专利计量的定义是："将数学和统计学的方法运用在专利研究中，以探索和挖掘专利文献的结构数量以及变化规律等内在价值的计量方法。"[3]而专利分析是指将专利文献中的专利信息通过科学的方法对专利信息进行加工、整理、组合和分析，进而利用专利统计学的方法将这些信息转化为具有总览全局及预测作用的竞争情报，为企业的技术、产品和服务开发中的决策提供参考的活动的集合。

目前对专利计量学的研究主要是采用专利统计方法和专利引文分析这两种方法。专利统计方法是在文献统计方法与统计学原理的指导下逐渐发展起来的[4]。专利统计法分析是以数据来描述和揭示专利的数量特征及变化规律，从而达到一定研究目的的研究分析方法[5]。而专利引文分析则是利用各种数学与统计学的方法及比较、归纳、抽象、概括等逻辑方法，对专利文献引用应用参考文献的现象进行分析研究，从而揭示其数量特征和内在规律，并据此进行技术发展趋势的评价及预测[6]。

1.3.3 信息可视化方法

信息可视化方法是近年来科学计量学领域兴起的一种重要研究方法。通过对文献数据信息绘制科学知识图谱来实现学科知识的可视化。利用信息可视化技术，研究者主要对科学增长、科学范式转换、学科领域的演进及学科结构等方面进行研究。它是指利用计算机可视化信息处理软件，通过直观的动态图像信息处理方式，显示出专业领域中出现的交叉知识领域的复杂现象，从而获得详尽的科学前沿信息分析结果，了解和预测前沿科学技术的研究动态，在复杂的科研信息中开辟新的未知领域等。信息可视化是在科学可视化的基础上发展起来的，虽然两者在研究对象、方法和应用领域等方面有着本质区别，但是科学可视化的发展对信息可视化研究起到了极大的推动作用。一般来说，科学计算可视化是指空间数据的可视化，而信息可视化则是指非空间数据的可视化。科学可视化是非交互式的可视化技术，相反地，信息可视化目的在于抽象的交互式的可视化，如文献数据或者网络存取模式等。

信息可视化最早的理论来源于图形理论，1967 年，法国制图工作者巴顿（J. Bertin）发表了图形理论[7]。这一理论指明了图表的基本元素，描述了图表的设计框架。自 20 世纪 80 年代以后，美国耶鲁大学的统计学教授爱德华·塔夫特（Edward Tufte）先后于 1983 年、1990 年和 1997 年发表了三本关于信息可视化的代表性著作，为信息可视化研究奠定了重要的理论基础[8]。巴顿与爱德华·塔夫特的理论在许多领域是著名且有影响的，并引起了信息可视化的大发展[9]。

1989 年，信息可视化的概念由罗伯斯顿（Robertson）和卡特（Card）等在其发表的论文中首次提出。随后信息可视化迅速发展成为与科学可视化并列的研究领域。近年来，信息可视化已经成为信息情报学领域研究的新热点。1995 年，首次在美国召开了信息可视化专题讨论会，此后，每年召开一次。当前国际上每年有两个由电气与电子工程师协会（Institute for Electrical and Electronic Engineers，IEEE）组织的比较有影响的信息可视化国际研讨会：一是始于 1997 年的信息可视化国际学术会（International Conference on Information Visualization），每年 7 月在英国伦敦举办；二是始于 1995 年的 IEEE 信息可视化专题研讨会（IEEE Symposium on Information Visualization），每年 10 月在美国一些城市轮流召开。这两个研讨会的成果代表了目前信息可视化研究的最高水平[10]。

20 世纪 90 年代以后，关于信息可视化的论文和著作迅速增长，华人学者陈超美于 1999 年首次专门论述了信息可视化，是信息可视化领域最早的开拓者之一。他在信息可视化领域引入 PathFincer 算法，提高了文献引文网络分析的效率和范围，对科学知识图谱理论与方法使了奠基性贡献。2002 年 3 月，陈超美发起倡议创办新的国际学术期刊《信息可视化》（Information Visualization），是该领域第一份，目前仍为该领域唯一的专业期刊。同时他创办了 KDViz 系列，并任主席。自 1998 年以来，陈超美在《美国信息科学与技术协会会刊》（Journal of the American Society for Information Science and Technology，JASZST）等国际权威期刊上陆续发表了大量的关于信息可视化的学术论文，并出版了信息可视化的学术著作；1999 年率先出版了该领域第一部专著《信息可视化与可视化环境》（Information Visualisation and Virtual Environment）；2002 年出版了《科学前沿图谱：知识可视化探索》(*Mapping Scientific Frontiers: The Quest for Knowledge Visualization*)；2004 年出版《信息可视化：超越地平线》(*Information Visualization: Beyond the Horizon*)，并于 2006 年再版。另外，他于 2011 年出版《转折点：创造性的本质》(*Turning Points: The Nature of Creativity*)一书。这一系列的文献专著，奠定了当前国际文献信息可视化领域研究的重要知识基础。

当前有大量关于信息可视化的研究讨论组，大量期刊也都开辟专栏探讨信息可视化问题。例如，《美国信息科学与技术协会会刊》和《科学计量学》(*Scientometrics*)等都设有专栏探讨信息可视化和知识可视化问题，是信息可视化文献发表的主要阵地。

1.3.4 数据的来源与处理

作为最早的引文索引检索工具，美国汤姆森路透集团的 Web of Knowledge 检索平台已经成为当前国际上最权威，覆盖文献信息最全面的检索数据库，它是以知识为基础的学术信息资源整合平台。该数据库最早由加菲尔德博士在 1963 年创立于美国费城科学情报研究所(The Institute for Scientific Information，ISI)。最初以印刷版的形式出版发行，1997 年，ISI 推出了 Web of Science，通过网络检索 SCI、SSCI、A&HCI。2000 年，ISI 又推出了 Web of Science Proceedings，通过网络检索会议文献。ISI 数据库于 2003 年 2 月 12 日迁移到 ISI Web of Knowledge SM 平台上，并完成了相应的升级。除 ISI Chemistry 仍使用以前的网址外，其他数据库均可通过网络地址 http://isiknowledge.com/进行访问。当前出版形式主要包括印刷版期刊、光盘版、联机数据库、网络版等。Web of Knowledge 内容覆盖 22 000 份以上期刊、31 亿件专利、6 万个会议录、5500 个专业网站、5000 本学术专著和 200 万化学结构等内容。文献的时间涵盖一个世纪的科学发展，包括 100 年的科学引文。

目前，Web of Knowledge 服务于全球 2000 万名使用者，81 个国家的超过 3000 家用户，每天约有 15 万名使用者。这个基于互联网所建立的新一代学术信息资源整合体系，包括著名的三大引文数据库、会议录、德温特专利、BIOSIS Previews、JCR 等多个大类的数据库。

1. 德温特专利数据库

德温特专利数据库，即德温特创新索引(Derwent Innovations Index，DII)，是由 Thomson Derwent 与 Thomson ISI 公司共同推出的基于 ISI Web of Knowledge 平台的专利信息数据库，是当前世界上最权威的商业数据库之一。目前 Derwent Innovations Index 隶属于全球最大的专业信息集团——汤姆森路透(Thomson Reuters)集团，并与 ISI/Delphion、Techstreet、Current Drugs、Wila 等著名情报机

构共同组成 Thomson 科技信息集团(Thomson Scientific)。

德温特专利数据库是经德温特世界专利索引(Derwent World Patents Index，WPI)和德温特专利引文索引(Derwent Patents Citation Index，PCI)整合而成的。它按学科分为三个数据库：①Derwent Innovations Index (Chemical Section)；②Derwent Innovations Index (Electrical and Electronic Section)；③Derwent Innovations Index (Engineering Section)。Derwent Innovations Index 收录了来自世界 40 多个专利机构的 1000 多万个基本发明专利，2000 多万个其他发明专利，且每周增加来自 40 多个专利机构的 25 000 多个专利(数据可回溯至 1963 年)。为研究人员提供世界范围内的化学、电子电气及工程技术领域内综合全面的发明信息。同时，Derwent Innovation Index 还提供部分专利全文电子版的链接，用户只需点击"Original Document"就可以获取专利说明书的电子版全文，可浏览说明书全文的有美国专利商标局(United States Patent and Trademark Office，USPTO)、欧洲专利局(European Patent Office，EPO)等。

2. 美国专利商标局专利数据库

美国专利商标局成立于 1802 年，隶属于美国商务部，是掌握全国专利及商标申请和核准手续的重要机关。美国专利商标局的主要职责是为发明家和他们的相关发明提供专利保护、商品商标注册和知识产权证明。美国专利商标局专利数据库包括 Patent Full-Text and Image Database(PatFT)、Patent Application Full-Text and Image Database(AppFT)、Patent Application Information Retrieval(PAIR)、Public Search Facility、Patent and Trademark Resource Centers(PTRCs)、Patent Official Gazette、Common Citation Document(CCD)、Search International Patent Offices、Search Published Sequences、Patent Assignment Database 等 10 个子库。其中，授权专利数据库收录了 1790 年 7 月 31 日至今所有的美国专利；专利申请数据库则对从 2000 年 11 月 9 日起递交的专利申请进行公开，并且从 2001 年 3 月 15 日开始正式出版专利申请说明书[11]；专利法律状态数据库提供收录至今所有专利的交费状况、失效问题，以及专利是否有继续申请、部分申请、分案申请等相关情报；专利转让数据库提供检索自 1980 年以来美国专利出让与受让信息；专利公报数据库提供浏览最近 52 期电子版的美国专利公报的全部内容和最近十几年美国专利公报中的"Notices"内容。此外，在这个网站上，可以免费检索全部美国专利并免费获取自 1790 年以来所有美国专利图像扫描形式的说明书全文，其中 1976 年以后的美国专利还可以免费获取文本形式的专利说明书全文。

美国专利商标局专利数据库的专利检索主要集中在授权专利数据库和专利申请数据库两个数据库。检索页面的第一个数据库是授权专利数据库，包括 Searching Full Text Patents (1976 年)和 Searching TIFF Image Patents (1790 年)两个子项,即自 1790 年以来出版的所有授权的美国专利说明书扫描图形。其中,1976 年以后的说明书实现了全文代码化,而 1790~1975 年的专利文献只能通过专利号和美国当前的专利分类号进行检索[12]。第二个数据库是专利申请数据库,含有自 2001 年 3 月 15 日以来所有公开(未授权)的美国专利申请说明书的扫描图形。在检索结果的专利文本全文中,提供了专利扫描图像的链接,但需要在浏览器中安装特定的插件,方可浏览下载。值得注意的是,每次只能下载一页图像,且有时间的限制,过时需要重新检索、浏览并下载。

随着科学技术的飞速发展,近来专利申请量不断攀升,美国专利商标局专利数据库的工作量和复杂程度亦日趋加大,导致专利的待审积压量一直居高不下,2007 年更是达到近 76 万件,创历史新高,这不仅减缓了专利技术转化为生产力的速度,而且打击了科研工作者对申请专利的积极性。为了有效解决这一问题,美国专利商标局通过推行"专利审查高速公路"项目,实行快速审查程序和启动"专利审查公众评审试点项目"等一系列措施,旨在在提高工作效率的同时确保审查质量。

3. 数据处理与分析

本书对下载的原始数据通过数据清洗等标准化处理后,建立了相应数据库作为研究和分析的基础。这些数据库主要包括以下 6 个:①新能源核心技术领域的科学文献数据库;②太阳能电池技术的专利数据库;③氢能与燃料电池技术专利数据库;④风能发电技术专利数据库;⑤生物质能技术专利数据库;⑥专家调查访谈数据库。

具体的数据分析处理工具主要是 CiteSpace 可视化分析软件系统,它是基于 JAVA 程序语言编写的专门用于引文分析的信息可视化应用软件。由美国德雷克塞尔大学信息科学与技术学院的陈超美博士开发于 2004 年 9 月,软件通过对文献数据信息的相关分析处理,探测和分析学科研究前沿随着时间相关的变化趋势,以及研究前沿与其知识基础之间的关系,发现不同研究前沿之间的内部联系。通过对学科领域的文献信息可视化使研究者能够直观地辨识出学科前沿的关键演化路径及学科领域的关键节点文献。

1.4 本书依托课题的研究成果及展望

本书主要在我国大力培育和发展战略性新兴产业的背景下,对支撑产业发展的战略性新兴技术问题进行了初步探讨。围绕战略性新兴技术的辨识、组织开发和管理策略、创生机制和生成模式、演化机制和动力系统等方面展开研究,主要研究内容和存在的问题包括以下几个方面。

1.4.1　研究的主要内容

1. 系统梳理相关研究成果，积累研究的知识基础

完成课题主要研究问题的文献资料收集和整理述评工作。本课题在已有的研究成果基础上，发挥课题组科学计量学研究特长，不断收集整理相关文献资料，以文献研究为基础，结合专家咨询，系统梳理了国内外新兴技术及其研究、战略性新兴产业政策研究和典型新能源技术(太阳能光伏电池、固体燃料电池、风力发电机)研究等研究进展，为本课题的研究积累了文献资料基础，同时能够及时跟踪国内外相关研究进展和最新研究成果，保证项目研究的前沿性和实用性。相关研究成果完成学术论文四篇，即《国内新兴技术及其管理研究综述》发表于《科学管理研究》(2012 年)、《我国新兴技术研究动态监测分析》发表于《科技进步与对策》(2013 年)、《战略性新兴产业研究主题的知识图谱》被《第七届中国科学学与科技政策年会》(2011 年)收录、《国外新兴技术研究综述》待发表。这些研究成果多次被引用，为新兴技术问题提供了研究基础，对国内外相关学术领域产生了积极的影响。

2. 建立基础数据库，完成文献数据的下载与处理工作

建立科学文献和专利文献的基础数据库是本课题研究的一项重要基础工作。经过不断积累，课题组完成对基础数据的下载和处理工作，并自行建立了新能源技术的数据库。专利数据和科学文献数据分别包括两部分，即国际文献数据和国内中文文献数据。其中，专利数据一是来源于世界权威专利数据库《德温特创新索引》。该数据库经过德温特专业技术人员的标引，具有逐级细分的技术分类体系，具体在专利文献中的表现，就是每条专利数据可以通过使用多个分类详细描述专利的特质。二是中国国家知识产权局提供的中文专利数据。科学文献数据则来源于美国科技情报所开发的、大型规范化的商业数据库 SCI 和 SSCI 等及中国知网平台提供的中文文献。数据下载后，通过计算机软件程序进行标准化处理，具体建立的数据库主要有：新能源核心技术领域的科学文献数据库、太阳能电池技术的专利数据库、氢能与燃料电池技术专利数据库、风能发电技术专利数据库、生物质能技术专利数据库、专家调查访谈数据库。

3. 提出战略性新兴技术的内涵和基本问题

在全面梳理中外相关研究成果的基础上，进行产业实地调研，富有创见地提出战略性新兴技术的定义，研究成果为在《科学学研究》上发表的《论战略性新兴技术》一文。这一研究的创新之处在于以下三点。

1）提出了新问题和新观点

第一，界定了战略性新兴技术的基本内涵。从经济维度、科学技术维度、历史维度等三个基本维度，创造性地界定了战略性新兴技术的内涵。"战略性"修饰"新兴技术"，强调了战略性新兴技术是重要性程度最高的那一部分新兴技术。在经济维度上，战略性新兴技术是同战略性新兴产业须臾不可分离的技术集合体。在科学技术维度上，战略性新兴技术属于国家认定的高技术和前沿技术，是同产业发展关系最为密切、最为直接的那一部分高技术和前沿技术。在历史维度上，战略性新兴技术是一个动态变化着的时空概念或历史范畴。因此，战略性新兴技术是一个国家或地区在一定时期牵引和支撑着战略性新兴产业形成与发展的高技术集合体。

第二，对战略性新兴技术体系进行分析，剖析内部结构。每个领域的战略性新兴技术是一个由众多单项技术或单元技术所构成的技术体系或技术系统。以新能源汽车中的插电式混合动力汽车专有技术体系进行结构分析，通过专有技术开发中的主要难点，辨识插电式混合动力汽车的核心技术、关键核心技术，从而确定一定时期的主攻目标。

第三，论析战略性新兴技术与战略性新兴产业的关系。产业不等同于技术。战略性新兴技术与战略性新兴产业存在着唇齿相依的联系。战略性新兴技术是以战略性新兴产业为服务对象的技术，因而可以称之为战略性新兴产业技术；战略性新兴产业是以战略性新兴技术为根本依托的产业，因而可以称之为战略性新兴技术产业。

2）提出战略性新兴技术的发展对策

提出推进战略性新兴技术快速发展的四项对策：第一，精心筹谋，聚集精锐，组建若干个战略性新兴技术"管-学-研-产"开发共同体。第二，领域贯通，学科综合，注重充分发挥高等学校在战略性新兴技术开发中的核心作用。第三，纵观全局，关注趋势，加强战略性新兴技术的发展战略和技术标准研究。第四，修正工科培养模式，全力造就战略性新兴技术开发共同体的领军人物和创新团队带头人。

3）研究成果的意义和影响

研究成果对我国当前大力发展的战略性新兴产业的培育和发展具有重要的理论意义与现实意义。

第一，界定战略性新兴技术内涵，丰富和拓展新兴技术理论研究。本书在大力发展战略性新兴产业的背景下，基于新兴技术管理理论，提出战略性新兴技术的概念。开辟新兴技术及其管理理论研究的新视角，丰富和拓展了新兴技术管理、技术创新等理论研究。

第二，为辨识战略性新兴产业中的核心技术提供理论支撑。每个领域的战略性新兴技术是一个由众多单项技术或单元技术所构成的技术体系。对战略性新兴技术进行结构分析，目的在于通过专有技术开发中的主要难点辨识核心技术、关键核心技术，确定一定时期的主攻目标，为战略性新兴产业中核心技术辨识等相关问题的研究提供理论基础。

第三，推动战略性新兴产业发展的创新基础平台建设。战略性新兴技术是战略性新兴产业发展的核心和关键环节，决定新兴产业发展的主导方向和进程，直接作用于战略性新兴产业的创新基础平台建设。科学知识的创新和战略性新兴技术体系是构建战略性新兴产业创新系统的两个重要基础。研究成果对推动当前我国大力发展战略性新兴产业，构建科学技术创新基础平台具有重要的战略意义和现实意义。

第四，为政府部门开发和管理战略性新兴技术提供决策支持。战略性新兴技术相关问题的提出，从微观层面对战略性新兴技术的创生和技术体系的演化路径进行深入分析，可以指导宏观层面的战略性新兴产业的发展和政策制定，为政府部门开发和管理战略性新兴技术提供重要的决策支持和参考。

4. 战略性新兴技术创生机制与生成模式的相关研究

基于技术的本质和技术演化等理论，在界定战略性新兴技术的内涵和特征的基础上，对战略性新兴技术的创生机制问题和战略性新兴技术的生成模式问题进行了深入的研究。研究的部分成果形成《战略性新兴技术的生成模式及其产业化启示》一文，在第八届中国科技政策与管理学术年会上进行交流发言。同时该文发表在《中国高校科技》2014 年第 7 期。另外，《知识流动视角下战略性新兴技术创生机制研究》一文待发表。

这一研究成果的主要内容包括：战略性新兴技术的创生是一个复杂的技术演化系统，是多个因素和环节相互联系、共同演化的结果，既遵循一般技术发展的规律，又有其特殊的创生机制。科学发现和技术突破都是战略性新兴技术创生的关键节点。战略性新兴技术的创生是科学–技术–产业互动发展和共同作用的结果。其中，科学是知识创造和传播的主要来源，为战略性新兴技术的创生提供知识基础。技术的突破和创新为战略性新兴技术的创生提供直接的动力，产业化是战略性新兴技术创生的环境动因。科学和技术的本质都是知识，因此，知识的流动和创新过程是战略性新兴技术创生的直接动因。

1) 战略性新兴技术的创生动力

第一，科学发现是战略性新兴技术创生的动力基础；第二，技术创新是战略性新兴技术创生的直接推动力；第三，产业化是战略性新兴技术创生的环境动因。

2) 战略性新兴技术的生成模式

第一，科学发现主导的渐进式生成模式；第二，技术突破主导的不连续性创新；第三，应用更新主导的融合性生成模式。

3) 研究成果的意义和影响

研究成果对新兴技术的产业化发展具有一定的理论和现实意义。

第一，重视基础科学研究，推动战略性新兴技术的理论创新。关注以科学发现为主导的科学基础理论创新是新兴技术创生的重要环节。重视以科学发现为主导的科学基础理论创新，应该关注对知识网络的洞察和确认，这些知识网络既可以由科学期刊、专利信息、产业报告等文献信息构成，也可以是贸易会议、科学会议、继续学习等非正式的知识网络。企业组织更应该关注那些内外部环境中的"微弱信号"，这些往往更容易成为科学发现和新兴技术创生的"生长带"。

第二，分析技术演化规律，把握新兴技术发展的不确定性。分析和掌握技术生长周期及技术体系演化规律，是捕捉和识别新兴技术的关键步骤。重视产业发展中的关键技术和共性技术，作为产业技术基础的共性技术和基础技术的重大突破能改变专有技术的范式，从而带动专有技术的飞跃，加快产业化进程。在企业选择战略性新兴技术时一定关注其在发展过程中的高度不确定性，对战略性新兴技术进行优化管理和合理开发，推动战略性新兴技术的产业化进程。

第三，以市场需求为导向，促进战略性新兴技术的产业化。培育战略性新兴技术向产业化发展必须明确市场的需求导向和定位，通过市场的供求、价值和竞争规律来引导科学研究及技术创新机制。同时，在微观侧面企业应该密切关注竞争对手的技术发展信息，实时跟踪竞争情报，争取尽早在关键和产业核心技术方面取得突破和进展。与此同时，也需要发挥政府的作用来弥补市场失灵，引导在发展初期脆弱的新兴产业，利用财税、金融等政策性工具引导社会资源合理流动，为战略性新兴产业的技术创新营造良好的环境。

第四，强化政策环境建设，为战略性新兴产业提供重要保障。科学技术政策和经济政策是大力发展战略性新兴产业的重要前提，政府应根据新兴技术商业化的不同阶段，结合本地区、本行业的实际情况，抓住不同阶段、不同时期的关键影响因素，有的放矢地制定相关政策和措施，通过政策引导、资源投入、组织协调、搭建平台等多种途径降低新兴技术向战略性新兴产业演化过程的不确定性，帮助企业提高新兴技术商业化的成功率。

5. 提出战略性新兴技术辨识方法

对战略性新兴技术的辨识研究是本课题的关键问题和重点问题。课题组在前期研究的基础上，重点对这一问题进行了讨论和研究设计。课题组成员王鹏完成硕士学位论文《战略性新兴能源技术辨识研究》，被评为校优秀硕士学位论文，并考入大连理工大学企业管理专业攻读博士学位，继续开展相关问题的研究。

1) 研究成果的主要内容

基于科学计量和专利计量的理论基础，以专利表征技术，借助成熟的新兴技术管理理念，构建战略新兴技术辨识的普适性方法。这一目标主要通过以下几个步骤实现：辨识指标与模型的确立和构建、数据采集与处理、数据分析、可视化图谱绘制与战略性新兴技术确认等。结合战略性新兴技术的内涵和特征，主要从经济产业维度、科学技术维度、时空维度等三个维度来构建战略性新兴技术的辨识方法（图 1-3）。

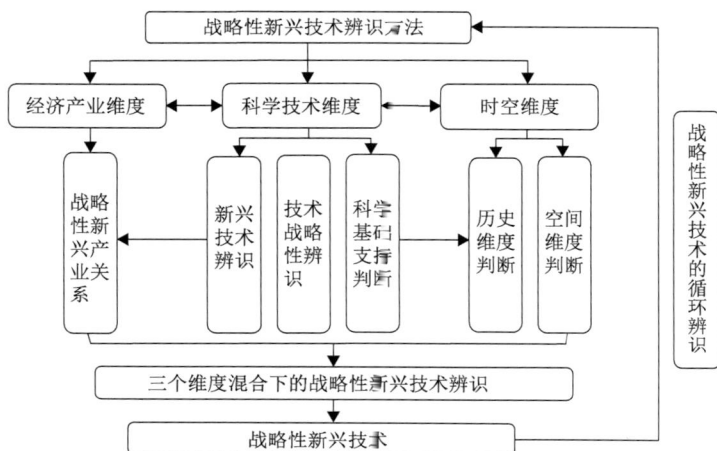

图 1-3　战略性新兴技术辨识模型

在战略性新兴技术辨识模型中，科学技术维度的辨识是战略性新兴技术辨识的关键环节。主要基于科学计量与文献计量分析的相关理论，借助信息可视化工具进行分析。具体的运用 CiteSpace 实现技术主题的探测。主题识别原理如图 1-4 所示。

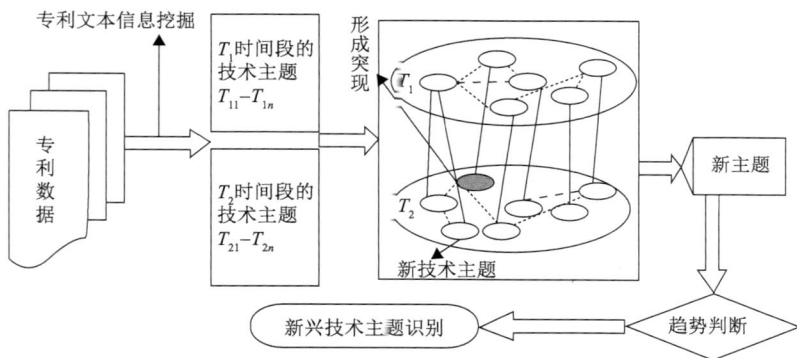

图 1-4　新兴技术主题识别模型

2) 研究成果的不足与未来建议

技术的辨识与选择过程是一个动态的、复杂的系统工程。如何有效地实现技术的辨识，挑选出具有发展潜力的技术，引导其快速产业化对社会与经济的快速发展具有重要作用。战略性新兴技术作为国家层面的技术选择，其辨识过程需要管产学研的联动反映。就本书而言，虽然从三个维度构建了战略性新兴技术的辨识模型，然而其局限与不足也是不可避免的：首先，本书经济产业维度与时空维度的数据来源为各级政府及相关部门的政府文件与研究报告，收集渠道主要以网络渠道为主，因此数据的完整性有待进一步加强。其次，科学技术维度的数据主要来源于网络数据库检索平台中的科学文献和专利文献数据，虽然是世界公认的权威数据库，然而其数据的收录仍然具有很大局限性。再次，在经济产业维度、科学技术维度、时空维度构建了战略性新兴技术的辨识模型，模型的维度选择还略显粗糙。最后，研究过程中在部分环节进行了小范围的专家咨询，然而研究更多的是基于定量分析方法，在一定程度上会影响辨识结果的准确性。

因此，以下问题值得进一步探讨：第一，战略性新兴技术的辨识模型主要基于国家层面提出，如何实现辨识模型向企业与产业的转化应是继续研究的重中之重。第二，如何更准确地获得特定行业的科学文献与专利文献数据检索方式；能否形成行之有效的普适的检索策略甄选方式。第三，特定行业、产业或企业的战略性新兴技术辨识，其经济产业维度与时空维度的确定具有较大的不确定性。如何建立企业战略性新兴技术的经济产业维度与时空维度的普适标准应是下一步研究的另一个重点问题。

6. 战略性新兴技术演化机制的理论和实证研究

战略性新兴技术的演化机制研究是本课题研究的另一个关键和重点问题。战略性新兴技术是动态演化的，不断向更高层级的技术体系发展。对战略性新兴技术体系演进的一般路径、演进机理和演进的动力因素进行系统分析，能够为更好地把握战略性新兴产业技术提供辅助参考。相关研究成果形成学术论文 5 篇，其中，《基于科学-技术互动的战略性新兴技术演进探析——以风力发电机技术为例》发表于《科技与经济》(2014 年)，《基于专利家族的核心技术演进分析——以太阳能光伏电池技术为例》发表于《情报杂志》(2014 年)，《基于专利计量与信息可视化的技术热点监测分析——以风力涡轮机技术领域为例》发表于《现代情报》(2015 年)，《基于专利的技术预测指标体系及其实证研究》发表于《图书情报工作》(2014 年)，《基于专利的美国风力涡轮机领域技术监测》发表于《技术经济》(2014 年)。围绕这一问题，课题组成员硕士研究生都佳妮汇报了学位论文开题报告《战略性新兴技术演进的理论与实证研究》，目前，论文初稿已经完成，并准备进行预答辩。

这一研究成果主要包括以下问题。

1) 战略性新兴技术演进的理论基础分析

生物系统的进化理论可以被移植用来分析技术系统的演进机制和动力。在演进分析过程中，离不开以技术成长阶段进行划分的技术周期理论及在演进过程中技术知识的流动。

2) 战略性新兴技术演进的分析方法

(1) 以专利信息为基础，构建技术熵的专利模型。

技术系统总熵变的表达式为

$$dS = d_e S + d_i S$$

$$= -\frac{\alpha_1 dN_{1-0} + \alpha_2 dN_{2-0} + \cdots + \alpha_i dN_{i-0}}{T_0}$$

$$+ \frac{(1-\varepsilon_1)\alpha_1 dn_{1-(0-\tau_1)} + (1-\varepsilon_2)\alpha_2 dn_{2-(0-\tau_2)} + \cdots + (1-\varepsilon_i)\alpha_i dn_{i-(0-\tau_i)}}{T_0} \quad (1-1)$$

$$+ \frac{\alpha_1 dN_{1-(0-t_1)} + \alpha_2 dN_{2-(0-t_2)} + \cdots + \alpha_i dN_{i-(0-t_i)}}{T_0}$$

(2) 基于专利家族的分析视角，从专利家族数量、地区分布、专利引证分析和专利共现网络等方面对核心技术演进路径进行分析。基于专利指标的技术预测分析流程图如图 1-5 所示。

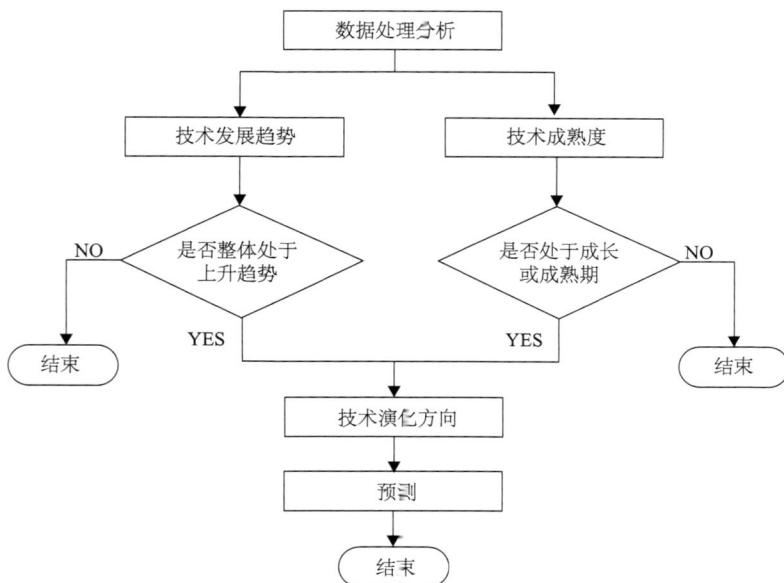

图 1-5　基于专利指标的技术预测分析流程图

(3) 从技术发展趋势、成熟度和演化方向三个方面，以专利指标为基础构建技术预测及评价指标体系，分析技术演进。

3)战略性新兴技术演进的一般路径

战略性新兴技术体系的内部演化主要表现在，技术体系内部的矛盾运动是技术发展的内在动因，技术体系是技术创新的基础，技术创新是技术体系的核心动力，二者的相互依存、相互作用共同促成了新兴技术不断向前发展的互动进化模式。与此同时，技术体系与外部环境之间存在共生演化关系。技术体系与以市场为代表的外部环境的共生演化促成了新兴技术持续发展的外部动力，不断推动新兴技术向战略性新兴产业发展。具体的分析思路框图如图 1-6 所示。

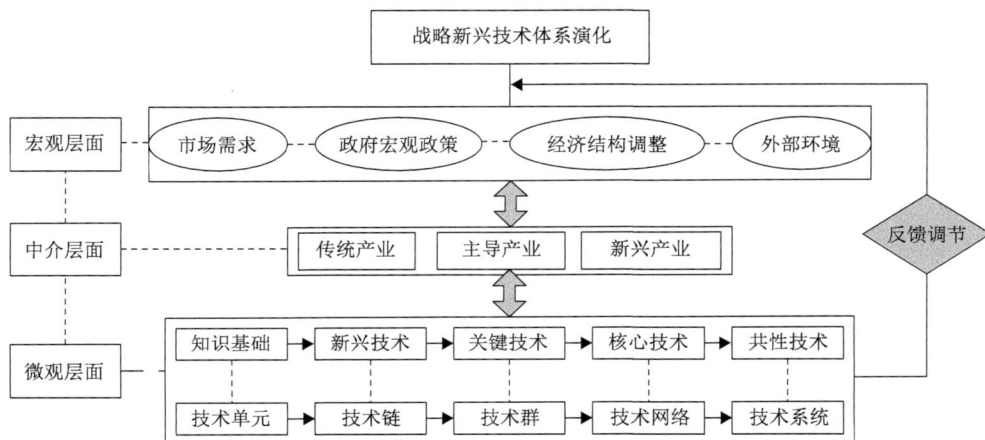

图 1-6 战略性新兴技术体系演化路径的分析思路框图

4)战略性新兴技术的演进动力

推动战略性新兴技术不断发展的动力因素主要来自两个方面：一是技术知识系统内部的由知识流动的客观性形成的科学技术知识的不断进步和拓展；二是技术体系外部因素形成的技术演进动力，主要包括市场对战略性新兴技术的拉动作用、技术进步和技术应用环境的更新产生的技术创新等。

7. 战略性新兴技术的开发策略研究

战略性新兴技术的开发是为满足特定的社会发展需求，以高技术和前沿技术产出为目标的研究与实践，是特殊的技术开发活动。它是关系到我国战略性新兴产业发展成败的关键环节，对提升我国战略性新兴技术的自主创新度及其产业化都具有重要的现实意义。这一问题的研究也是课题组研究的重点问题之一。形成的研究成果主要有《战略性新兴技术的开发策略浅析》，其发表于《科技与经济》(2014 年)，并被第十届中国科技政策与管理学术年会收录，做交流发言。

这一成果的研究内容主要包括以下四点。

1)战略性新兴技术开发的基本原则

战略性新兴技术的开发原则应遵循科学和技术发展的一般规律，目标明确、统筹规划，形成整体性的开发系统。具体而言，应遵循以下基本原则：系统性原则、客观性原则、一致性原则、目的性原则和可持续发展原则等。

2) 战略性新兴技术开发的主要类型

广义的技术开发包括技术开发和技术改造两个方面，根据技术开发的创新度，战略性新兴技术开发分成核心技术开发、辅助性技术开发和技术改造等主要类型。这些开发类型与开发主体的对应关系如图 1-7 所示。

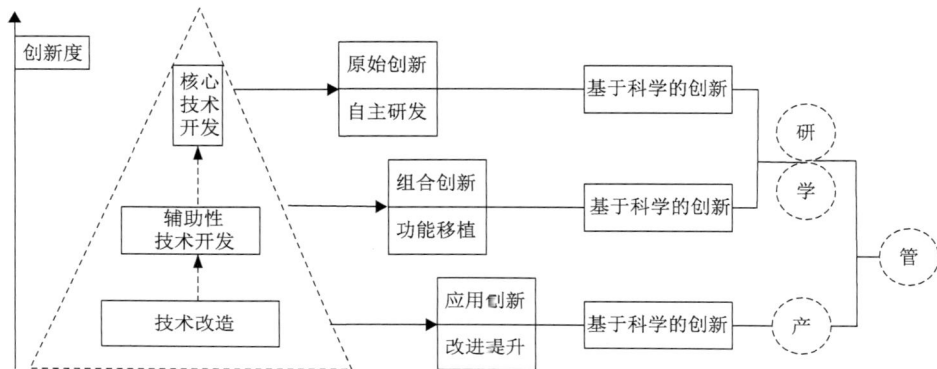

图 1-7　战略性新兴技术开发类型分类与开发主体对应关系图

3) 战略性新兴技术开发的系统模型

战略性新兴技术开发不是企业或科研院所独立的研发行为，而是一项复杂的系统工程。应形成以市场经济运行规律为导向，战略性新兴产业发展为牵引，政府部门的服务管理协调为保障的一体化战略性新兴技术开发系统 (图 1-8)。管学研产一体化技术开发共同体不仅能规避技术研发风险，并能迅速扩大组织的整体知识存量和创新能力，提升共同体的核心竞争力。

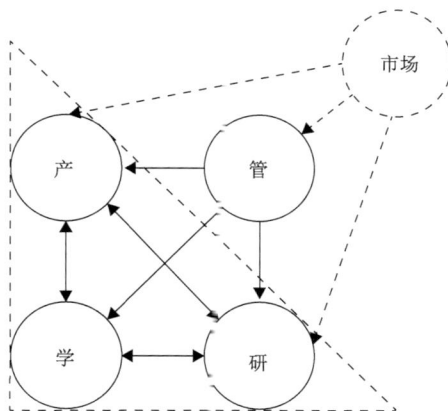

图 1-8　战略性新兴技术开发系统模型

4) 战略性新兴技术开发的组织策略

战略性新兴技术开发涉及的环节较多，过程复杂，投入资源较大，需要精心谋划组织，合理规划，通过科学的组织管理与实施，实现战略性新兴技术开发的整体目标。具体的开发组织策略主要包括：技术开发的资源配置策略、技术开发方式选择的策略、技术开发的组织形式策略等。

8. 战略性新兴技术的实证研究

2012 年度主要围绕新能源技术在风能技术、燃料电池技术、太阳能光伏技术等领域进行了实证分析。特别是对新兴能源技术领域中的国际风电技术领域的专利文献进行计量和可视化分析。并在分析的基础上，对我国风电技术的发展和产业化对策提出建议。相关研究主要包括专利技术获取、专利价值、共性技术、技术监测和技术前沿等问题的研究。发表学术论文 10 篇。其中，《全球竞争对手的技术网络绘制与共性技术识别——以波音与空客为例》发表于《科技进步与对策》(2013 年)，《专利价值在技术转化过程中的影响因素探析》发表于《技术与创新管理》(2014 年)，《科技型中小企业专利获取路径与对策分析》发表于《中国高校科技》(2014 年)，《基于专利的技术预测指标体系及其实证研究》发表于《图书情报工作》(2014 年)，《国际智能手机技术前沿及对中国技术开发的启示》被《科技管理研究》录用(2014 年)，《基于专利计量的国家间技术竞争情报分析——以智能手机技术为例》被《现代情报》录用(2014 年)，《基于专利的美国风力涡轮机领域技术监测》发表于《技术经济》(2014 年)，《基于专利计量与信息可视化的技术热点监测分析——以风力涡轮机技术领域为例》被《现代情报》录用，《基于专利家族的核心技术演进分析——以太阳能光伏电池技术为例》发表于《情报杂志》(2014 年)，《基于科学-技术互动的战略性新兴技术演进探析——以风力发电机技术为例》发表于《科技与经济》(2015 年)。此外，还有 8 篇论文被《中国科技政策与管理学术年会论文集》收录，并做小组交流发言。

9. 战略性新兴技术与产业政策研究

课题组在进行项目研究的同时，密切关注战略性新兴技术和产业政策，并根据项目研究成果，积极为我国大力培养和发展战略性新兴产业提出参考建议。2012年 5 月在《社会科学报》发表《战略性新兴产业研究 ≠ 政策解读》一文。2011 年在南京举办的第七届中国科学学与科技政策年会上，提交《战略性新兴产业研究的主题分析》一文，并做交流发言。课题组硕士研究生王淮完成学位论文开题报告《战略性新兴能源技术选择与产业政策研究》，并以辽宁省培育和发展战略性新兴产业政策为例，完成了论文初稿。

1.4.2　存在的问题与展望

项目在实施过程中，整体研究进展情况良好。课题组主要成员能够及时交流和协调项目在研究过程中存在的问题，集思广益，攻克研究中的难点。项目进行中主要遇到的问题有以下三个方面。

1. 对部分数据库专利文献格式的处理问题

研究所收集的相关技术领域的专利文献涉及不同的数据库中的格式，数据下载后需要做统一格式的标准化处理，对大量专利文献数据格式的标准化处理工作是项目研究中的一项困难。与此同时，对中文专利文献数据的下载和处理问题，当前国内专利文献数据库尚不提供批量专利文献数据的下载。课题组积极发挥与大连理工大学 WISE 实验室的合作研究优势，联系实验室相关研究人员，使用自编计算机软件程序，实现了对专利数据格式的标准化处理，减少了课题组的大量低水平重复工作。

2. 对部分专利文献知识图谱的解读和内容挖掘的研究

通过绘制相关领域的专利文献数据的科学知识图谱，探测新兴技术及其演化情况，当前的一个难点是对专利文献知识图谱的解读。由于课题组成员缺少新兴能源技术的相关研究背景，在对具体的新能源技术领域进行实证研究时，对知识图谱中展现出来的技术信息把握不够准确，对图谱内容的挖掘不够深入，如对固体燃料电池技术、风能发电技术的专利术语和技术领域的理解与把握不够。课题组通过联系战略性新兴能源技术领域的相关专家，帮助课题组对专利文献的知识图谱进行深入解读。同时，相关专家还为课题组提供了大量关于战略性新兴能源产业政策方面的深层讲解。

在本书所依托课题的研究过程中，课题组还探索了这一领域需要进一步深入研究的问题，如新兴技术体系演化的微观动力问题、如何通过建立数量模型构建新兴技术涌现的机制等问题，这将是本课题组未来研究的重点课题。在未来的研究中，课题组将继续发挥交叉学科研究背景和跨校合作研究的优势，积极探索，争取在战略性新兴技术领域研究中收获更多的研究成果，更好地为我国培育和发展战略性新兴产业提供决策参考。

1.5　本　章　小　结

本章是绪论部分，主要介绍战略生新兴技术研究提出的背景和意义、战略性新兴技术的界定和特征、战略性新兴技术基本问题研究的主要内容框架和研究的主要方法等。本章主要是从整体上介绍本书的写作框架和背景，结合我国大力培育和发展战略性新兴产业的宏观背景，创造性地提出战略性新兴技术的概念，并指出战略性新兴技术是战略性新兴产业发展的重要引领和支撑。从经济产业维度上看，技术与产业相依相辅、密不可分，没有战略性新兴技术就没有战略性新兴产业；不掌握战略性新兴技术，战略性新兴产业就没有立足之地。从科学技术维度上看，战略性新兴技术属于国家认定的高技术和前沿技术。从时空维度上看，不同历史时期应有不同的战略性新兴产业，因而就有不同的战略性新兴技术。基于以上三个维度，我们可以为战略性新兴技术做出一个初步界定：战略性新兴技术是一个国家在一定时期牵引和支撑战略性新兴产业形成和发展的高技术集合体。一个战略性新兴产业所需要或所包含的技术具有十分复杂的结构，换言之，每个领域的战略性新兴技术是一个由众多单项技术或单元技术构成的技术体系或技术系统。

对战略性新兴技术的研究主要从建立战略性新兴技术辨识的可视化方法，探索战略性新兴技术体系在新兴产业发展中的演化机制等方面展开。从专利计量和信息可视化的视角，重点解决如何辨识和确认产业中的战略性新兴技术的系统方法。从微观、中介、宏观，以及技术体系内部演化、产业中技术创新、外部环境共生等方面，分析战略性新兴技术体系的演化机制。

本章参考文献

[1] 蒋国华. 科学计量学和情报计量学：今天和明天[J]. 科学学和科技管理, 1997, 18(8): 33

[2] Bujdoso B. Ruff: a tudomany mint a meres targya[R]. MTAK, 1981

[3] Narin F. Patent bibliometrics [J]. Scientometries, 1994, 30(1): 147-155

[4] 邱均平. 文献计量学[M]. 北京：科学技术文献出版社, 1988

[5] 宋巧枝, 方曙. 基于文献统计分析法的专利计量分析研究[J]. 现代情报, 2008, (2): 125-129

[6] 孙艳玲. 专利引文在技术评价及预测中的作用[J]. 情报学报, 1991, 10(4): 293-298

[7] Bertin J. Semiology of Graphics: Diagrams, Networks, Maps[M]. Madison, Wisconsin: University of Wisconsin Press, 1983

[8] Tufte E R. The Visual Display of Quantitative Information[M]. Cheshire: Graphics Press, 1986

[9] 靖培栋. 信息可视化——情报学研究的新领域[J]. 情报科学, 2003, 21(7): 685-687

[10] 袁国明, 周宁. 信息可视化和知识可视化的比较研究[J]. 科技情报开发与经济, 2006, 16(12): 93-94

[11] 王日芬, 李晓鹏, 丁晟春. 网络信息资源检索与运用[M]. 南京：东南大学出版社, 2009

[12] 刘峰涛. 信息检索与应用[M]. 北京：中国人民大学出版社, 2009

2 战略性新兴技术的研究基础

党的十八大明确提出："科技创新是提高社会生产力和综合国力的战略支撑，必须摆在国家发展全局的核心位置。"强调要坚持走中国特色自主创新道路，实施创新驱动发展战略。创新驱动发展战略是：中国未来的发展要靠科技创新驱动，而不是传统的劳动力和资源能源驱动，这是一项系统工程。当前我国传统产业在经济社会发展中仍然占据主要位置，很多产业处于国际产业链的中低端，消耗大、利润低，受制于人。自 2010 年以来，国家提出了大力培育和发展战略性新兴产业的要求。这也是我国瞄准国际创新趋势，整合优势资源增强自主创新能力的重要举措。作为战略性新兴产业的重要支撑，大力培育和发展战略性新兴技术对我国提高自主创新能力，使我国的自主创新站在国际技术发展前沿具有重要的战略和现实意义。

2012 年 5 月 30 日，国务院常务会议讨论通过《"十二五"国家战略性新兴产业发展规划》。发展战略性新兴产业是一项重要战略任务，在当前经济运行下行压力加大的情况下，对于保持经济长期平稳较快发展具有重要意义。《"十二五"国家战略性新兴产业发展规划》面对经济社会发展的重大需求，提出了七大战略性新兴产业的重点发展方向和主要任务。产业的发展依赖于技术的进步，战略性新兴技术的研究不仅对产业发展具有重要的现实意义，同时其自身的发展和管理等问题研究也具有重要的理论意义和学术价值。作为战略性新兴技术研究的基础，本章对新兴技术、战略性新兴产业发展和产业政策等相关问题进行介绍，为后续战略性新兴技术的分析和研究提供支撑。

2.1 新兴技术、战略性新兴技术和战略性新兴产业

新兴技术对应的英文词是"emergng technology"，意即新兴趋势的技术，因此在美国宾夕法尼亚大学沃顿商学院的关于新兴技术管理研究小组给出的定义中，特别强调了新兴技术的"正在经历市场应用的革新"，即指出了新兴技术的高度不确定性。新兴事物的发展趋势具有风险性，新兴技术的产业化应用也存在高度的风险和不确定性，关键是如何正确地引导和管理使其引领或带来一个企业和产业的重大变革。这一变革可以通过某个技术单元或者是技术体系的革新来完成，因此新兴技术的范畴可"大"可"小"，未必是可以导致整个产业发生变革

的共性技术或核心技术。

战略性新兴技术,通过"战略性"修饰"新兴技术"首先就表明了其作为宏观战略和统领的地位,是新兴技术中重要程度最高的那一部分,同时属于产业领域的共性技术。从经济产业维度的视角来看,战略性新兴技术与战略性新兴产业相伴而生,战略性新兴技术的产生离不开战略性新兴产业的培育和发展;战略性新兴技术是战略性新兴产业发展的重要支撑,同时受到战略性新兴产业发展程度的影响。战略性新兴产业是战略性新兴技术培育和发展的必然结果。从科学技术发展的自身来看,战略性新兴技术是在基础科学研究突破创新基础上的高新和前沿技术,是基于高密集基础知识的不断扩散和延展而形成的高技术和前沿技术,因此战略性新兴技术既有新兴技术的知识密集性和前沿性,又是在战略性新兴产业发展中占据重要位置的共性技术集合体。

战略性新兴产业的概念属于经济学领域范畴,是建立在重大前沿技术突破基础上,代表未来科技和产业发展新方向,并对经济社会具有全局带动和重大引领作用的产业。我国改革开放在经济建设领域取得了举世瞩目的成绩,但在很大程度上付出了资源消耗过大、环境污染和破坏严重等代价。因此,我国在工业化建设中必须改变传统的经济发展方式,走可持续发展的道路,体现当今世界知识经济、循环经济、低碳经济的发展潮流。产业的发展需要科学技术的支撑,新兴技术是引发产业变革和新兴产业创生的导火索,战略性新兴技术就是支撑战略性新兴产业培育和发展的重要基础。战略性新兴技术和战略性新兴产业相互支撑,不可分离。这也是我们提出并对战略性新兴技术进行深入研究的现实意义所在。

2.2　新　兴　技　术

新兴技术作为一个最近几年出现的专有名词,从直观上可以分解为新兴和技术。新兴用来修饰技术,指的是新近出现的或正在涌现的技术。因此,新兴技术首先应该具有时间属性,即新近出现的技术。更进一步来说,新兴技术也应当是正在逐步为人们所了解,但尚未成熟的技术。

2.2.1　新兴技术的定义

国际上技术管理视角下新兴技术的开创性始于美国宾夕法尼亚大学沃顿商学院的 George S. Day 和 Paul J. H. Schoemaker 领导的新兴技术管理研究小组。该研究小组于 2000 年出版了标志其研究成果的第一本综合性文献——*Wharton on Managing Emerging Technologies*。在该书中,新兴技术被定义为:基于科学的,有可能创立一个新行业或者改造一个现有行业的创新。同时给出了新兴技术的三个特点：①知识基础在扩展；②其在现有市场中的应用在经历着革新；③新市场正在形成和发展。

新兴技术不仅包括产生于根本性创新的间断性技术(生物制药、数字成像等)，还包括通过集成多个过去独立的研究成果而更具创新意义的技术(核磁共振成像、传真、电子金融和互联网等)。在新兴技术概念引入我国后，我国学者在沃顿商学院新兴技术研究小组的基础上，从经济产业维度、科学技术维度和时空维度等来认识与界定新兴技术的定义。其中比较全面的定义是：新兴技术是建立在信息技术、生物技术和其他学科发展基础上，具有潜在产业前景，其发展、需求和管理具有高度不确定性，正在涌现并可能导致产业、企业竞争、管理思维、业务流程、组织结构和经营模式产生巨大变革的技术。

综合来说，新兴技术是指最近出现的且正在发展的，正在或将要对当前社会的经济结构或产业产生重要影响的高新技术。在当前的新兴技术研究中，研究最为集中的技术是信息技术、生物技术和能源技术。但并不是所有新近发展的高新技术都是新兴技术，只有能对经济结构产生重要影响的技术才为新兴技术。

2.2.2　新兴技术、新技术、高技术、高新技术与传统技术的区别

新兴技术与新技术、高技术、高新技术之间存在细微的差别。新技术是指对生产产品和提供服务有新影响的技术，新技术突出技术的时间属性，"新"处于S曲线的始端，突出这种技术是过去没有的，是"新"的优势；根据范围的区别，新技术可分为企业新技术、行业新技术、地区新技术、国家新技术、国际新技术，同时，新技术也可以划分为改良性新技术、改进性新技术、全新新技术等，与新技术对应的是旧技术，从时间序列看，新技术比新兴技术成熟，新兴技术比新技术更加靠前。

高技术是在美国等西方国家普遍使用的概念，与普通的技术概念相比，高技术突出体现了在这些技术中人类智能的高度集中，尤指科技前沿领域的技术。高技术是从技术的内容属性角度，强调其中所包含的较大比例的人类智能。鉴于研发在这些技术领域发展中的重要作用,世界经济合作与发展组织(以下简称世界经合组织)以研究开发经费占销售额的比例来区分和界定高、中、低技术。1994年，世界经合组织对其10个成员国22个产业部门的研究开发经费占销售额的比例进行了研究，凡是比例超过7.1%的产业均被定义为高技术产业，低于7.1%、超过2.7%的产业定义为中技术产业，2.7%以下的产业被定义为低技术产业。目前国际上公认的高技术有生物工程技术、电子信息技术和新材料技术等。

高新技术是从技术的内容和时间属性的角度，强调其对国民经济的推动作用和技术产生发展的先进性。高新技术是20世纪80年代末在我国产生的一个概念，狭义的高新技术在我国国民经济中所占比例还很少，短时间内其发展还不能对国民经济产生重大推动作用。作为一个尚未完成工业化进程的发展中国家，大量传

统技术领域内的先进适用技术，还将对经济增长做出主要贡献。在理论和实践中，为了对推动我国经济增长有较大贡献的新型技术群体有一个比较明确的定义，从而产生了高新技术这一概念，这一概念随着863计划、火炬计划(高新技术产业化计划)、高新技术产品和高新技术企业认定等工作的展开，逐渐被社会所广泛接受。其中，863计划选择8个领域作为高新技术，即信息技术、生物技术、新材料技术、能源技术、农业高新技术、先进制造技术与自动化技术、海洋技术和民用高新技术；而火炬计划选择9个领域——电子信息技术、新材料技术、生物工程技术、新能源技术、航空航天技术、先进制造技术、核应用技术、海洋技术和环保技术，作为高新技术。

传统技术多是为了自然人在自然中生存的需要而产生的生产性与粗放型技术，而新兴技术、新技术、高技术与高新技术则是建立在科学理论基础之上，迎合了市场经济发展的需求并与全球化的商业发展融为一体，推进了社会科技快速进步。

2.3　战略性新兴产业概述

战略性新兴产业是以重大技术突破和重大发展需求为基础，对经济社会全局和长远发展具有重大引领带动作用的知识技术密集、物质资源消耗少、成长潜力大、综合效益好的产业。战略性新兴产业发展战略的提出是在传统产业发展的基础上，更好地融入现代生物、信息、材料等高技术手段，并建立在重大前沿科学技术突破的基础上。它代表未来科学、技术和产业发展的新方向，体现当今世界知识经济、循环经济、低碳经济的发展潮流，目前尚处于成长初期，未来发展潜力巨大，对经济社会具有全局带动和重大引领作用。最早提出"战略性产业"概念的是美国经济学家赫希曼(Hirschman)，他将处在"投入-产出"关系中关联最密切的经济体系称为"战略部门"。在此之后，"战略性产业"一词频繁见诸各种学术著作、研究论文、媒体和政府研究报告之中[1]。

2.3.1　国外新兴产业发展情况

战略性新兴产业是一个随着时间变化的时空概念，虽然新兴产业的研究是在近几年日益进入研究者的视野，但早在16～17世纪荷兰就已经受到了新兴产业的益处，当时还没有新兴产业的定义。由表2-1可以看出，英国的新兴产业最早兴起于第一次工业革命，英国在当时有广袤的林地，并且英国人对煤炭燃烧时产生的烟味感到刺鼻，所以当时英国的主要能源就是木材。但随着林地的不断减少，英国爆发了能源危机，导致很多平民买不起木材来取暖，英国只好借助煤炭来解决当时的能源危机。由于煤炭的大力发展，在煤炭的采集和运输中蒸汽机和铁路运输车等新发明相继登场[2]，英国也就借助这些技术发展纺织、交通运输等产业，从而成功地成为 19 世纪的工业领导国。美国的新兴产业最早起源于第二次工业革命，当时美国的电力技术已经成熟，爱迪生在 1879 年发明了世界上第一个白炽灯，随着白炽灯的不断发展，一系列如输电、配电、直流交流等相关技术也随之兴起，因为科技的推动，美国开始新一轮的产业改革，并依靠电力、信息和汽车产业发展成为当今的世界霸主，由此可见，虽然每个时期的新兴产业不同，但本质上都是相同的，都是在当时有较高的技术水平，并有改变区域经济甚至是全球经济的潜力。

表 2-1　新兴产业支撑大国崛起

国家	技术发明	龙头产业	发展成就
英国	蒸汽机和动力织机	纺织、交通运输、机械制造等	19 世纪世界的领导国
美国	发电技术和内燃机	电力工业、信息、汽车、航空等	当今世界霸主

资料来源：马锁生. 国外新兴产业发展举措对我国的启示[J]. 对外经贸实务，2010，（11）：37-39

根据历史的规律，每一次新兴产业的发展都能带动新一轮的经济复苏，由此也使得新兴产业在 2008 年经济危机后成为各个国家解决本国经济问题的一种方法，从而使得新兴产业在近几年受到各国广泛关注。

目前，国外新兴产业发展较好且具有代表性的国家是美国、日本和韩国，因此以下主要通过这些国家来介绍国外新兴产业的发展情况。

1. 美国新兴产业发展

1）新能源产业

美国发展新能源的计划并不是在 2008 年经济危机之后才提出的。早在 1925 年，由于美国政府担心国内资源短缺问题，责令美国矿产部进行有关煤炭提取燃油的实验，投入 6000 万美元的实验经费，并在宾夕法尼亚州建立实验室和厂房。在 1950 年又批准了 2600 万美元的经费用于煤炭气化的研发。1973 年的石油危机爆发之后，美国政府又开始担心本国的能源问题，以尼克松为首的政府对煤炭提取燃油项目投资超过 1000 亿美元，并且成立了一个专门的公司——合成燃料公司。20 世纪 60~80 年代，由于石油短缺没有成为现实，美国政府维持了一定规模的新能源研发项目，主要是用于降低本国对国外石油的依存性，合理利用煤炭资源，直到 2008 年世界危机之后将其列入新兴产业。新能源产业促使美国的加利福尼亚州 1972~2006 年在节能方面创造了 150 万个工作岗位，雇员工资收入达到 450 亿美元[3]。2009 年，美国政府颁布了《复兴法案》[4]，以加强对新能源方面的财政投入，从而期望能通过新能源来摆脱对进口能源的依存性。

2) 物联网产业

20 世纪，时任美国总统的克林顿提出的"信息高速公路"的战略，促进了美国经济的蓬勃发展，也使美国加快了成为信息大国的步伐，在经济危机过后，美国国内经济受到重创，2009 年 1 月，以奥巴马为首的政府在"圆桌会议"上，首次提出物联网产业。物联网产业的发展带动了与之相关的信息通信技术，带动了美国的经济发展，提升了美国的生产率。如图 2-1 所示，美国 1976～1999 年信息通信技术的产出呈指数函数形式增长，也体现了物联网技术对美国经济的影响[5]。现阶段物联网的技术被广泛用于农业生产、电力运输和教育产业。在农业生产方面，物联网广泛用于 CO_2 的监测、化肥的合理使用、水分的检测等方面。物联网在这些方面的广泛应用，促进了农业产量的提高，方便了人们的管理。在电力方面，物联网现阶段主要用于智能电网，现阶段智能电网的应用可使美国减少一半的石油进口，减少 CO_2 排放量的 25%[6]，并对电力进行合理管制，有效地节约资源的使用。

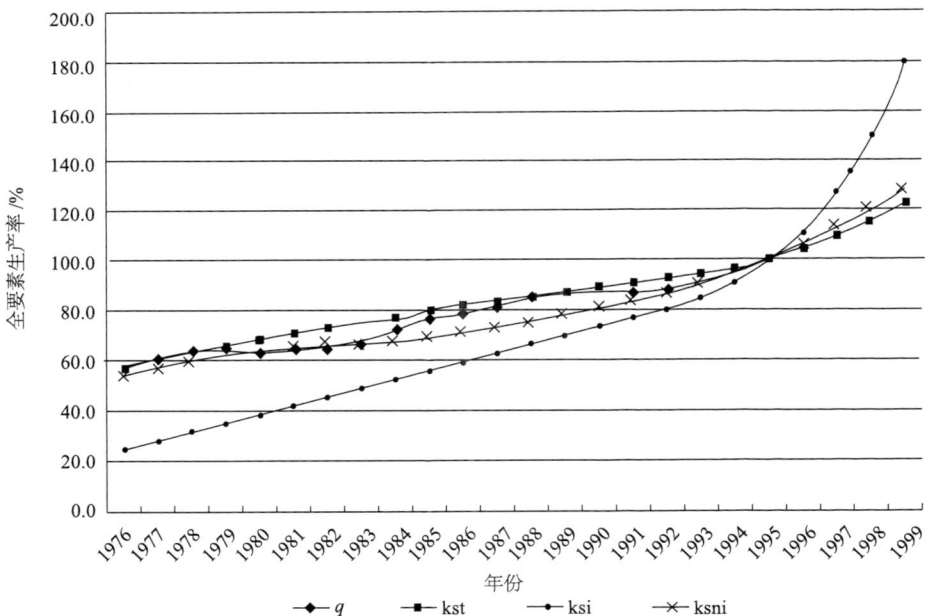

图 2-1 美国行业产出趋势

资料来源：萧琛，刘丁华. 物联网对美国产业格局和经济结构的影响——虚拟经济与实体经济的"去脱节化"探索之一. 广义虚拟经济研究，2011，（3）：27

q=real out put，即实际产出；kst=total capital services，即总投资服务；ksi=ICT capital services，即信息通信技术投资服务；ksni=unICT capital services，即非信息通信技术投资服务

2. 日本新兴产业发展

1) 新能源汽车产业

日本由于国内资源匮乏，不得不发展新能源产业来缓解国内的能源危机，然而世界经济危机又导致其汽车产业受到重创，这增加了日本国内汽车产业的竞争力，也使得日本从传统汽车产业走向新能源汽车。并且日本的新能源汽车一上市，就受到广大消费者的好评。2009 年，日本混合动力汽车销售量超过 45 万辆，占新车中销售量的 14%以上[7]，2011 年占新车销售量的 17.1%[8]。伴随着新兴技术的发展，日本的新能源汽车也逐步由最先开始的混合动力汽车过渡到纯电动汽车，直到现在的燃料电池汽车。在纯电动汽车方面，日本现已实现充满电后，续航里程可达 180 千米，最高时速超过 120 千米/小时的目标；在燃料汽车方面，由于刚刚起步，政策方面还不是非常完善，使得国内保有量很低，但仍旧非常有潜力。

2) 智能机器人产业

日本素有机器人王国之称，从 20 世纪 60 年代开始日本就从美国引进机器人技术，1985 年机器人在日本的生产总值超过 3000 亿日元，到 1991 年生产总值达到 6000 亿日元。20 世纪 90 年代中期，由于欧洲机器人产业的快速发展，日本机器人产业出现低迷，直到 2010 年，日本机器人产业出现回升，并创造 6044 亿日元的产值。现阶段日本的机器人主要用于工业生产上，而日本相应的服务类机器人处于起步阶段，日本服务类机器人的市场规模由 2002 年的 70 亿日元增长到 2010 年的 550 亿日元，预计日本服务类机器人的市场规模将在 2035 年达到 9.708 万亿日元，由图 2-2 可以看出，日本的服务类机器人在 2002 年到 2010 年呈爆发性增长，前景也非常良好。

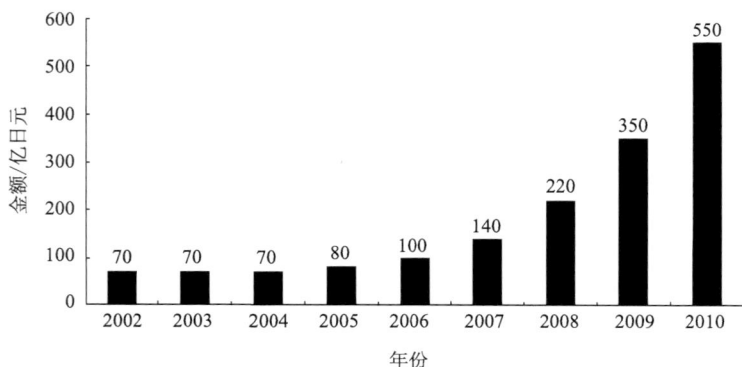

图 2-2　日本服务类机器人市场增长趋势

资料来源：中商情报网

3) 纳米技术产业

由于日本在纳米技术方面起步较早,现在已在纳米技术方面取得很好的进展,如碳纳米管、光催化剂,以及对强电子学的研究等。现阶段日本的纳米技术正在由第一代(单个领域的迅速发展)向第二代过渡(与其他领域融合发展),并考虑通过纳米技术来解决能源环境问题,发展第三代纳米技术。在纳米材料方面,日本企业已经进行了实证研究,并准备向实用化转化。2008 年 2 月,日本发现铁基新型超导体,目前正在研究阶段,对于二次电池日本企业也正在进行相应的实用化研究。在纳米电子学领域,日本现正在向大规模硅集成电路中引入新材料,并在磁电阻内存 MRAM、电阻式内存 RERAM、相变式内存 PRAM、强介电体内存 FERAM 等已实现停电不消失、高速、大量的储存。由于全球气候和能源问题,日本开始展开有关 SiC、GaN 的研究,其中 SiC 产业在 2006 年市场规模是 40 亿日元,2007 年的市场规模是 50 亿日元,预计 2020 年的市场规模将扩大到 683 亿日元。而在 SiC 研究方面,各个企业也获得了很大成就,如昭和电工在 2006 年 11 月出售用于功率器件的 2~3 英寸 SiC 的外延片,2007 年新日铁基于计算机模拟技术开发出了微管缺陷度为 1 个/厘米^2 的高质量 100 毫米 SiC 单晶圆片,2008 年三菱电机开发了内置有效面积 3 毫米×3 毫米的 SiCMOSEFET 和 SiCSBD 转换电路,该模块与 SiC 相比功率损耗降低了 50%,面积仅为 1/4,实现了小型化的目标[9]。

3. 韩国新兴产业发展

1) 半导体产业

韩国的半导体产业最早兴起于 20 世纪 70 年代,1983 年韩国依靠产、学、研等国家政策的推动,支持并发展如三星、LG 等电子产业,使其在半导体产业方面成为继美国、日本之后的世界第三大半导体强国。但 1989 年之后,由于世界半导体市场的不景气,韩国半导体产业也受到波及,生产总值一度下滑。1993 年,韩国将半导体技术用于个人电脑,拉动了半导体产业的发展,成就了韩国半导体产业高达 162.5 亿美元的产值,占全球半导体产值的 10.7%。目前,韩国的半导体制造商,如三星、现代已经在世界 DRAM 的制造商中排前两名,而且三星公司已经开始批量生产 1GB 的闪存芯片[10],HYNIX 的"嵌入式闪烁基带芯片"早在 2002 年就打算在 2003 年 6 月之前进军蓝牙市场。

2) 生物技术

韩国生物技术的起步要比美国等发达国家晚,国内的生物技术大多还未达到世界领先水平,但韩国在生物技术方面依旧取得很大进步,从图 2-3 可以看出,从 1994 年到 2006 年,韩国生物技术产业的生产水平和国内销售的年增长率分别是 29%和 25%,进口增长为 38%,出口增长为 25%[11]。同时,自 1994 年以来,韩国在生物技术的研究上也取得很好的进展,如氨基酸产品在 1996 年就已占世界市场的 20%[12]。目前，韩国在生物技术方面，如发酵技术、干细胞技术、体细胞克隆牛、艾滋病 DNA 疫苗等领域均达到世界先进水平。韩国的生物产业总值在 2010 年达到国际市场的 1.9%，实现 31 亿美元的总产值，并计划在 2020 年占有国际市场 2.2%的份额，实现 116 亿美元的总产值。

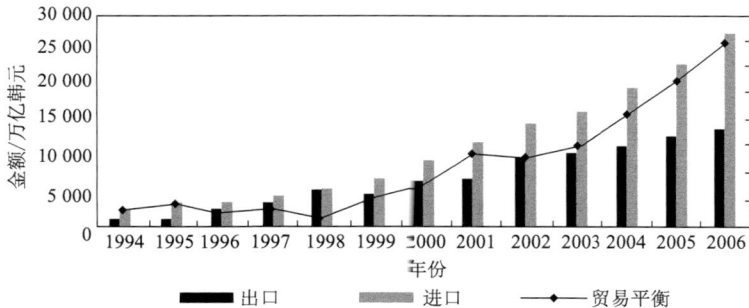

图 2-3　韩国生物技术产业进出口表

资料来源：刘莹. 韩国生物技术 R&D 发展现状与未来[J]. 中国科技投资，2009，（3）：77-79

2.3.2　我国战略性新兴产业发展情况

世界经济在经济危机之后遭受到了沉重的打击，世界各国产业百废待兴，各个国家都面临着对未来发展道路的重大抉择。为了应对经济危机，尽快走出金融风暴的阴影，各个国家都意识到对经济的转型和产业结构优化升级的重要性，于是推动了一场全新而又重大的产业革命，在这场产业变革中产生了一些新兴产业，这些产业大大促进了人类生产方式的升级和生产力的提高，并迅速成为各国抢占经济制高点的突破口，同时也揭示着新兴产业必将成为未来世界经济发展的主导力量。

在世界各国纷纷大力发展新兴产业时，我国也在积极地寻找着能够带领国家走向繁荣的新兴产业。2009 年 11 月 21 日，在国务院召开的新兴战略性产业座谈会中，经多方讨论正式确定了我国具有未来发展战略性意义的七大新兴产业：节能环保、新能源、电动汽车(现已改为新能源汽车)、新材料、新医药、生物育种(现已和新医药合并后又补充高端装备制造业)和新一代信息产业。这七大产业将成为未来我国经济发展新增长点并引导国家经济走上快速增长的轨道。

1. 节能环保产业

随着全球现代化步伐的不断前进，世界经济发展方式已经做出了重大调整，绿色经济已经成为未来经济发展的主流。为适应世界潮流，也因为可持续发展的根本要求，我国对发展绿色经济极为重视，并将其核心部分节能环保产业列在战略性新兴产业之首的重要位置。就目前节能环保产业现状而言，我国的节能环保产业发展势头良好，产业规模也已经初步形成。自 2000 年以来，政府便对节能环保产业投以足够重视，相继出台了一系列的相关产业规划和法规政策，对环保产业发展起到了极大的推进作用。如今我国节能环保产业拥有了大规模迅速发展的能力和条件，已经掌握了基本的节能环保设备和技术，市场需求正逐步扩大。不过，目前的节能环保产业在发展的同时，也存在着一些不足。

虽然我国政府对节能环保产业给予了高度重视和支持，在节能环保产业发展过程中提供了诸多扶持政策和足够的资金支持，但我国环保产业受传统经济影响，导致其企业化程度不高，市场化水平较低，而这一现象出现的原因归结于当前的节能环保产业机制体制不健全。另外，由于企业对专业技术的研发能力明显不足，我国节能环保产业对核心技术和诸多共性技术掌握能力偏低，这使得企业的市场竞争力严重下滑。因此，在相当长的一段时间里，产业机制体制建设和专业技术的自主创新研发将是我国节能环保产业亟待解决的问题。

2. 新一代信息技术产业

当今的社会正处于高度信息化之中，随着对信息技术的应用不断深入，信息技术产业发展的速度极快，产业结构变革也十分迅速与频繁，在产业结构不断优化的过程中，发展具有前瞻性的信息技术产业对国家经济社会发展尤为重要，因此新一代信息技术产业当之无愧地被选作我国战略性新兴产业之一。新一代信息技术产业可以被分为三个层次：电子核心技术产业、现代信息网络产业和现代信息服务产业[13]。其应用领域极其广泛，渗透力极强，相关产业众多。新一代信息技术产业的发展对带动其他产业共同发展在很大程度上起到促进作用，因此我国高度重视对新一代信息技术产业的发展。近年来，我国信息技术产业模式不断升级，产业结构也得到了不断优化，产业规模和发展水平较为可观，上下游产业较为完备，产业链结构正初步形成。尤其在国内一些沿海发达地区，产业规模庞大，产业优势十分明显。

虽然我国的新一代信息技术产业具有了一定的发展基础，但依旧面临着一些困境。首先，我国的许多信息技术产业机制体制不够健全，政府的财政扶持政策和一些相关的政策措施并不完备，新一代信息技术产业发展条件和环境也并非良好。其次，产业资金投入不足，对技术研发力度还有待提高，这使得产业的核心技术难以得到创新，严重影响了产业向产业化更高水平发展。最后，就产品应用而言，信息技术产业市场虽十分广阔，但缺乏高素质人才的引进和培养，不能具备良好的市场管理和创新能力，也是制约新一代信息技术产业发展的一大障碍。

3. 生物产业

生物产业和其他战略性新兴产业一样正处在起步发展时期，且处于快速发展阶段。当社会经济转型和产业结构调整升级变得越加迫切时，生物产业凭借着其对社会、经济等方面的积极影响力越受到国家的高度重视。生物产业可以被应用于医药、农业、化工环保等多个领域，其产业相关性良好且市场前景极为广阔。现如今我国的生物产业已经具有可观的发展基础和规模，拥有了一支十分强大的高素质人才队伍和众多科研开发基地，各企业、研究所、基地的集聚效应也已形成。科研力量和产业化规模分别处于逐步提高和不断扩大之中，许多生命科学研究方面都取得了重大突破，甚至有些领域已然赶超西方发达国家，并具有自身的发展特点和优势，尤其是在基因工程、胚胎分割等领域的研究。

我国生物产业目前虽已粗具规模，但整体产业规模与西方发达国家相比还明显不足，竞争能力还处于劣势，而且我国生物产业在发展中也同样面临着许多问题。目前我国的生物产业发展过程中相关研究开发的资金投入严重不足，不仅大比例落后于西方发达国家，就连与自身药业销售额相比也只占 2.7%。产业资金来源大多依赖于政府补贴，并且大部分政府资金都用在科研机构、高等院校等相关研发单位上，流向企业的部分十分有限，资本投入不足在很大程度上制约了产业的发展[14]。由于对技术的研发和创新过于注重，产业研发力量严重不足，使得产业发展严重失衡。另外，产学联盟结构体内部的利益关系十分复杂，导致科研成果的利用率不高，也严重影响到产业发展的进程。

4. 新能源产业

在全球能耗持续增加的今天，旧有的煤、石油、天然气等资源供应已经难以维持人类现代化的进程。因此，对一些新能源替代品的需要变得愈加迫切。对于我国而言，国家对新能源的利用与发展也是走可持续发展道路的必然选择。近年来，我国的新能源产业发展极快，较为突出的是风电、核能、水能和太阳能的发展。自 2006 年我国风电进入快速发展时期，至 2013 年，我国的总风电并网量已经位居世界第一，风电也早已成为我国的主力电源之一。另外，在核电与水能产的利用方面，也取得了骄人的成绩，目前我国的核电和水电产业发展均走在世界前列。地热能、氢能、生物能等其他新能源产业也在快速成长当中。

然而，伴随着新能源产业的快速发展，我国也面临诸多问题。就太阳能产业发展而言，我国的太阳能产业起步较晚，近年来的发展却十分迅速，尤其表现在其代表产业光伏产业上。2013 年，我国新增光伏机组容量已占全球的 30.5%，位居世界第一。但是，在光伏产业的发展中却遇到了因成本高而缺乏市场竞争力的问题。此外，在太阳能热水器产业方面，我国的太阳能热水器产量虽然逐年递增，但同时也面临对国外市场依赖性强和产能过剩等问题。

5. 新材料产业

新材料产业作为一个刚刚起步且正在成长中的新兴产业，它具有极大的发展潜力和市场前景，这源于新材料拥有传统材料并不具有的优异性能，同时具有应用领域广泛、市场广阔的优点。新材料产业成为我国化工产业加快优化产业发展模式的重要着力点。关于新材料的研发水平和产业化水平已作为度量一个地区乃至国家的经济发展和科技进步水平的重要指标。纵观我国新材料产业发展状况，目前国内的很多省市地区都已将新材料产业放在高技术产业发展重点领域当中，并且在产业化行业和领域中也取得了一定成效，已经初步形成了较为完善的新材料产业体系，同时也附带开辟了许多新的产业领域，带动了相关行业的快速发展。

然而，我国的新材料产业在快速发展中也存在着一些不足之处。新材料产业发展过程中较为突出的问题便是科研成果转化率较低，这也导致了我国化工产业对国有资源的利用率不高，每年都有大量稀有资源以出口的形式流失向国外。除此之外，就新材料产业而言，我国的高技术研发人才数量缺乏，新材料研发技术十分薄弱，对拥有自主知识产权的技术研发能力也远远落后于西方发达国家，这一问题导致的后果相当严重，国内许多产业的产品出现供过于求和产能过剩的状况，而这一现象的产生并非由于国内产品市场需求不足，只因为国内许多新材料产业产品质量水平较低，市场竞争力不足，市场效应才不乐观。对于新材料面临的这些产业发展困境，究其原因，部分源于产业对市场调节不足，产业经营遇到困难，更大一部分原因是产业自主创新能力不高。因此，在未来新材料产业发展过程中，新材料产业不仅需要对市场机制的调节与掌握进一步提高，对自身创新能力的培养也是重中之重。

6. 高端装备制造业

如今装备制造业在经济发展和社会进步中起着至关重要的作用，是国民经济的重要组成部分。装备制造业的发展水平往往是国家工业化水平的一个重要标志。近年来，为了提高国家的装备制造业发展水平，政府将具有高端技术引领的高端装备制造业的发展作为战略性新兴产业发展重要方向之一，并将其作为现代工业体系的核心部分。就发展状况来说，目前我国的高端装备制造业发展十分迅速，已经具备了一定的产业规模和初步的产业体系，部分重点领域的发展也较为突出，尤其在航天、航天器、海洋工程等领域更加明显，取得了许多高水平的产品研发成果，在国际范围内具有较强的竞争力。此外，我国高端装备制造业近年来产业生产总值不断提高且占国民生产总值的很大比例，对提高我国经济发展水平起着极大的促进作用。

　　尽管我国高端装备制造业取得了一些成就，就其产业发展状况而言，同样也存在着一些问题。我国高端装备制造业对产品的设计和研发能力不强，创新能力不高，自主创新意识薄弱，对国外高新技术产品模仿现象严重，导致自身产品质量和水平难以提高，自主品牌难以建立，市场竞争力不强。而且许多产业工艺材料尚需依赖于进口资源，导致产业安全存在隐患。另外，产业体系建设力度不足，使得产业体系不够健全。同时产业结构也存在不合理之处，许多产业出现供过于求的不平衡现象，市场效应不佳，产业综合效益也不高。因此，我国的高端设备制造业发展也同样面临着不少挑战。

7. 新能源汽车产业

　　随着现代化水平的不断提高，社会对汽车的市场需求日益扩大，但来自环境和能源的压力越来越大，社会矛盾也逐步激化。于是，新能源汽车应运而生，这是汽车工业的又一次革命，也是汽车产业在能源紧缺下的产业转型和产业化结构升级，具有十分重要的战略性意义。近年来，国家对新能源汽车产业研发与生产给予了足够重视，陆续出台了一系列与产业发展相关的激励政策和扶持措施。到目前为止，在新能源汽车产业，我国已建立了一套较为完备的产业发展体系。产业发展速度十分迅猛，一些国内汽车企业在对核心技术的掌握和对新能源汽车的研发方面都取得了不错的成绩，推出了一系列具有一定影响力的新型国有品牌，为未来开拓国际市场打下了基础。不过，我国新能源汽车产业发展中仍然面临一些制约因素：目前新能源汽车产业发展虽十分迅速但其发展路线并不清晰，缺乏具有战略性高度的理论指导和有力的宏观调控；发展方向也十分盲目，产业层面上的发展规划也并不具有良好的前瞻性和指导性。另外，较为凸显的问题还有我国的新能源汽车并不具备较为完善的技术标准，对生产材料和汽车工艺技术的评价标准尚未统一，这使得新能源汽车在生产过程中缺乏良好的技术指导。除此之外，国有汽车企业对核心技术的研发和掌握水平不够，诸多工艺材料和汽车零部件都需要依赖从国外进口这一途径，大大地制约了我国的汽车产业发展，而且使得生产成本大幅度提高，导致产品价格十分昂贵，市场效果不佳，产业发展速度和水平远远落后于西方发达国家。因此，就发展现状而言，国内新能源汽车产业发展还面临着诸多挑战。

　　战略性新兴产业对我国经济发展起着至关重要的作用，它主导着国民经济的命脉，是未来经济发展和社会进步的原动力。基于目前战略性新兴产业尚处于起步阶段，产业发展还并未成熟，国家在产业发展的同时就其所遇到的问题持续出台了一系列的政策措施。现如今，我国已具有初步完善的关于战略性新兴产业发展促进政策体系。其中包括产业税收优惠政策、金融政策(风险投资政策、贷款贴息等)、财政政策(财政担保、财政补贴、财政贴息等)、人才政策(人才引进、人才培养政策)等多种政策。这些政策在产业发展中也取得了较好的成效,在一定程度上引导了产业结构调整和产业模式升级,不断提高着产业的市场竞争力,推动着产业的迅速发展。

不过,目前我国的产业促进政策体系依然存在不足之处。首先,政策出台后,更值得注重的是其所取得的效果。然而,出台后的政策不一定都能很好地被执行到产业当中,这需要一套完善的政策执行监督机制相约束,而目前我国的政策监督机制还并不健全,政策实施效果也并不十分理想。其次,战略性新兴产业作为刚起步的产业,虽然需要一定的政策实施扶持成长,但也需要具有自身的产业活力,即在市场机制下的自我调节能力,这样产业才能拥有克服产业在发展中所遇到困难的能力,才能时刻迎接着来自市场变化的挑战,在产业竞争中具有较高的竞争力和领先优势。因此,从这一角度来说,政府不宜过多干预产业的经营与发展。目前我国的产业政策评估标准还尚未明确,对政策的选择和实施力度也不能很好地掌握,因此还需要一段长期的摸索过程才能具备这一能力。总体而言,我国的战略性新兴产业促进政策体系已具备一定的产业效果,在未来也还有一定的成长空间。

2.4　战略性新兴产业政策概况

2.4.1　美国新兴产业政策

新兴产业在几十年之前就渗透到美国经济发展之中。第二次世界大战期间,美国政府对石油替代能源产生了极大的兴趣。20 世纪 20 年代,美国政府就开始了从煤炭中提取燃油的研发试验。第二次世界大战期间,巴顿将军证实了德国军队运用合成燃料与盟军作战的事实,使一些政治家出于军事目的、好奇心及各种利害关系,重提之前进行过但已放弃的合作燃料研发项目。1944 年 5 月,美国政府希望在石油缺乏的情况下满足国家对能源的需求,出台了《合成液体燃料法案》,实施了为期五年的 3000 万美元开发计划,并建立了大型实验室。随后该项计划追加经费 6000 万美元,时间延长为 8 年。但由于战争很快就结束了,石油的储量还相当大,而且价格非常低,私人企业没有参与这项计划,1952 年这一计划就停下来了。但是 1973 年和 1979 年爆发的石油危机,导致美国又开始担心能源问题,于是又重新开始了合成燃料计划,并成立了能源独立管理局(Energy Indeoendence Authority,EIA)来专门管理有关资金的调用和技术商业化。

卡特政府时期也是大力支持这一研发计划的,因为他们对石油供应的估计是悲观的,认为在 20 世纪 80 年代末石油供应就会枯竭,所以卡特政府鼓励合成燃料和天然气燃料的研发,政府投资了 880 亿美元(尽管里根政府把这些计划停了下来，但断断续续地，这一计划的投资在 2009 年已经超过了 2330 亿美元），也成立了专门的公司——合成燃料公司（Synthetic Fuels Corporation，SFC）处理相关事项[15]。20 世纪 70 年代，美国把核能作为能源计划的重要组成部分之一，于 1980 年出台了《核能工程法案》，并计划投资 200 亿美元。20 世纪 90 年代，美国政府把新兴节能汽车计划作为发展新兴产业的重点，并与福特、通用和克莱斯勒公司合作共同研发。小布什执政期间，美国政府把乙醇燃料和生物燃料作为新兴产业，并出台了《2007 年能源独立和安全法案》。2008 年世界爆发金融危机，美国政府为了摆脱金融危机，大大推行以"新能源""ICE""物联网"三大产业为核心的新兴产业，并出台了《美国复兴与再投资法案》和《美国清洁能源与安全法案》，而且把大量资金投入到新兴产业中。至此打开了美国经济复苏的新篇章。

1. 美国发展新兴产业的政策举措

1）财税及金融政策

20 世纪 80 年代，美国政府就已经颁布了《美国国内税法》《经济复兴税法》《税收改革法》《投资收益降低法案》来降低税收，以促进企业的发展和经济复苏。2009 年，美国政府出台了总额为 7870 亿美元的《美国复兴与再投资法案》。其中，基建和科研计划投入达 1200 亿美元；可再生能源及节能项目投入达 1059 亿美元；生物医学领域的基础性投入达 100 亿美元；税收方面投入达 2750 亿美元。2009 年 3 月，美国能源部出台了总额为 32 亿美元，内容为"美国政府资助各州、市、县、托管地等实施节能和环保计划"的"节能和环保专项拨款计划"。美国政府对从事可再生能源和新能源研究的公司提供税收减免政策，并提出扩大 20% 的信用贷款和在未来 10 年内提供 100 亿美元贷款的承诺。而且美国政府设立创业基金，健全交易机制通融资金，为新兴产业吸收社会资金提供一定的保障。对于政府采购政策，《购买美国产品法》中明确规定，美国政府在采购产品时必须优先采购买本国产品，即同时符合两个条件：①产品在本国生产；②美国零部件成本占产品总成本 50%以上。另外，在《联邦条例》和国防部的《贝里修正案》等采购政策中也有明确采购规定，如要求美国政府在 2005 年购买了 10 万辆国产洁净汽车，其中包括生物质燃料汽车。财税及金融政策的出台不但为新兴企业的技术创新提供了一定的活动资金，而且推动了新兴产业发展和国内市场对新兴产品的需求，鼓励了对本国新型产品的采购，从而扩大了新兴产业在美国市场的份额和国际竞争力。

2）知识产权保护及小企业政策

美国对知识产权的保护拥有悠久的历史，不但形成了一套以《专利法》《版权法》《商标法》《反不正当竞争法》《乌拉圭回合协议法》等为主的知识产权保护体系，而且先后成立了联邦专利局、知识产权工作组、美国知识产权执行协调办公室等来执行和监督法律的实施。在知识产权的保护中发现，小企业的新兴产业技术创新度高，而且小企业具有适应性强、服务灵活、专业化程度高等特点。因此，美国政府开始重视小企业的发展，并制定和实行了许多保护和支持小企业发展举措，如美国小企业管理局(Small Business Administration, SBA)为了给企业提供各种信息、咨询、技术上的服务，以及帮助中小企业获取资金和采购合同，设立了小企业发展中心(Small Business Development Centers, SBDC)、退休工商领袖服务团和商务信息中心。其中，小企业发展中心得到政府和各方面高度重视与支持，其运行经费来自联邦政府、州政府和其他收入，目前已经形成庞大的全国性网络，共有 57 个州中心和 950 个分中心，成为促进美国新兴产业发展的重要社会力量[16]。知识产权保护及小企业政策的出台为新兴产业技术提供了强有力的法律保护，并且调动了广大科研机构和企业技术创新的积极性，促进了小企业的发展和新兴产业技术的进步，为国家新兴产业的发展奠定了坚实的基础。

2. 美国新兴产业发展特色

1)管理和政策统一协调

美国政府在发展新兴产业的过程中既注重对新兴产业支持政策的系统设计，又不断完善对新兴产业的组织管理。以计算机产业为例，20 世纪 60 年代以前，军方对计算机技术的资助是根据各军兵种自己的需求分散进行的；20 世纪 60 年代初，国防部成立了高级研究项目处，并成立了专门的信息处理技术办公室，协调军方各部门的长期战略性资助计划，实行统一管理；20 世纪 90 年代，美国进一步在国家科学技术委员会设置计算机、信息和通信委员会，协调 12 个政府部门或机构的有关计算机和通信技术的研究与发展项目，并重点实施了 5 个具有长期战略意义的项目计划[16]。

2)注重市场的培育和引导

美国政府的政策体系围绕市场展开，通过政府的财政补贴、补助来弥补生产者价格与市场价格之间的差额，以便于让新兴产业的产品能够进入市场，取得同其他产品竞争的平台和发展空间。例如，美国为购买有"能源之星"标识的洗衣机的消费者每台补贴 75 美元，电冰箱每台补贴 75~125 美元；购买电动汽车可以抵税或可以免费停车；政府在偏远地区进行光纤网络建设，为居民提供服务；对政府部门采购本国产品进行强行规定或给予一定优惠；等等[17]。

3)重视自主创新和研发

在美国政府的各项财政投入中，科技研发项目的投入资金最多，甚至将部分的军费支出用来支持研发。政府还通过有关部门组织实施一系列的学研合作计划项目、课题和设立"国家科学基金"等基金项目来推动科学研究。

2.4.2　我国战略性新兴产业政策情况

国际金融危机的爆发,给我国经济带来了严重的冲击。为解决经济危机带来的危害,实现国家经济复苏,2009 年 9 月 21 日至 22 日国务院连续召开了三次战略性新兴产业发展座谈会,听取经济、科技专家的意见和建议。在大会上,47 名中国科学院院士、工程院院士、大学和科研院所教授、专家,以及企业和行业协会负责人,就发展新能源、节能环保、电动汽车、新材料、新医药、生物育种和信息产业建言献策。时任总理的温家宝就有关产业的战略方向、技术路线、发展布局、科研攻关和政策支撑等问题,同大家一起讨论交流。随后,2009 年 11 月 3 日上午,温家宝在人民大会堂向首都科技界发表了题为《让科技引领中国可持续发展》的重要讲话。在讲话中强调了科学选择战略性新兴产业的重要性,并对战略性新兴产业的选择依据和发展方向做出详细而具体的诠释。2010 年 9 月,国务院审议并通过了《国务院关于加快培育和发展战略性新兴产业的决定》。该决定指出,加快培育和发展以重大技术突破、重大发展需求为基础的战略性新兴产业,对于推进产业结构升级和经济发展方式转变,提升我国自主发展能力和国际竞争力,促进经济社会可持续发展具有重要意义。该决定确定了战略性新兴产业发展的重点方向、主要任务和扶持政策。之后我国政府为加快培育和发展节能环保、新一代信息技术、生物、高端装备制造、新能源、新材料、新能源汽车等战略性新兴产业,推出了《国家战略性新兴产业发展"十二五"规划》,并制定发布战略性新兴产业中具体技术领域的专项发展规划。至此我国战略性新兴产业的发展进入新的一页。

1. 我国发展战略性新兴产业的政策举措

1) 财税政策

我国为加快战略性新兴产业的发展,积极实施财税政策。一方面,积极地调整财政投入结构,大幅度增加财政投入,设立了战略性新兴产业发展的专项基金和建立稳定的财政投入增长机制,而且运用基金、贴息及财政拨款等手段来吸收社会资金向战略性新兴产业的投入和促进战略性新兴产业的发展。另一方面,下调发展战略性新兴产业的企业所得税、营业税及房产税等,并给予发展战略性新兴产业的企业一定的优惠。例如,对于从事战略性新兴产业的企业的优惠政策来说,第一,战略性新兴产业的企业从事符合条件的环境保护、节水节能项目的所得,自项目取得第一笔生产经营收入所属纳税年度起,第 1～3 年免征企业所得税,第 4～6 年减半征收企业所得税。第二,战略性新兴产业的企业符合条件的技术转让所得,一个纳税年度内,居民企业技术转让不超过 500 万元的部分,免征企业所得税; 超过 500 万元的部分, 减半征收企业所得税。第三, 国家需要重点扶持的高新技术企业, 减按 15%的税率征收企业所得税。第四, 战略性新兴产业的企业为开发新技术、新产品、新工艺产生的研究开发费用, 未形成无形资产计入当期损益的, 在按照规定据实扣除的基础上, 按照研究开发费用的 50%加计扣除, 形成无形资产的, 按照无形资产成本的 150%摊销[18]。对于政府采购政策, 我国政府专门制定了《战略性新兴产业产品政府采购条例》来强制政府对本国新兴产业产品的采购, 以加大政府采购制度对新兴产业产品的刺激力度。该项政策的出台促进了战略性新兴产业的企业的发展, 有效地引导了企业的生产方向和我国公民的消费方向。

2) 金融政策

我国政府为培育和推动战略性新兴产业的发展, 首先实施了信贷扶持政策, 即通过财政贴息、风险补偿及降低发展战略性新兴产业的企业在银行的贷款利率等, 为企业的发展提供资金上的帮助。例如, 仿效组建中国农业发展银行、农村小额贷款公司等支持"三农"的做法, 通过金融组织创新方式, 加快组建服务于战略性新兴产业的专业性贷款公司、战略性新兴产业发展银行等新型政策性金融机构, 为处于发展期的战略性新兴产业的载体企业提供资金上的支持[19]。接着创立了创业投资基金和政府基金, 并颁布了《创业投资企业管理暂行办法》来吸引有关地方投资机构、金融和社会资本, 以债权和股权的形式投资于创业风险投资机构, 以用于支持创业企业的发展。该项政策的实施推动了战略性新兴产业的发展, 并对经济社会的发展做出积极贡献。例如, 从 2006 年《创业投资企业管理暂行办法》的实施到 2010 年第三季度末, 全国备案的创业投资企业达 571 家, 实到资本 1074 亿元, 注册资本已接近 1500 亿元, 我国创业投资近年来呈现出年均 30%以上的高速增长态势; 截至 2009 年, 全国创业投资资本总量已达 1605 亿元, 累计支持了 7435 个项目, 其中高新技术项目 4737 个, 占比 63.71%; 种子期项目 2394 个, 占比 32.20%; 起步期项目 1509 个, 占比 20.30%。这些都彰显了创业投资对经济社会发展的积极贡献[18]。

3) 人才培养和知识产权保护政策

2010 年 9 月, 我国政府颁布的《国务院关于加快培育和发展战略性新兴产业的决定》中特别强调, 在发展战略性新兴产业中要加强知识产权的保护、创造、运用和管理, 以及加强高技能人才队伍的建设。并且出台了《国家知识产权战略纲要》(以下简称《纲要》)和《全国专利事业发展战略(2011—2020 年)》(以下简称《发展战略》)来保护知识产权。其中, 《发展战略》从九个方面对专利的创造、运用、审批和专利人才队伍等工作明确提出近期发展目标, 并结合我国专利事业的发展, 从国家整体战略发展高度明确提出"到 2020 年把我国建设成为专利创造、运用、保护和管理水平较高的国家"的战略目标[20]。《纲要》提出"到 2020

年，把我国建设成为知识产权创造、运用、保护和管理水平较高的国家。知识产权法治环境进一步完善，市场主体创造、运用、保护和管理知识产权的能力显著增强，知识产权意识深入人心，自主知识产权的水平和拥有量能够有效支撑创新型国家建设，知识产权制度对经济发展、文化繁荣和社会建设的促进作用充分显现"的战略目标。人才培养和知识产权保护政策的提出不但有利于增强我国自主创新能力、企业市场竞争力和国家核心竞争力，还有利于构建创新的制度环境、市场环境和建立诚信社会。

2. 我国战略性新兴产业政策中的问题

经过几年的发展建设，战略性新兴产业对我国经济社会发展的推动作用已经初步显现，在调整经济结构和转变经济发展方式中发挥了积极的作用。但也存在着制约其进一步可持续发展的因素，主要表现在以下两个方面。

1) 自主创新能力薄弱

由于我国自主创新能力薄弱和创新技术体系不完善，在战略性新兴产业的核心技术的掌握上，我国同发达国家相比仍有较大差距。例如，我国风电的发动机和叶片专利、大规模储电专利、电动汽车锂离子电池隔膜和混合发动机专利、4G移动与云计算专利等，大多掌握在美国、日本、欧洲等发达国家或地区手中，我国在这些领域的专利申请量远远少于发达国家[21]。

2) 高技术人才的缺失

尽管我国政府在战略性新兴产业的发展中十分重视对高技术人才的培养，但是我国的高技术人才仍然十分缺乏。在我国每100万劳动力中，科学技术人才仅有2480人，而日本每100万劳动力中科学技术人才为13 300人，韩国每100万劳动力中科学技术人才为12 100人。每年我国还面临着人才往国外流失的现象，平均每年有10万学成的留学生留在国外。这种人才的缺失现象严重削弱了我国的科技实力和综合国力，并制约了我国战略性新兴产业的发展。

因此，在我国未来战略性新兴产业发展过程中，一方面，应进一步增强自主创新能力，掌握战略性新兴产业的核心知识产权。我国在下一阶段的战略性新兴产业的发展中应该完善自主创新和知识产权保护的政策，加大对自主创新的财政投入，着力发展一些掌握核心技术和自主创新能力较强的企业，并打造一批经营能力强的龙头企业，以促进我国经济繁荣和增强我国的综合国力。另一方面，应积极吸引和培养高技术人才。我国在下一阶段战略性新兴产业的建设中要着力加强新兴产业人才队伍的建设[22]。一方面，要积极引进高技术人才，通过项目合作、技术咨询、课题攻关及知识入股等方式，吸引海外学子等高层次人才献智献力；鼓励和吸引研发人员进驻战略性新兴产业基地，以建立研发机构、开发新产品等形式发展创业，充分发挥人才市场作用，有效、合理地配置和使用好各类人才资源。另一方面，要建立和完善科学的用人制度、合理的分配制度和奖励制度，充分调动专业人才的积极性和创造性，在全社会营造一种尊重知识、尊重人才、尊重创造的良好氛围[23]。

2.5　本　章　小　结

本章首先对新兴技术、战略性新兴产业与战略性新兴技术三者之间的关系，以及新兴技术、新技术、高新技术与传统技术的区别进行分析。其次，通过对国内外战略性新兴产业的发展现状进行分析，总结国内外发展战略性新兴产业的政策特点，发现我国在发展战略性新兴产业中存在自主创新能力薄弱、高技术人才缺失的问题，提出了要加强我国自主创新能力、加大高技术人才引进和培养力度等对策和建议。

本章参考文献

[1] Brown P, Soybel V, Stickney C. Comparing US and Japanese corporate level operating performance using financial statement data[J]. Strategic Management, 1994, (1): 75-83

[2] 毛立坤. 第一次工业革命的发生机理——《近代英国工业革命揭秘》评介[J]. 南开大学历史学院, 2012, (6): 2

[3] 巫云仙. 美国政府发展新兴产业的历史审视[J]. 政治经济学评论, 2013, (2): 94

[4] 马岩. 美国支持战略性新兴产业的财税和金融政策及总结[J]. 时代金融, 2012, (3): 265

[5] 李研, 覃正. 物联网环境下金融危机贸易渠道传导研究[J]. 现代管理科学, 2011, (9): 8-10, 38

[6] 萧琛, 刘丁华. 物联网对美国产业格局和经济结构的影响——虚拟经济与实体经济的"去脱节化"探索之一[J]. 广义虚拟经济研究, 2011, (3): 27

[7] 帅正梅. 日本汽车产业发展概述[J]. 汽车工业研究, 2006, (12): 42

[8] 朱项丽. 日本纳米技术与材料领域现状及今后对策[J]. 新材料产业, 2009, (9): 91

[9] 孙再吉. 日本 SiC 市场预测和研究现状[J]. 半导体信息, 2008, (4): 33

[10] 杨邦朝, 赵静. 韩国半导体产业的发展状况[J]. 微电子技术, 2003, (152): 9

[11] KIET, 刘莹. 韩国生物技术 R&D 发展现状与未来[J]. 中国科技投资, 2009, (3): 77

[12] 白松乾. 韩国生物技术的研究与开发概况[J]. 科学对社会的影响, 1996, (2): 58

[13] 李珏. 新兴信息产业上市公司上市首日溢价影响因素的实证研究[D]. 成都: 西南财经大学硕士学位论文

[14] 李平. "十二五"时期工业结构调整和优化升级研究[J]. 中国工业经济, 2010, (1): 5-23

[15] Grossman P Z. U.S. energy policy and the presumption of market failure [J]. Cato Journal, 2009, 29 (2): 295-317

[16] 曾智泽. 美国政府培育发展新兴产业的经验[J]. 现代产业经济, 2013, 1: 69-72

[17] 马岩. 美国支持战略性新兴产业的财税和金融政策及总结[J]. 时代金融, 2012, 9: 256, 283

[18] 肖兴志. 中国战略性新兴产业发展研究[M]. 北京: 科学出版社, 2011

[19] 顾海峰. 战略性新兴产业发展的金融支持体系及其政策设计[J]. 现代财经, 2011, 9: 76-83

[20] 陈凯华, 余江. 新兴产业发展中的知识产权战略研究[A]. 第六届中国科技政策与管理学术年会论文集[C], 2010: 568-578

[21] 刘爱雄. 我国战略性新兴产业的发展研究[J]. 产业经济, 2011, 10: 51-53

[22] 张天维, 李舒天. 战略性新兴产业与辽宁的战略性的发展[N]. 辽宁日报, 2010-05-11

[23] 张天维, 胡莺. 新兴产业的战略性体现、相关问题及对策[J]. 学术交流, 2010, 7: 97-101

3 国内外相关研究概况

战略性新兴技术的概念是伴随着战略性新兴产业发展战略的提出而出现的新兴概念，属于新兴技术和战略性新兴产业交叉研究的领域，虽然当前相关的研究不多，但其创生有着扎实的理论和研究基础，相关的研究主要包括新兴技术及其管理问题、新兴技术演进问题、新兴技术辨识问题和战略性新兴产业相关研究等。为进一步梳理和更好地开展战略性新兴技术问题的研究，本章主要对这些相关研究问题的研究进展进行介绍。

3.1 新兴技术及其管理研究进展

国际上关于新兴技术管理的开创性研究成果集中在美国宾夕法尼亚大学沃顿商学院的新兴技术管理研究小组于 2000 年出版的 *Wharton on Managing Emerging Technologies* 一书中。它将新兴技术定义为："基于科学的，有可能创立一个新行业或者改造一个现有行业的创新。"[1]同时给出了新兴技术的三个特点：①知识基础在扩展；②其在现有市场中的应用在经历着革新；③新市场正在形成和发展。经过十余年的发展，新兴技术及其管理的研究已经成为国内外管理学、经济学界等学者关注的重要问题，产出了大量高水平的研究成果，初步形成了若干较有代表性的研究主题。

3.1.1 国外新兴技术研究概况

以 "emerging technolog*" 为主题词在美国 ISI 的 Web of Science 网络平台进行检索，共检索 6789 条文献数据，图 3-1 给出了"新兴技术"外文文献年度分布图。自 20 世纪 80 年代以来，国外新兴技术研究出现萌芽，20 世纪 80～90 年代，处于新兴技术研究发展的初级阶段；1999～2005 年，新兴技术的研究进程明显加快，但整体上呈缓慢增长的趋势；2006 年至今，新兴技术的发展涉及多个领域和行业，对其研究明显不断地扩展和深化。

近十年来，新兴技术除了自身不断发展外，在新兴技术的演进、新兴技术管理及其他学科的发展上也有极大的推进与突破。图 3-1 展现了近十年来(2005～2015 年)国外新兴技术及其管理理论的发展情况。

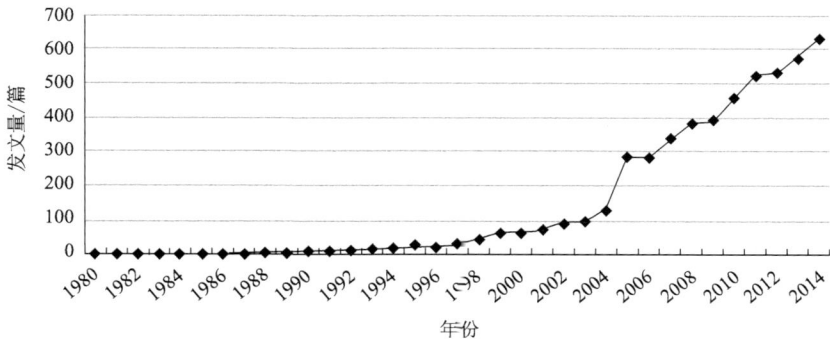

图 3-1　Web of Science 中新兴技术相关研究文献的分布

1. 国外新兴技术研究的演进分析

运用 CiteSpace 可视化软件对新兴技术在科学文献中的演进情况进行分析，结合 PathFinder 算法，绘制关键词共现网络知识图谱，进一步展现风力发电机技术研究主题的演进脉络。

图 3-2 展现出 2005～2015 年新兴技术及其管理的发展概况。从图 3-2 中可以看出，新兴技术是最大节点，即共现的频次最高。而动力学(dynamics)、蛋白质(proteomics)等是突现率较高的词，这表明这些词将成为新兴技术研究的热点。

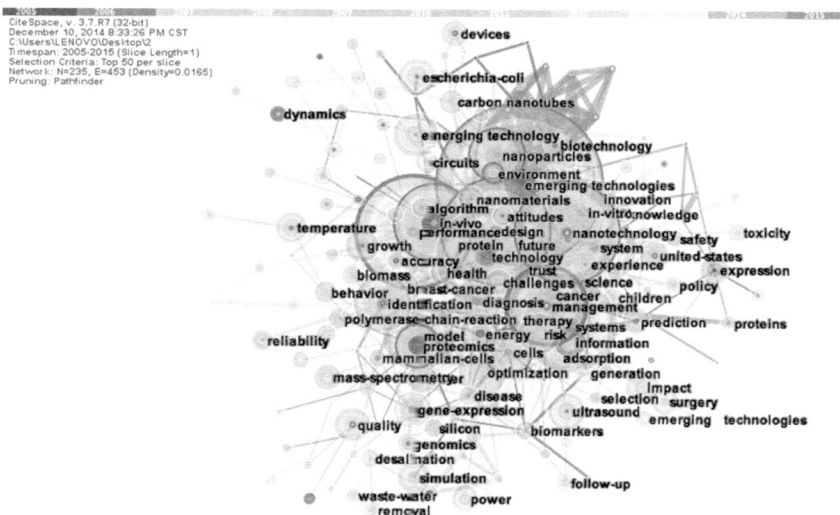

图 3-2　国外新兴技术及其管理演进研究(2005～2015 年)

目前国外对新兴技术演化进行研究的文献也非常缺乏，其中具有代表性的是 Ron Adner 和 Levinthal，他们应用"间断均衡"理论，借用生物演化的思想对新兴技术的演化进行研究，强调应用领域的改变是实现"创造性毁灭"的主要原因，但缺乏对新兴技术演化机理的深入系统分析。Hannan 和 Freeman、Carroll 和 Hannan 应用种群生态学的工具对影响新兴技术企业生存的最主要的力量进行了识别。Gilsing 和 Nooteboom 从创新系统内部制度和组织的协调演化角度分析了荷兰新兴生物医药行业的出现。以上文献虽然没有提出新兴技术"共生演化"的概念，但都体现了新兴技术与其他要素之间共生演化的思想。

其他一些文献虽然没有正面研究新兴技术演化的问题，但研究的内容和新兴技术演化具有较强的相关性。例如，Rosenberg 认为，在产业和技术演化过程中，运行环境发挥着重要的作用。Moore 认为，新兴技术的演化无法在真空中进行，它必须吸收各种各样的资源，需要资金、合作伙伴、供应商和顾客创建合作的网络，只有如此才能成功地演化。Geels 提出，新兴技术和消费者偏好之间存在协调演化。Patton 以硅谷高技术集为对象分析了技术与制度的协调演化。谢德苏认为，新兴技术演化生态系统的要素包括(企业或公众的)辅助基础设施、流程、知识、技能，以及人们需要的集合。

2. 国外新兴技术研究主题分析

在关键词共现网络中，突现率较高的节点也就是在突现时间段内共现频次出现急剧变化的节点。一般是共现频次出现急剧增加的突现变化，代表着在突现时间段内被关注的程度。在对科学文献关键词共现网络进行分析的基础上，根据突现率较高的关键词节点信息探测关键词随时间的演进情况。

选取突现率高于 2 的关键词进行分析，揭示 2005～2015 年新兴技术研究的发展演进情况，可以发现"新兴技术"一词 2005 年共现的频次为 142 次，且突现率为 3.08，新兴技术相关问题已经开始引起研究者的广泛关注。近年来，研究者更加注重将新兴技术及其管理相关问题与具体的技术领域相结合进行研究，不再局限在新兴技术发展的学科理论层面与市场商业化等理论研究层面，而是深入到生物医药、信息技术等具体的前沿技术领域。此外，从关键词的聚类分析结果来看，未来有关新兴技术的研究仍处于热点与前沿，新兴技术相关研究仍有广阔的发展空间。

3.1.2　国内新兴技术研究监测

现实的需要，孕育了新兴技术研究并使之日渐成为国内外工程技术、管理科学、经济学等相关领域研究的前沿和热点问题。通过科学知识图谱直观地实现对我国新兴技术研究的历史演变监测，探讨新兴技术在我国不同时期研究的基本主题，提高对未来研究方向的把握的准确性与客观性。

在中国期刊全文数据库中进行检索，以新兴技术为主题词，共检索到文献

5361 篇。以新兴技术为关键词，共检索文献 814 篇，而以新兴技术为题名进行检索，检索到相关文献 276 篇(检索时间 2011 年 12 月)，文献分布时间为 1951～2011年。其中，1951～1977 年，文献分布相对分散，研究内容主要侧重于对具体某项技术的介绍，CNKI 数据库中真正意义上第一篇有关新兴技术研究的文献出现在 1978 年。1978 年以来的文献按年分布情况如图 3-3 所示。

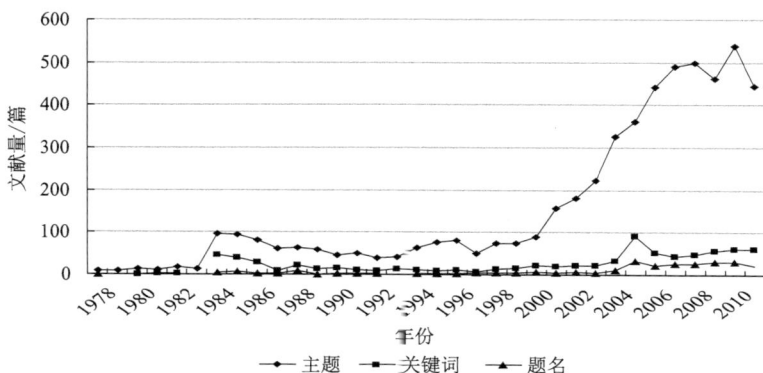

图 3-3　　中国全文期刊数据库中新兴技术文献量的逐年分布

　　从文献检索的结果看，一方面，国内对新兴技术的研究整体上呈现出明显上升的发展趋势，21 世纪以后更是得到了迅猛发展。2002 年 5 月，北京召开了由联合国组织，国家科学技术部主办的新兴技术与可持续发展：联合国商业与科学论坛，2003 年、2004 年和 2005 年在国家自然科学基金委员会管理学部的支持下分别在西南交通大学、浙江大学、山东大学召开了三届中国青年创新论坛，新兴技术及其管理成为论坛的主要议题之一[2]。目前，针对新兴技术的研究作为新兴的研究领域已经受到了国内学界的普遍关注，电子科技大学、清华大学、浙江大学、北京工业大学等为代表的国内高校学者积极投入到这一研究领域，并形成了各自的研究特色[3]。2010 年 9 月，《国务院关于加快培育和发展战略性新兴产业的决定》指出，战略性新兴产业是新兴科学技术与新兴产业的深度结合[4]，大力培育和发展战略性新兴产业成为我国新时期调整产业结构，转变经济发展方式的重要举措[5]。从发表的文献分布来看，在我国这一宏观政策出台之后，迎来了新兴技术研究的又一个热潮。

　　另一方面，从文献的学科领域分布来看，新兴技术研究的文献主要集中在企业经济(130 篇)、工业经济(108 篇)、计算机软件及计算机应用(68 篇)、科学研究管理(58 篇)等多个领域。从新兴技术研究文献的基金资助情况来看，有 42 篇获得国家自然科学基金资助，其他基金资助较少。全部获资助的论文数量仅为 60篇，不足全部文献的 8%，这一比例与新兴技术研究文献主要分布领域的其他获资助的研究相比相对较低。这也反映出我国当前对新兴技术相关研究课题的资助力度有待提高。

为更好地实现对新兴技术研究的监测，在综合新兴技术研究的特点和发展趋势，结合检索文献的分布规律与专家咨询意见的基础上，将新兴技术在国内的研究划分为：新兴技术研究的萌生期(1978～1990 年)、新兴技术研究的积累生长期(1991～2001 年)、新兴技术研究的快速发展期(2002 年至今)等三个时期。绘制三个时期研究文献的科学知识图谱，展现国内新兴技术研究基本主题的演进。

1978 年，我国确立了进行改革开放的重大战略决策，解放和发展社会生产力，努力实现国家的现代化成为我国的奋斗目标。为推动我国经济的快速发展，作为新近产生甚至正在发展的、对经济结构产生重要影响的高新技术，新兴技术被快速引入国内，新兴技术的研究也伴随着新技术的引进逐渐兴起，并伴随着技术的发展，在不同时期形成了不同的研究主题。

1. 新兴技术研究的萌生期

20 世纪 90 年代以前，国内新兴技术的研究处于萌生时期，伴随着国际上对第四次工业革命的预测，形成了第一个新兴技术研究的热潮。选取 1978～1990 年的文献数据进行关键词共现的聚类分析，展现本阶段新兴技术研究的基本主题(图 3-4)，按照聚类大小和研究的相关度，整理出 4 项这段时期的主要研究领域进行分析(表 3-1)。结合 TF*IDF 算法抽取的标识词，探测本阶段基本的研究主题。

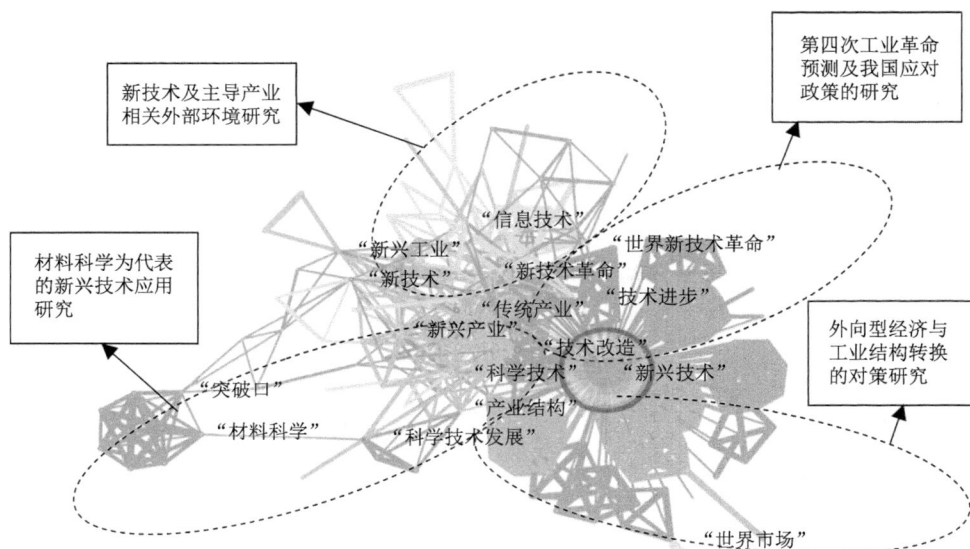

图 3-4 关键词共现网络的聚类图谱(1978～1990 年)

表 3-1　基于聚类结果的新兴技术研究主题列表(1978～1990 年)

编号	基本研究主题	主要关键词	共现频次/次	年份	编号	基本研究主题	主要关键词	共现频次/次	年份
1	新技术及主导产业相关外部环境研究	高技术发展	2	1981	3	外向型经济与工业结构转换的对策研究	世界经济	2	1988
		高技术企业	2	1986			上海工业	2	1988
		高技术产品	6	1988			产业革命	1	1988
		高技术产业	4	1986			沿海地区经济发展战略	2	1988
		高技术	2	1986			产业竞争	1	1988
2	第四次工业革命预测及我国应对政策的研究	新技术革命	21	1984			经济发展战略	2	1988
		微电子技术	17	1984			产业开发区	1	1988
		科学技术	15	1984	4	材料科学为代表的新兴技术应用研究	农村环境	1	1982
		新兴产业	14	1984			农业生态	1	1990
		技术改造	14	1984			农业技术	1	1990
		传统工业	12	1984			电子计算机	10	1982
		传统产业	12	1984			微电脑	4	1984
		电子计算机	10	1984			微电子技术	20	1984
		新技术	9	1984			机械工业	4	1984

从关键词共现网络的聚类结果分析，这一时期新兴技术研究主题主要集中在以下几个方面：新技术及主导产业相关外部环境研究；第四次工业革命预测及我国应对政策的研究；外向型经济与工业结构转换的对策研究；材料科学为代表的新兴技术应用研究等。上述是从对文献关键词共现网络的计量和信息可视化的视角进行的探测，具体的文献中包含了大量的具体的研究问题和方向，以第四次工业革命预测及我国应对政策的研究为例，学者们指出我国面对新的技术革命，科技体制必须进行改革，并提出科技小特区+经济特区的一种对策方案[6]。同时，我们还应该积极面对，应有选择地开发新技术领域，充分开发我国潜在的智力资源，对现行管理体制进行改革，促进新技术的推广应用，为新兴产业开拓市场[7]。

值得注意的是，新兴技术研究的文献在 1984 年出现了一次激增，究其原因，这与当时世界范围内关于第四次工业革命的预测，以及我国改革开放后技术的引进和国家级经济技术开发区的创建密切相关。

2. 新兴技术研究的积累成长期

1991～2001 年，国内新兴技术的研究平稳发展，对这一时期关键词共现网络进行聚类分析，关键词共现网络共形成聚类 62 个，按照聚类大小和研究的相关度，并结合 TF*IDF 算法抽取的标识词，整理出 5 项主要研究领域和基本的研究主题(图 3-5 和表 3-2)进行分析。

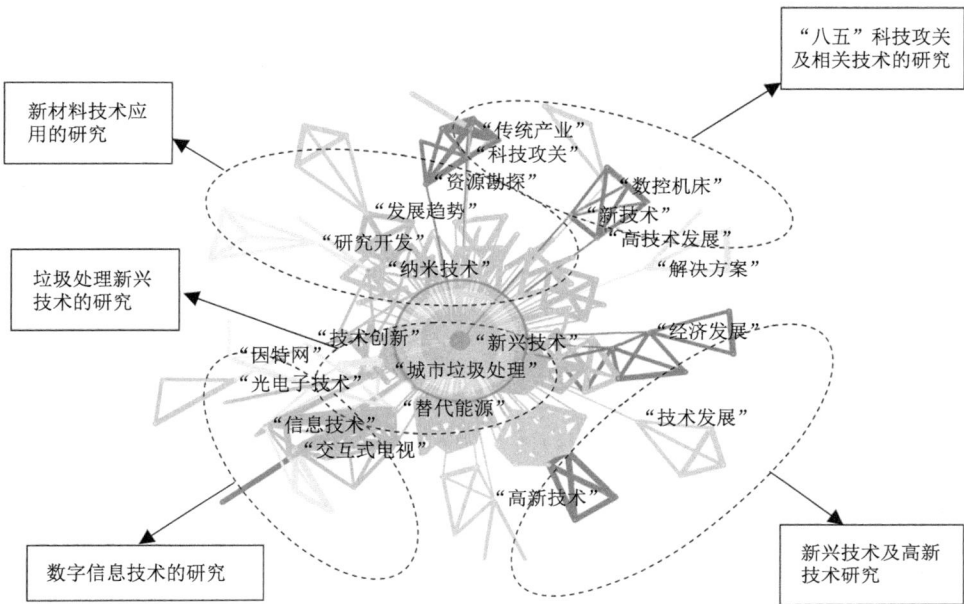

图 3-5　关键词共现网络的聚类图谱(1991～2001 年)

表 3-2　基于聚类结果的新兴技术研究主题列表(1991～2001 年)

编号	基本研究主题	主要关键词	共现频次/次	年份	编号	基本研究主题	主要关键词	共现频次/次	年份
1	新兴技术及高新技术研究	新兴技术	122	1991	3	垃圾处理新兴技术的研究	回收利用	3	2001
		高新技术	3	1993			垃圾分类	2	2001
		信息技术	6	1997			可再生资源	2	2001
		替代能源	4	1997			垃圾处理方法	2	2001
2	"八五"科技攻关及相关技术的研究	自动化	4	1997	4	新材料技术应用的研究	垃圾产业化	2	2001
		科技攻关	21	1991			回收和再利用	2	2001
		专利	1	1991			纳米技术	6	2000
		资源勘探	2	1991			纳米材料	4	2001
		发达国家	3	1991			修饰技术	1	2001
		企业技术开发	1	1991			中药制剂	1	2001
		后续资源	1	1991			产业发展	1	2000
		化控栽培	5	1991			先进材料	1	1992
		玉米健壮素	4	1994	5	数字信息技术的研究	交互式电视	3	1997
		农业生产	4	1991			因特网	2	1999
		农业科学院	1	1991			光电子技术	2	1996
		叶面积指数	1	1991			光信息处理	1	1998

这一时期新兴技术研究的基本主题主要集中在以下几个方面：新兴技术及高新技术研究；"八五"科技攻关及相关技术的研究；垃圾处理新兴技术的研究；新材料技术应用的研究；数字信息技术的研究等。20世纪90年代，国内对垃圾处理新兴技术的研究成为一个重要的研究领域。美国新兴预测委员会和日本科技厅的专家通过预测的方式指出：未来30年，全球在能源、环境、农业、食品、信息技术、制造业和医学等领域，将出现十大新兴技术，其中有关垃圾处理的新兴技术排在第二位。而垃圾处理的新兴技术将给中国的垃圾处理产业带来前景广阔的发展空间[8]。

3. 新兴技术研究的快速发展期

21世纪以来，国内新兴技术的研究发展迅速，研究文献快速增加，进入多元化快速发展时期。选取2002~2011年的文献数据，对这一时期的关键词共现网络进行聚类分析，共现网络形成大小聚类共103个。按照聚类大小和研究的相关度，结合TF*IDF算法抽取的标识词，整理出6个主要研究方向，包括13个研究的热点领域和基本的研究主题(图3-6和表3-3)。

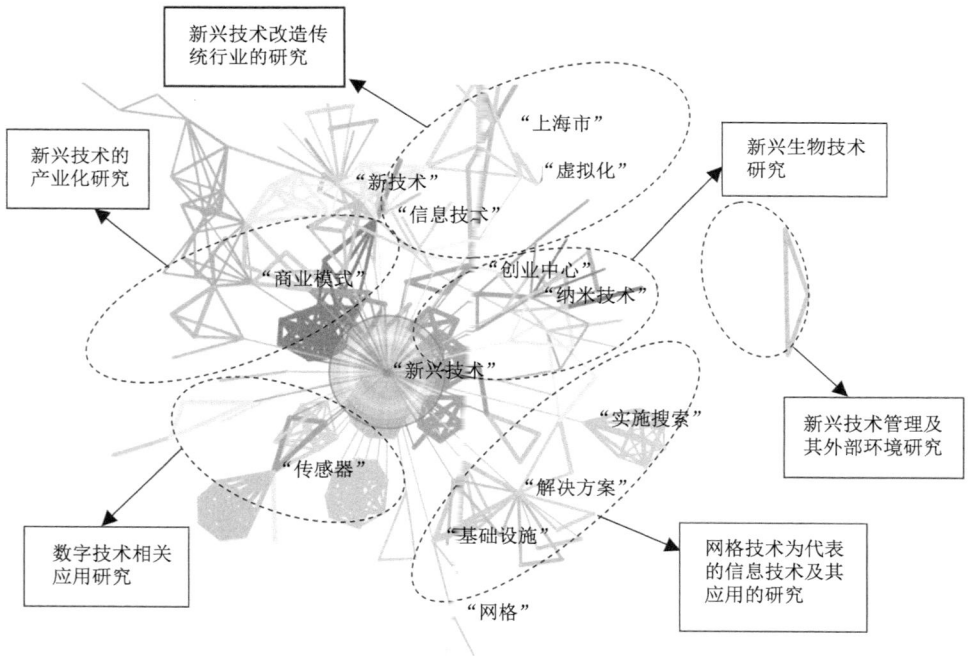

图3-6　关键词共现网络的聚类图谱及热点领域(2002~2011年)

表3-3　新兴技术研究主要聚类结果列表(2002～2011年)

编号	基本研究主题	研究关注热点	主要关键词	共现频次/次	年份	编号	基本研究主题	研究关注热点	主要关键词	共现频次/次	年份
1	新兴技术改造传统行业的研究	纳米技术及其产业化	纳米科技	2	2002	3	新兴技术管理及其外部环境研究	新兴技术管理研究	组织创新	2	2004
			纳米技术	13	2002				知识管理	2	2004
		计算机新技术的研究	产业革命	2	2002				新兴技术管理	2	2004
			新技术	16	2004			企业新兴技术发展战略研究	不确定环境	1	2002
			英特尔	2	2004				创造性	1	2003
2	网格技术为代表的信息技术及其应用的研究	网格技术的相关研究	传感器	7	2003				企业战略	1	2003
			网格技术	3	2005	4	新兴技术的产业化研究	产业化与可持续发展研究	科技成果转化	2	2002
			支撑工具	2	2005				科学论	2	2002
			漏结构	2	2005				实现可持续发展	2	2002
			远端设备	2	2005				发展战略	2	2002
		地理信息系统的相关研究	应用	9	2005			与战略性新兴产业相关研究	新兴产业	3	2010
			网格	5	2005				战略性	2	2010
			三维地理信息系统技术	1	2010				产业化	5	2010
			三维可视化	1	2010				测量	5	2010
		电子商务与物联网研究	应用	9	2005	5	数字技术相关应用研究	数字视频技术的研究	数字视频	4	2010
			电子商务	3	2011				数字测试	3	2010
			物联网	2	2011				科技公司	3	2010
			客户信息	2	2011				数码相机	2	2008
		移动互联网与智能手机技术的应用研究	客户端	2	2011			现代数码技术研究	数码印刷	3	2008
			营销理念	2	2011				科学技术	6	2009
			管理系统	2	2011	6	新兴生物技术研究	基因技术的相关研究	广泛应用	3	2004
			传统营销模式	2	2011				分子生物学	3	2002
			互联网发展	2	2006				人类基因组计划	1	2009
			实时搜索	3	2010				体功能	1	2004

21 世纪以来，新兴技术研究的热点问题三要集中在以下方面：新兴技术改造传统行业的研究；网格技术为代表的信息技术及其应用的研究；新兴技术管理及其外部环境研究；新兴技术的产业化研究；数字技术相关应用研究；新兴生物技术研究等。在本阶段，新兴技术的研究快速发展，研究的方向迅速呈现多元化，既延续了上一阶段对传统信息技术的研究，已出现了顺应世界科学技术的发展，代表 21 世纪典型的新兴技术研究对象的网格技术和移动互联技术。同时，从管理学的视角基于知识管理、组织创新等理论的新兴技术管理研究也迅速展开。在《国务院关于加快培育和发展战略性新兴产业的决定》下发后，国内学者也迅速展开了基于中国国情的战略性新兴产业、战略性新兴技术及其相关管理问题的研究[9]，新兴技术相对于传统技术管理的新思维和新方法的研究[10]，对战略管理和动态能力等新兴技术管理战略的研究，新兴技术演化与相关产业政策的研究等[11]。

改革开放以来，国内新兴技术的研究逐步发展，研究的深度不断加深，广度不断扩宽，研究方向也迅速多元化。新兴技术研究主题主要经历了从关于第四次科技革命预测的研究到关于"八五"科技攻关相关科技的研究，再到管理学转向的新兴技术管理研究，再到科学发展观与战略性新兴产业相关新兴技术研究的几个基本主题的演变过程。系统考量新兴技术的演化历史，针对新兴技术与战略性新兴产业的研究将贯穿下一阶段的新兴技术研究领域。

基于科学知识图谱的新兴技术研究文献监测为我们展示出了我国新兴技术研究从侧重宏观层面的研究转向微观层面的研究，从单一的学科向多学科交叉的研究，从单一技术的研究转为技术体系的研究，从技术研究到产业研究的趋势。应该注意的是，本书研究的数据为新兴技术元研究的相关文献，未包括具体的新兴技术研究文献，而关于新兴技术专利的动态监测研究由于篇幅问题也未包括在书中。

3.1.3　新兴技术管理研究进展

新兴技术管理的理论和实践问题是新兴技术研究中的重要方面，对战略性新兴技术的管理和发展研究具有重要的指导意义。当前，学术界关于新兴技术管理相关研究主要集中在以下六个方面。

1. 新兴技术的界定及其特征研究

结合沃顿商学院研究小组给出的定义，我国学者对新兴技术的概念从不同视角给出了界定，以银路为代表的学者将新兴技术定义为新近产生甚至正在发展的、对经济结构产生重要影响的高新技术。他们认为新兴技术具体是指"技术知识在扩展；在现有市场中的应用在经历着革新；新市场正在发展或形成的技术"[10]。华宏鸣和郑绍濂认为，新兴技术是指"未被商业化的，但在 3～5 年内能被商业化的技术，或者是现在已经被应用但将会发生明显变化的技术"[12]。

新兴技术与传统技术相比具有明显不同的特征，主要表现在几个高度的不确定性，即市场、技术、管理的高度不确定和极度模糊性。其中，技术高度不确定又包含了新兴技术的科学基础、新兴技术的技术应用、新兴技术研发是否成功的不确定，新兴技术研发成功的时间不确定，以及新兴技术的商业化能否成功不确定等几层含义。除此以外，新兴技术还具有驱动性特征[13]。与传统技术相比，新兴技术具有强烈的时代特征和商业化特征，它是一个时间概念、商业化的概念和外部的概念。银路等认为，新兴技术必须同时具备三个要素：①该技术正在形成或发展之中；②高技术；③能对经济结构或行业发展产生重要影响[14]。李仕明等则认为，新兴技术的本质是变革，是不确定性和创造性毁灭[15]。

新兴技术及其管理的研究是一个新兴的知识领域，国内外学者对新兴技术的概念界定有待深入探讨。关于新兴技术的特征方面，当前学界在诸如"高度不确定性、模糊性、时代特征和商业化"等方面的认识较为统一，同时关于新兴技术的其他重要特征需要深入分析。在理论假设和分析的基础上，结合新兴技术及其管理的实践进行研究，是分析新兴技术及其特征的重要手段。

2. 新兴技术与管理实践研究

20世纪90年代后期以来，新兴技术管理成为国内外学术研究的新兴领域。李仕明等对当前新兴技术管理研究的相关问题做了较为全面的综述，认为新兴技术管理是与技术管理、技术创新管理同源异质的新兴学科领域，并分别从新兴技术演化及评估、新兴市场识别及拓展、新兴技术战略研究、新兴技术管理的组织创新、新兴技术的融投资管理、新兴技术的知识管理等方面，介绍了新兴技术管理研究的领域、内容、观点和成果[2]。

从中文文献的检索结果来看，国内学者对新兴技术管理的研究主要是结合我国企业和产业发展与管理的实践，探讨新兴技术在管理实践中的具体分析方法，包括新兴技术相对于传统技术管理的新思维和新方法[10,14,16,17]；对战略管理和动态能力等新兴技术管理战略的讨论[11]；对新兴技术组织创新的研究[18]；对新兴技术企业成长特征的研究[19]。此外，针对新兴技术的高度不确定性特征，学者对新兴技术评估从不同角度开展了研究[11,20-22]。一部分学者针对新兴技术发展中政府的作用进行了研究[23-27]。

从整体上看，国内对新兴技术管理相关研究文献数量较大，研究的主题广泛，但其中的实证研究和案例分析的相关文献不足，新兴技术及其管理是实践性强的研究领域，增强实证研究和分析方法是未来新兴技术及其管理相关问题研究的重要发展方向。

3. 新兴技术识别的研究

在科学与技术飞速发展的今天，如何更早、更准确地从不断涌现的大量创新技术中识别出可以创立一个新行业或者改变一个老行业的新兴技术，实现新兴技术的商业化和产业化，是提高国家与企业核心竞争能力的重要环节。从检索到的文献结果看，国内关于新兴技术辨识的相关研究文献较少，甚至没有直接关于如何辨识产业中新兴技术方法的文献。在现有的关于新兴技术识别的文献中，多基于新兴技术的复杂性和不确定性，新兴技术的识别研究大多侧重在定性研究的层面，尤其是定量研究的文献较少。井润田等从组织的角度分析了新兴技术在企业内部的选择和认知过程，分析了新兴技术与组织战略的匹配性，建立了以战略选择理论为基础的新兴技术认知模型，并通过案例分析验证了模型的应用效度[18]。谈毅和黄燕丽根据新兴技术的不确定性与风险，提出将技术路线图法与实物期权方法相结合的新兴技术识别和选择框架模型[28]。魏国平利用专家打分法对新兴技术进行了识别[29]。黄鲁成和卢文光在属性集和属性测度理论基础上提出了属性综合评价和决策系统，对一组技术进行了判别，进而对其进行了分类，以求找出其中的新兴技术，为新兴技术的评价和选择，以及最终商业化和产业化奠定了坚实基础[30]。

目前国内对新兴技术辨识的定量研究较少，多是借鉴比较成熟的方法。例如，以专家的经验知识为基础，统计数据难免受到专家的知识背景及个人偏好的影响，不同专家给出的结果各不相同，辨识的准确度大打折扣。

4. 新兴技术与产业化研究

新兴技术商业化潜力是考量新兴技术价值，进行技术选择的一个重要指标。目前关于新兴技术商业化潜力评价，国内外学者也进行了相关的研究。例如，黄鲁成等基于德尔菲调查从技术因素、市场因素、产业化条件因素、符合性因素和效应因素五个方面构建了新兴技术产业化潜力评价指标体系[31]。王吉武等从客观评判的角度出发，从新兴技术的成熟度、技术机会和技术地位三个角度综合判断新兴技术商业化潜力，以期对新兴技术商业化潜力的主观判断进行有益补充[32]。卢文光和黄鲁成应用技术预见的思想和方法建立了新兴技术产业化潜力评价指标体系，并根据三标度法的基本原理和运算步骤，结合新技术产业化潜力评价指标体系的专家评分结果，得到基于三标度法的指标赋权结果[22]。宋艳结合新兴技术的概念、特征及评估过程，以中国电信对小灵通的成功运作为例，给发展中国家和技术优势不明显的企业，提出具有参考价值的新兴技术动态评估方法[20]。金建和刘勇健从研究信息技术产业化的运行机制入手，通过对两种技术三种阶段的分析，提出了促进信息技术产业化的主要途径[33]。杨东升和罗震通过梳理新兴技术商业化潜力评价的研究方法，构建了主客观相结合的新兴技术商业化潜力的综合评价模型[34]。沈虹等以生物技术的商业化情况为分析对象，提出了一种生物技术商业化系统[35]。

我们发现：①国内学者专门针对新兴技术的选择与商业化潜力评价研究的文献较少。②在新兴技术的商业化潜力评价方式上，国内学者多采用德尔菲法等对新兴技术的商业化潜力进行评价，而使用以文献或专利计量为基础的研究方法较少。③对新兴技术商业化潜力进行评价的指标体系多较为片面，综合性较差。④一些技术评价的方法主要是数学方法的应用，缺少对技术本身的研究、思考，以及评价的理论基础。

5. 新兴技术的创生与演化研究

随着新兴技术与管理理论的不断发展，新兴技术的演化问题已经成为国内新兴技术研究的一个热点和前沿问题。邓亚玲从突破创新入手，分析了突破性创新向新兴技术创生和演化的过程[36]。张伟和刘德志假设新兴技术扩散服从马尔可夫过程，利用微分方程知识建立了新兴技术"S"形扩散模型[37]。眭纪刚和苏竣认为，技术变迁是一个在原有技术基础上逐步改进、类似生物进化的演化过程[27]。毛荐其和刘娜认为，技术的演化不仅是单个技术的性能随时间的变化，更重要的是技术与技术、技术与环境的协同演化[38]。黄鲁成和蔡爽运用一系列专利指标进行技术变革的测度，通过时序分析、回归分析等方法探讨特定领域技术演进路径的形成与发展[39]。

此外，国内学者以电子科技大学王敏、银路等为代表，专门对新兴技术的演化模式进行了多角度的研究。王敏和银路提出了新兴技术"三要素多层次共生演化"模型[40]。他们还对技术推动型与市场拉动型新兴技术演化模式进行了对比研究[41]。从单一技术、技术系统和"技术-经济范式"的角度，对不同领域的技术演化进行了集成研究[42]。从核心资产颠覆和核心经营活动颠覆两个维度将新兴技术的演化模式划分为三种类型，并结合具体的实例对所提出的三种新兴技术演化模式的特点进行分析[43]。此外，宋艳和银路基于物种形成的基本理论，类比物种形成方式对新兴技术形成路径进行了探讨，认为新兴技术形成的必要条件是技术进步和应用扩展的不连续的共同作用[44]。周述琴等从仿生学的角度，提出新兴技术的成功演化需要相应的生态环境，在"遗传-变异-选择"理论框架之中分析了新兴技术演化的动力机制[45]。

国内学者对新兴技术的创生与演化的研究，主要是集中在结合新兴技术的特征和发展的不同阶段，分析技术演化形式和影响因素，以及从类生物物种进化的"技术物种"共生演化的视角，对新兴技术的形成和发展路径等问题进行研究。从微观层面基于可视化技术等方面的研究较少，甚至尚没有出现。

6. 新兴技术发展与外部环境研究

新兴技术的外部环境影响新兴技术发展速度与规模，甚至在一定程度上决定新兴技术能否顺利地实现产业化和商业化。高峻峰以 TD-SCDMA 技术演化为例，揭示了政府政策在各个演化阶段对技术要素和配套环境的作用机理[46]。刘新艳等结合中国台湾生物芯片产业发展的案例探讨了政府在参与新技术产业化过程中应扮演的角色和具体的措施[47]。顾婧和周宗放针对现有中止决策方法的不足,结合新兴技术企业的特点,从贝叶斯后验估计的角度提出了信号学习模型,为风投行业对新兴技术企业的投资建立了简单的理论模型[48]。同时,周宗放对解决新兴技术企业信用风险的识别与评价问题进行了系统的分析,提出了进一步改善新兴技术企业投融资环境措施[49]。

黄鲁成和王翼运用结构方程模型,从宏观环境的角度对影响新兴技术商业化的各种外部环境因素进行实证分析[50]。陈隆和张宗益指出,完善的公司治理结构可以很好地促进企业的技术创新[51]。陈旭和张晓军认为,产业集群与技术创新扩散之间存在着相互促进的自增强关系[52]。王承艳从文化角度指出,从软硬性管理并重、摒虚务实、经济利益与国家利益双重价值追求及跨国际文化等方面来重建管理文化,以更好地控制和运用新兴技术[53]。尹波和鲁若愚通过企业文化的内涵和动态模型,对新兴技术的文化创新进行了具体分析和阐述[54]。方荣贵等从政府政策的作用角度,王敏等从企业能力、市场需求和配套环境等的角度,赵振元等从投资中的实物期权角度,银路等从实物期权思维、情景分析和组织学习等管理思维和方法在新兴技术管理中的应用等角度,对新兴技术的外部环境进行了论证[55]。

对新兴技术的外部环境问题的相关研究主要集中在新兴技术的政府政策影响、组织创新环境、新兴技术的发展战略、新兴技术的投融资管理等方面。研究主要结合案例分析等方法从单方面着手,考量特殊环境因素对新兴技术各个阶段的影响,而把新兴技术外部的环境作为一个系统来阐述其对新兴技术从产生到商业化的整个过程的研究文献较少。

当前国内学术界对新兴技术的研究有了较大进展,经过众多学者的不懈努力和探索,产出了大量的研究成果,为今后新兴技术的进一步研究打下了坚实的基础。与此同时,国内学者关于新兴技术的研究主要侧重于对新兴技术的宏观政策与管理相关的实证研究方面,包括新兴技术战略研究、新兴技术管理的组织创新、新兴技术转化及评估、基于实物期权的融投资管理、知识管理,以及关于新兴技术向新兴产业转化的市场潜力及拓展等方面。而从微观层面对新兴技术的辨识与确认等的研究,尤其是从专利计量和引文分析视角下的相关研究成果较少。

3.1.4　新兴技术及其管理研究建议

伴随着科学技术的快速发展,新兴技术对经济社会发展的作用越来越重要。近年来,新兴技术的研究已经成为国际上相关研究领域的热点问题。与此同时,虽然国内近年来在该研究领域涌现出了大量的研究成果,但总体上来说国内新兴技术的研究仍处于初级阶段。结合新兴技术研究现状与我国当前大力培育和

发展战略性新兴产业的大背景，新兴技术的未来研究可以从以下五个方面进行
推进。

1. 促进学科间的交叉研究

新兴技术研究属于多学科理论研究的交叉研究领域，包括管理学、科学学、
技术学、经济学、技术管理、产业经济、知识产权等学科和理论。目前，我国新
兴技术的研究已经出现了多学科交叉研究的趋势。未来的研究方向：将进一步加
强交叉学科视角下的新兴技术相关理论分析的研究；促进学科交叉，拓展新兴技
术研究领域，挖掘新兴技术研究深度；探索新兴技术研究的新的生长点和生长极，
形成新兴技术研究的生长带。此外，我们应该看到现在新兴技术的研究相对分散，
还没有形成系统化的体系研究，因此，促进新兴技术研究的各部分交叉的深度，
形成系统化的研究理论，使新兴技术的研究成为统一的整体，促进新兴技术系统
化学科体系的形成也将是新兴技术研究的重要方面。

2. 强化实证研究，带动理论创新

新兴技术研究是实践性较强的研究领域，也是在新兴技术实践的基础上创生
和发展的研究领域。未来的新兴技术研究应强化在新兴技术企业和产业实践的基
础上，探索和检测新兴技术培育及发展中的实际问题。通过解决实践问题，带动
新兴技术研究的理论创新，进而指导实践。另外，案例分析也是未来新兴技术研
究的一个主要方向，案例分析通过对技术和产业的实践调查与分析，形成典型的
案例素材，为新兴技术研究相关理论的构建提供重要的研究假设，提供直接的观
察资料，进而在实践中检验理论假设，在新兴技术研究领域形成理论—实践—理
论的发展过程。

3. 促进消化吸收，推动本土化研究

在学习、引进和消化吸收西方新兴技术及其管理理论研究的创新成果的基础
上，紧密结合我国社会主义现代化建设的进程，推进我国本土化新兴技术及其管
理理论和实践研究。一方面，将西方先进的创新理论和管理理论与我国优秀的传
统文化和管理思想相结合，形成中国特色的新兴技术及其管理理论；另一方面，
在学习和引入西方新兴技术研究的同时，结合我国国情和时代背景，构建中国特
色的新兴技术及其管理方法和分析方法，指导我国现代化建设的实践。

4. 加强战略性新兴技术研究

大力培育和发展战略性新兴产业是我国当前转变经济发展方式，调整和优化

产业结构的重要举措。识别和遴选战略性新兴技术是战略性新兴产业培育和发展的前提与基础，在未来的新兴技术研究领域应着重加强战略性新兴技术研究，包括战略性新兴技术的内涵及其特征分析、战略性新兴技术的辨识与技术体系演化研究、战略性新兴技术创生与演化机制研究、推进战略性新兴技术商业化和产业化研究、战略性新兴技术培育的外部环境研究等问题[56]。

5. 推进新兴技术与管理实践研究

新兴技术与传统技术相比具有高度的不确定性和高度的复杂性等特点，这些特点使新兴技术管理与传统技术管理相比难度大大增加。在新兴技术的管理实践中我们虽然能借鉴一些传统技术管理方面的方法、经验，但是我们必须重视新兴技术管理与传统技术管理的不同，加强对新兴技术管理的研究，把新的研究方法、新的研究思路引入新兴技术管理中去，增加管、产、学、研的联合，继续增强对情景规划、实物期权、系统动力学模型、莫糊理论、交叉影响分析等理论方法的研究，增加新兴技术管理研究的深度。

3.2　新兴技术演进的研究进展

新兴技术的产生主要受以下三个要素的影响：一是新兴技术在应用领域中发生重大的变化；二是新兴技术在发展过程中出现突破性创新，从而产生与之前完全不同的新技术演进路径[57]；三是新兴技术的渐进式变化创新，将新旧技术融合或两个来自不同技术领域的技术合并成新的技术系统[58]。而且突变技术创新主要是研究全新的技术轨道的发展[59]；渐进技术创新则多关注技术轨道的演变与技术的融合[60]。新兴技术的演进具有不连续的创新特质，这种不连续创新是指产品、过程和服务等顾客价值呈指数提高，它更关注顾客和市场因素[61]。

从生物进化论的角度来说，物种的不连续均衡的发展过程是新兴技术演进的必经之路[62]。依照物种进化与物种形成的过程，新兴技术的变革既包含了重大科学技术的突破，又包含着技术应用领域的历史性转折。技术发展的重要临界点则是应用领域的变化。技术物种的产生也并非突发性技术结构的变革，其改变在于应用，独有的选择标准与新的应用领域"环境与气候-新资源"催生出与先前根本不同的新技术。从其产生的角度来说，科学的发展是递增的，而应用领域的变革却是"创造性的毁坏"。这一变革在极大程度上促进了新兴技术的产生。

3.2.1　国内对新兴技术演进的研究

在国内由于学者研究视角不同，对新兴技术的定义会有所不同。陈劲等从复杂产品创新系统的角度对前沿性的新兴技术进行了研究，并强调其复杂与不确定性的特征，提出新兴技术的管理方法[63-65]；高建等对技术转型创新管理的研究，涵盖了当今国内外有关技术转型所研究的基本概念、理论和进展状况[66]；付玉秀和张洪石则研究了关于突破性创新的基本概念的界定与比较问题[67]；徐河军等则对不连续创新的概念与起源进行了全面的分析[68]。以上研究内容对研究新兴技术的产生具有很强的启发性和借鉴意义。

国内在新兴技术演进机制方面的文献研究，较之新兴技术的形成、概念与特征以及新兴技术管理的研究和方法方面的文献相对较为短缺。从国内的新兴技术演进机制研究的文献来看，电子科技大学的王敏和银路是从技术演化的集成的角度去研究新兴技术的研发规律[69]；宋艳和银路研究不连续创新中的新兴技术演进路径及物种特性[44, 70]；苗文斌等则研究技术演进的动态性与赶超性[71]；陈勇星等是从企业技术创新水平评价与模式选择研究其演进的技术路径[72]；刘美平研究战略性新兴产业技术创新路径的共生模式[73]。现有的关于新兴技术演进路径的文献，多是基于新兴技术的复杂性和不确定性，研究大多侧重于定性研究的层面，定量研究层面的文献较少，而基于专利计量层面的实证研究基本没有。

3.2.2   国外对新兴技术演进的研究

国外目前对新兴技术演进机制的研究也是短板，比较具有代表性的人物有：Mather 等[1]研究了新兴技术在多个领域高效耦合的实用性，并以生物领域为例，运用迈克尔加成反应法进行印证；Jungbluth 等[74]以生命周期理论评估新兴技术的发展，以光伏和风电为案例进行分析；随后其他学者对纳米技术进行研究，对其发展进行探测与评估；Hofman 和 Steven[75]、Roychoudhury 等[76]在新兴技术的管理与监测方面有所研究；Cho 和 Shih[77]运用专利共被引的方法分析新兴技术的核心技术；Galanakis[78]从传统技术、新兴技术及商业化的发展进行分析研究；Duncan 和 Sandden[79]从多层次的角度对新兴技术的发展进行研究。此外，还有从范式、多模块化等基础概念对新兴技术进行分析，以及具体到生物医药、计算机、信息系统等对新兴技术的研究。

综上所述，国内外学者对新兴技术的研究多是停留在对新兴技术概念的界定、新兴技术发展的特征与新兴技术的管理方法等层面，而对新兴技术演进、辨识等的定量与定性相结合的研究文献较少。本书从战略性新兴技术演进的技术共生演进理论、技术生命周期理论、技术演进轨迹等理论层面对新兴技术演进的模式、演进机理与动力进行研究，从而发现战略性新兴技术演进中的技术具有复杂性、动态性的特征，通过技术轨道与技术知识流动的传播，推进新兴技术创新与进步，并分析得知战略性新兴技术的演进对传统产业的利弊影响及对新兴产业的推动作用。从战略性新兴技术的演进路径探析各技术发展的规律与技术间的相互协调作用。

3.3　新兴技术辨识的研究进展

伴随着科学技术的快速发展，技术作为重要生产力的观点已经被社会各界所接受。对企业而言，技术优势已经成为保持企业竞争优势的主要方式。同样，国家技术优势也成为国家保持本国在国际上产业竞争优势的重要方式。一般认为，技术管理由五个通用过程组成，即技术辨识、技术选择、技术获取、技术开发和保护。在这五个过程中，技术辨识是技术管理的最初阶段，也是最重要的阶段。如何快速识别技术中具有产业化潜力的技术已经成为当前各层面决策者技术管理的核心内容。

当前，国际上对技术辨识的研究主要集中在技术创新管理领域。学者们在技术预见、技术预测、技术选择、关键技术识别、共性技术辨识等方向上展开相关研究。有学者通过对比技术辨识与技术选择的方式，指出技术辨识主要注重技术管理前期决策者的技术组合信息收集，而技术选择则注重经过技术辨识后，组成的备选技术方案的评价。王硕等[80]指出，关键技术的选择与评价方法研究是关键技术选择方法的重要部分，并提出一组包含专家自身权重的定量与定性相结合的关键技术选择与评价模型，为研究关键技术提供理论和方法论依据。谈毅和黄燕丽[28]通过对新兴技术理论框架的梳理，提出将技术路线图与实物期权方法相结合的新兴技术选择框架模型，并对后续研究进行了展望。栾春娟[81]通过专利代码共现方式，实现了纳米汇聚技术的测度。杨中楷和刘佳[82]基于专利引文分析实现了核心技术的辨识。穆荣平等[83]基于专家打分，对世界技术进行了预测，为国家的技术规划提供重要参考。Shen 等[84]构建了新兴技术选择的混合模型，实现了新兴技术的选择。

随着科技水平的快速提高，可供选择的技术越来越多，技术的复杂程度也越来越大。技术辨识难度也在逐渐增大。技术辨识逐渐成为一个综合的评估与选择的过程。技术选择辨识方法的研究越来越引起学术界的重视。

有效的技术辨识方式，是技术管理的重要方面。因此，系统的技术辨识方法是必不可少的。最早的技术辨识方法主要采用专家组的面对面讨论，此方法较为便捷，但常出现从众现象和追随权威等弊端，后来，该方法逐渐被兰德公司的德尔菲法所替代。德尔菲法以采用集体决策方式，囊括该领域的大多数专家，避免专家面对面的讨论，比那些个体决策具有更大的效力等优势，逐渐被技术管理领域的专家所采用。然而，虽然德尔菲法提供了一个完整地集成不同专家意见的机会，但它费时、成本高，并且具有较低的问卷回收率；此外，在专家的反应中，问题的模糊性和不确定性仍然存在[85,86]。考虑到这些问题，提出了模糊德尔菲法，以期避免上述缺陷[87]。模糊德尔菲法可以通过用较少的统计调查和有效地引导他们的模糊性和不确定性来融合专家的反应[88]。

在模糊德尔菲法快速发展的同时，萨蒂(Saaty)引入层次分析法来实现技术辨识，以期从复杂的、多准则的技术库中实现技术辨识。层次分析法自 1976 年引进以来，被广泛用于技术辨识研究领域[89]，如欠发达国家的技术辨识[90]，通信技术识别[91]、肥皂制造技术辨识[92]、氢燃料系统选择[93]、医疗技术识别[94]、网络技术辨识[95]。随着德尔菲方法与层次分析法快速发展，基于德尔菲法和层次分析法的组合——德尔菲–层次分析法出现，从而为技术辨识提供了新方法。

这些方法虽然仍然是当前技术辨识领域的主流研究方法，但是其决策基础多依赖于专家的知识结构和打分，其准确性也饱受批判。伴随着信息技术的快速发展，科学技术文献资料库的建立为技术辨识提供了新的方向。基于专利计量的技术辨识方式成为了当前技术辨识领域的热点问题。

3.4 战略性新兴产业研究进展

战略性新兴产业是战略性新兴技术发展演化的方向，培育和发展战略性新兴技术目的就是实现其产业化，二者互为支撑、密切关联，在战略性新兴产业发展中，战略性新兴技术起到重要的支撑作用，同时战略性新兴产业的发展也带动战略性新兴技术的不断提升，为战略性新兴技术的培育和发展提供产业环境保障。分析战略性新兴产业研究进展有助于战略性新兴技术研究的深入开展。

3.4.1 国外战略性新兴产业研究情况

2008 年国际金融危机爆发后，各发达国家开始着力在本国发展对经济社会发展和国家安全具有重大和长远影响、可能成为国家未来经济支柱产业的新兴行业[96]。目的是通过新兴产业的带动作用拉动经济走出低谷，复苏经济快速发展。新兴产业的迅速兴起也引起了研究者和管理者的热情，新兴产业成为国内外相关领域的研究热点问题。从关注战略性新兴产业的内涵和概念到关注其发展的趋势和规律，各国已根据本国国情确立了新兴产业发展战略体系。例如，美国以新能源为驱动力为经济发展寻找支点；欧盟各国则是把发展重点放在了本国优势产业上，大力发展"绿色经济""环保型经济"和物联网产业，结合本国特点，促进经济发展；日本和韩国向来注重自主创新立国，政府着力加强节能和新能源等产业的发展。各国学者或针对本国国情，或从其他国家产业发展中汲取经验，着重探究战略性新兴产业的内涵、发展路径、发展对策等，研究成果已形成一定规模。

使用 CiteSpace 信息可视化软件对下载于 Web of Science 检索平台中主题词为"emergency indust*"的文献数据进行分析。从总体来看，研究主题经历了新兴产业的管理及风险防范、新兴产业的政策及成长要素、新兴产业的经验借鉴和知识管理、新兴产业与环境保护、新兴产业评价等方面。

　　为进一步清晰地展现国外战略性新兴产业研究发展的概况，选择美国汤森路透集团的 Web of Science 数据库。在 Web of Science 里以检索式为主题词="strategy emergency industr*"，时间跨度为 2005～2014 年进行检索，检索结果的文献数据经过 CiteSpace 清洗后剩余 1056 篇文献。借助陈超美开发的可视化软件 CiteSpace 构建来源数据的关键词共现网络，通过对数据的分析和图谱的解读探测国际战略性新兴产业研究的现状及未来方向。

　　可以看出，当前国际战略性新兴产业的研究呈多方向、小聚类，尚未形成主流的研究方向。而且距今较近的文献多分布在图谱边缘地带(红色节点)，在中心的多为距今较远的文献，这说明在研究历程中，经典文献多出现于前几年，近几年还没有出现代表性的核心文献。

　　关键词共现以词频为对象，研究不同关键词共现频率及与其他关键词的联系，可以用以探测某一学科领域的知识结构。图中共现频率较高的词主要有产业、管理、战略、安全、风险、系统、新兴等词(图 3-7 和表 3-4)。

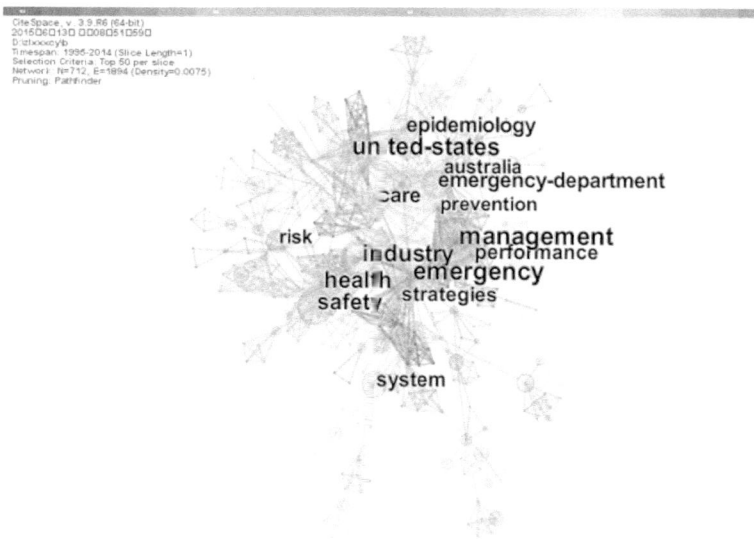

图 3-7　战略性新兴产业的关键词共现网络图谱

表 3-4　战略性新兴产业高频关键词前 20 位

频率	关键词	频率	关键词
15	新兴	12	产业
15	管理	11	安全
14	美国	9	流行的
12	健康	9	关注

频率	关键词	频率	关键词
9	新兴部门	7	预防
8	系统	7	关注健康
8	履行	6	危机管理
8	战略性	6	孩子
7	澳大利亚	6	突发事件
7	风险	6	战略

从关键词共现网络的聚类结果分析，当前国际对战略性新兴产业研究的关注热点问题主要集中在战略性新兴产业的内涵、战略性新兴产业的管理、战略性新兴产业的风险防范、战略性新兴产业产生的影响等几个方面。具体到主要发达国家，政府对战略性新兴产业的扶持作用一直受到重视，美国推出的《2005 国家能源政策法》《美国清洁能源安全法》等法律从政策上给予了新兴产业以税收、融资方面的优惠；英国的《建设英国的未来——新产业、新就业》和《新兴技术和产业战略》是该国发展战略性新兴产业的纲领性文件，提出了具体的发展步骤；早在 20 世纪 70 年代，日本就提出了"技术立国"的基本国策，把发展科学技术作为立国之本。近年来，日本把重点放在信息技术、低碳产业、新型汽车等新兴行业，制订了完备的发展计划。

从发达国家的新兴产业发展和研究情况来看，有以下方面值得我国在当前实施创新驱动发展战略，大力培育和发展战略性新兴产业过程中借鉴。

第一，要注重发挥政府的作用，加强对产业的引导和支持，在总体方向上统筹规划。制订产业发展规划和产业扶持政策，同时要建立完备的法律，既要发挥好政府实施干预的"有形之手"作用，又要发挥市场"无形之手"的作用。

第二，建立信息平台，为公众、企业、投资者的沟通建立渠道，降低投资的盲目性和风险，同时也使得有竞争力的产业得到更多的发展机会，但在这之中要注重把握一些新兴的弱势产业，通过政府的带动作用培育其发展。

第三，注重提高自主创新能力，战略性新兴产业一般都是高技术产业，离不开新兴技术的引领，只有提高自主创新能力才能使新兴产业快速具备核心竞争力，在国际市场竞争中立于不败之地。

3.4.2 国内战略性新兴产业研究情况

近年来，前沿科学突飞猛进，新兴技术不断涌现，学科交叉融合加快，在能源科学、生命科学、信息科学等一些重要科学技术领域已经出现革命性突破的先兆。科学技术以前所未有的深度和广度与经济发展加速融合，日益引领技术和生产的方向。战略性新兴产业已经成为当前和未来一段时期内我国产业结构调整和转变经济发展方式的重要战略举措，自这一重大战略提出以来，已经引起了国内政府部门政策研究者和制定者、学术研究者和相关领域科研工作者等的广泛关注，相关研究文献和学术成果大量涌现。通过对检索于中国知网中的相关文献数据进行科学计量分析和信息可视化展示，探测当前国内对战略性新兴产业关注的热点问题，提出战略性新兴产业研究未来发展的主攻方向。

1. 战略性新兴产业研究文献的产出现状

进行计量分析和研究的数据主要来自中国知网的中国全文期刊数据库。它是目前国内期刊覆盖面最广的检索数据库之一，以学术、技术、政策指导、高等科普及教育类期刊为主，内容覆盖自然科学、工程技术、农业、哲学、医学、人文社会科学等各个领域。截至 2015 年 7 月，数据库共收录国内期刊总量 8219 种，收录国内学术期刊 8083 种，全文文献总量 4400 多万篇。根据数据库的文献收录情况和本书的研究需要，我们选取中国学术期刊网络出版总库、中国博士学位论文全文数据库、中国优秀硕士学位论文全文数据库、中国重要会议论文全文数据库，按照题名的检索方式检索，即以"题名=战略性新兴产业"为检索式进行检索，时间范围是数据库收录的全部时间段，共检索到符合条件的文献 3792 篇（检索时间 2015 年 7 月 25 日）。

从文献数据的分布来看，自 2009 年国务院提出大力培育和发展战略性新兴产业以来，2010 年和 2011 年发表的相关文献数量呈现急剧增长的态势。2009 年度仅10 篇，2010 年度相关文献就达 492 篇，2011 年相关文献达 781 篇，2012 年相关文献为 850 篇，2013 年相关文献为 743 篇，2014 年相关文献为 630 篇，2015 年相关文献为 254 篇（截至 2015 年 7 月 25 日）。总体上文献所属研究领域的分布主要集中在经济体制改革、企业经济、宏观经济管理与可持续发展、工业经济、金融等方面。

从发表文献的作者及其所属机构来看，发表文献数量较多的作者主要集中在行政机关、研究院所和高等院校，如长沙理工大学的贺正楚（16 篇）、中南大学的熊勇清（14 篇）、中共湖南省委直属机关党校的钟清流（13 篇）、中国科学技术发展战略研究院的赵刚（12 篇）等。少量文献作者所属高校为贵州财经大学、东华大学、东北财经大学等。这些研究成果的项目资助基金主要有：国家社会科学基金（306篇）、国家自然科学基金（166 篇）、国家软科学研究计划（48 篇）、中国博士后科学基金（34 篇）和部分省（市）级项目资助基金，如湖南省、江苏省、河南省、天津市资助项目等。检索的文献数据中绝大部分来源于中国学术期刊网络出版库（3391篇），部分来源于中国优秀硕士学位论文全文数据库（237 篇）和中国重要会议论文全文数据库（130 篇），仅有 27 篇文献出自中国博士学位论文全文数据库。

当前我国对战略性新兴产业研究的关注度处于急剧增加的态势，但现有文献主要集中在行政机构或者研究院所等对战略性新兴产业的政策解读、问题分析或现象调查等层面，少数研究者对战略性新兴产业发展的支撑体系或一般意义层面的发展思路、对策等进行了论述。关于战略性新兴产业领域研究的高质量、学术型研究论文数量不足，文献研究主题分布相对分散，尚未形成"集群"。对战略性新兴产业的研究处于起步阶段，相对系统、深入的学术研究尚未形成。

由于国内对战略性新兴产业的关注和研究尚处于起步阶段，文献的被引频次相对较低，甚至高水平的高被引文献尚未出现。从全文期刊数据库检索文献的引用情况来看，被引频次超过 100 次的文献有 10 篇，被引超过 50 次的文献 43 篇。其中，被引频次最高的文献是 2010 年朱瑞博发表在《改革》杂志的《中国战略性新兴产业培育及其政策取向》一文，被引频次 281 次（截至 2015 年 7 月），下载 4971 次（截至 2015 年 7 月）。该文中论述了基于技术经济范式下，中国战略性新兴产业的培育的发展趋势和政策取向，提出中国培育战略性新兴产业，关键是要把握技术经济新范式的内在要求和发展趋势，构建中国特色的开放式创新网络，实施产业组织模式和体制机制创新战略，形成产业资本主导金融资本的有机耦合系统[97]。在数据库被引频次最高的前三篇中，另两篇文献分是李晓华和吕铁的《战略性新兴产业的特征与政策导向研究》、万钢的《把握全球产业调整机遇培育和发展战略性新兴产业》。万钢的《把握全球产业调整机遇培育和发展战略性新兴产业》结合 2010 年中央经济工作会议精神，在对培育和发展战略性新兴产业从不同视角进行了政策性解读的基础上，指出科学技术在应对经济危机中具有不可替代的关键作用[98, 99]。其他被引频次排在前 10 位的文献中，有一篇是关于在对国外新兴产业发展经验的总结借鉴基础上，对我国战略性新兴产业的发展提出相应的对策建议；其余多是关于对战略性新兴产业的选择和评价、发展现状及培育和发展的意义等。

2. 战略性新兴产业的研究热点探测

通过对检索的文献数据的关键词进行共现网络分析，利用科学知识图谱展现当前国内战略性新兴产业研究的热点问题。科学知识图谱是当前科学计量学和文献计量学领域的一种重要研究方法和工具。它以科学知识为计量研究对象，显示科学知识的发展进程与结构关系，属于科学计量学的研究范畴[100]。科学知识图谱通过直观的动态图像信息，对学科领域的演进脉络和研究前沿进行探索和预测，从而获得较为详尽的前沿科学信息分析结果[101, 102]。本书分析使用陈超美博士开发的 CiteSpace 信息可视化软件，它是近年来国际科学计量学和信息可视化分析技术研究最具有特色和影响力的软件工具之一[103, 104]。

为进一步展现我国当前对战略性新兴产业发展关注的热点问题和研究的前沿方向，对当前检索到的文献数据通过信息可视化技术手段进行计量分析，通过

CiteSpace 信息可视化软件系统绘制战略性新兴产业研究文献的关键词共现网络知识图谱(图 3-8)。其中,图谱中共包含关键词节点 349 个,连线 649 条。按照关键词的共现频次,统计出共现关键词的前 20 项(表 3-5)进行分析。

图 3-8 "战略性新兴产业"研究文献的关键词共现网络知识图谱(2009~2015 年)

表 3-5 "战略性新兴产业"研究文献的关键词共现频次前 20 项列表(2009~2015 年)

编号	共现频次/次	中心度	共现关键词	年份	聚类	编号	共现频次/次	中心度	共现关键词	年份	聚类
1	1956	0.01	战略性新兴产业	2010	4	11	96	0.04	经济发展	2009	2
2	1654	0.14	新兴产业	2009	0	12	91	0.08	国家战略性	2010	10
3	221	0.05	经济发展方式	2010	0	13	89	0.04	国际金融危	2009	0
4	169	0.05	技术创新	2010	5	14	86	0.05	装备制造产业	2010	3
5	153	0.13	生物医药	2009	0	15	84	0.19	经济增长	2009	6
6	135	0.13	发展规划	2009	0	16	82	0.00	金融支持	2011	无
7	113	0.13	物联网	2009	2	17	77	0.04	高新技术产业	2010	7
8	108	0.02	关键核心技术	2010	3	18	71	0.01	支柱产业	2010	3
9	102	0.02	重大技术突破	2010	无	19	68	0.05	战略性	2010	14
10	99	0.03	产业结构	2009	2	20	66	0.02	产业集群	2011	无

在战略性新兴产业关键词共现网络知识图谱中,共现频次较大的节点主要有新兴产业、战略性、经济发展、战略性新兴产业等,共现频次最多的战略性新兴产业一词的共现频次达 1956 次,而新兴产业一词的共现频次也达 1654 次,这也表明了战略性新兴产业与新兴产业之间的关联与演进关系。除此以外,经济发展方式、技

术创新、生物医药等关键词也保持了较高的共现频次，技术创新等高频共现关键词表明了战略性新兴产业发展的关键与核心问题，经济发展方式、生物医药等高频共现关键词表明了对战略性新兴产业的意义与政策导向等问题的研究。

另外，在关键词共现网络图谱中，中介中心度的指标通常反映节点关键词在网络图谱中中介的重要作用，一般是连接网络中不同聚类群组的关键节点。在选定的阈值下，战略性新兴产业关键词共现网络图谱中，共有五个关键节点（中介中心度大于 0.1）——新兴技术（0.14）、生物医药（0.13）、发展规划（0.13）、物联网（0.13）、经济增长（0.19）。两个名词关键节点表明了战略性新兴产业研究的两个核心领域，当前，在政府大力政策扶植之下，生物医药发展迅猛，已经成为我国战略性新兴产业发展的核心和主导产业，也是未来一段时期我国新兴产业发展的主流方向。与生物医药产业相比，装备制造产业在共现网络中的共现频次不高，但是网络中的关键节点，以装备制造技术和产业为核心的高端装备制造产业也是将是我国未来新兴产业发展的另一个主流方向。

在关键词共现网络基础上，进行聚类分析，以展现战略性新兴产业研究的主体知识结构，关键词共现网络形成聚类 15 个，按照聚类大小和研究的相关度，整理出 7 项关键词聚类结果（表 3-6）进行分析。结合 TF*IDF 算法抽取的标识词[104]，总结当前战略性新兴产业研究关注的热点问题，并在关键词共现网络知识图谱（图 3-8）中予以标注。

表 3-6　战略性新兴产业关键词主要聚类结果列表（2009～2015 年）

聚类编号	共现频次/次	中心度	主要关键词	年份	研究关注热点	聚类编号	共现频次/次	中心度	主要关键词	年份	研究关注热点
0	1654	0.1	新兴产业	2009	战略性新兴产业战略重点与政策导向	5	169	0.05	技术创新	2010	战略性新兴产业发展策略与思路
0	135	0.1	发展规划	2009		5	77	0.04	高新技术产业	2010	
0	108	0	关键核心技术	2010		5	66	0.02	产业集群	2011	
0	91	0.1	国家战略性	2010		5	41	0.02	传统产业	2012	
0	89	0	国际金融危机	2009		5	20	0	投融资体系	2015	
0	55	0	产能过剩	2010		5	17	0.01	产业链	2012	
0	53	0	资本市场	2010		5	17	0	产业关联	2012	
0	48	0.1	电动汽车	2009		5	13	0.01	技术效率	2013	
0	37	0	产业发展目标	2011		5	13	0.03	政策建议	2014	
0	32	0	战略重点	2010		5	13	0	光伏产业	2013	
0	27	0.1	科技革命	2010		5	13	0.02	产业基地	2015	

续表

聚类编号	共现频次/次	中心度	主要关键词	年份	研究关注热点	聚类编号	共现频次/次	中心度	主要关键词	年份	研究关注热点
1	113	0.1	物联网	2009		5	11	0.01	协同发展	2013	
1	58	0.3	发展战略	2009		5	7	0	产业竞争力	2013	战略性新兴产业发展策略与思路
1	46	0.1	电子信息	2010		5	7	0	总量规模	2015	
1	45	0.1	半导体照明	2009		5	5	0.01	应用产业	2015	
1	36	0	智能电网	2010		5	4	0.03	产业协同	2015	
1	35	0	新能源技术	2009		8	52	0.03	现代产业体系	2010	
1	23	0	政府工作报告	2010		8	31	0	新兴科技	2010	
1	21	0	核心载体	2010	以信息技术为核心的关键技术创新	8	28	0.01	新技术产业化	2010	
1	21	0	危机时代	2009		8	27	0	科技企业孵化器	2010	自主创新与高新区技术产业化发展
1	18	0	骨干企业	2012		8	25	0.01	重点项目	2011	
1	16	0	中国可持续发展	2010		8	24	0	战略部署	2010	
1	15	0	中国科学院	2014		8	22	0.01	高新区发展	2010	
1	15	0	产业集聚	2014		8	21	0.02	十七届五中全会	2010	
1	15	0	三网融合	2010		8	15	0	产业核心竞争力	2011	
1	15	0	中国工程院	2014		9	52	0.07	创新药物	2010	
1	15	0	循环经济	2015		9	33	0	关键共性技术	2010	战略性新兴产业发展对策与政府作用
2	221	0.1	经济发展方式	2010	战略性新兴产业相关支撑体系研究	9	30	0.01	产业协调发展	2010	
2	102	0	重大技术突破	2010		9	29	0	科技发展	2010	
2	99	0	产业结构	2009		9	28	0.04	主攻方向	2010	

聚类编号	共现频次/次	中心度	主要关键词	年份	研究关注热点	聚类编号	共现频次/次	中心度	主要关键词	年份	研究关注热点
2	96	0	经济发展	2009	战略性新兴产业相关支撑体系研究	9	22	0.04	智能制造	2012	战略性新兴产业发展对策与政府作用
2	63	0	产业结构调整	2010		9	14	0	科技成果	2013	
2	55	0	成长潜力	2010		9	10	0.01	直辖市人民政府	2010	
2	40	0	产业转型升级	2010		9	10	0.01	国务院各部委	2010	

从关键词共现网络的聚类结果分析,当前国内对战略性新兴产业研究的关注热点问题主要集中在以下方面:战略性新兴产业战略重点与政策导向;以信息技术为核心的关键技术创新;战略性新兴产业相关支撑体系研究;部分战略性新兴产业发展情况;战略性新兴产业发展策略与思路;自主创新与高新区技术产业化发展;战略性新兴产业发展对策与政府作用等。上述是从对文献关键词的计量和信息可视化的视角进行的分析,具体的文献中包含了大量的具体的研究问题和方向,以战略性新兴产业发展思路为例,钟清流[105]提出战略性新兴产业本质上是建立在基础理论和核心技术重大突破基础上的下一代高新技术产业,其发展动力主要来源于相应前沿领域不断取得实质性突破和以此为支撑不断开发有自主知识产权的系列新产品的能力。王利政[106]从技术生命周期和技术水平的国际比较优势的视角,分析了在不同阶段发展战略性新兴产业所适宜的模式等。

3. 战略性新兴产业研究的近期主攻方向

当前国内对战略性新兴产业的关注度正处于急剧上升的态势,涌现了大量的研究文献和部分研究专著,对相关研究课题的资助数量和资助力度也有较大倾斜。从现有研究成果来看,国内对战略性新兴产业的研究仍处于起步阶段,在国家提出大力培育和发展战略性新兴产业的宏观背景下,学术界应进一步加强对战略性新兴产业的系统研究,深入研究和解读其分支领域的协同发展,构建支撑战略性新兴产业发展的战略性新兴技术体系,从多学科交叉视角注重理论研究与实践相结合。

(1)关于战略性新兴技术对产业发展支撑作用的研究。培育和发展战略性新兴产业是一项系统工程,涉及具体产业发展的各个环节,完善的技术支撑体系是战略性新兴产业发展的核心和基础。战略性新兴技术对战略性新兴产业的发展具有重要的支撑作用。从技术经济范式和技术与产业发展的一般规律构建支撑战略性新兴产业发展的战略性新兴技术支撑体系,应研究和探讨新兴技术、关键技术、核心技术、共性技术与战略性新兴技术对产业发展的引导和支撑作用。分析技术创新系统、技术体系演化规律等对战略性新兴产业的培育和发展具有重要的现实意义。

(2)关于战略性新兴产业分支领域培育和发展的具体分析。从战略性新兴产业分支领域的培育和发展的解读入手，从行业和技术发展的一般规律，研究具体的战略性新兴产业发展战略、技术创新体系、自主创新和知识产权管理等实际应用问题。有针对性地挖掘分支领域技术和产业发展特点，结合我国国情和建设实践，具体分析行业和领域内的关键技术及共性技术，增强技术自主创新能力，推动产业加速发展。

(3)关于战略性新兴产业之间协同关系的研究。国务院下发的《国务院关于加快培育和发展战略性新兴产业的决定》中，明确了我国重点发展的七大战略性新兴产业及其发展重点，这些重点战略领域相互关联，共同支撑我国经济发展的主导地位。培育和引导七大战略性新兴产业成为我国经济发展的先导产业和支柱产业，应关注战略性新兴产业之间的协同关系研究，既要注重产业内部的协同发展研究，又要注重产业间的外部协同关系研究，共同推动我国战略性新兴产业快速稳健地发展。

(4)从多学科交叉视角对战略性新兴产业进行研究。战略性新兴产业的研究涉及技术管理学、新兴技术理论、产业经济学、生态学与可持续发展、科学技术政策与科学技术管理等学科或理论，是多学科(理论)交叉研究领域，研究者应从多学科交叉研究视角对战略性新兴产业研究进行合理准确的定位，构建系统的战略性新兴产业理论，促进学科或理论的交叉与融合，共同推进战略性新兴产业研究的深入发展。

(5)注重理论研究与实践相结合。战略性新兴产业的培育和发展是国家从宏观调整产业布局，促进转变经济发展方式的重大战略举措，是在科学发展观指导下，面向中国特色社会主义现代化建设和全面建设小康社会的伟大实践，理论的研究应来源于实践问题，并能解决实践问题，战略性新兴产业的相关研究和探讨必须与具体的发展实践相结合，在生产和管理一线收集素材，发现问题，解决问题。一切理论的分析和研究应保持与实践发展的一致性，实践中发现的问题通过分析和总结，提升为理论基础，进一步指导实践。同时，相关课题的立项、学术论文和专著等也应该倾向于应用基础研究和应用研究。

本章参考文献

[1] Mather B D, Viswanathan K, Miller K M, et al. Michael addition reactions in macromolecular design for emerging technologies[J]. Progress in Polymer Science, 2006, 31(5): 487-531

[2] 李仕明, 肖磊, 萧延高. 新兴技术管理研究综述[J]. 管理科学学报, 2007, 6: 76-85

[3] 侯剑华, 王鹏. 我国新兴技术研究动态监测分析[J]. 科技进步与对策, 2013, 15: 122-127

[4] 温家宝. 省部级主要领导干部深入贯彻落实科学发展观, 加快经济发展方式转变专题研讨班上的重要讲话[EB/OL].http://news.xinhuanet.com/politics/2010-02/03/content_12926039.htm [2010-02-04]

[5] 国务院办公厅. 国务院关于加快培育和发展战略性新兴产业的决定[EB/OL]. http://www.gov.cn/zwgk/2010-10/18/content_1724848.htm [2010-10-18]

[6] Day G S, Hschoemaker P J, Gunther R E. Wharton on Managing Emerging Technologies[M]. New York: John Wiley & Sons, Inc., 2000

[7] 周起凤. 开发"无形财富"——新兴技术与我国经济信息[J]. 瞭望, 1984, (10): 20-21

[8] 王攻本. 新兴技术与"第二文化"[J]. 瞭望, 1984, (10): 22

[9] 侯剑华, 朱方伟. 战略性新兴技术的生成模式及其产业化启示[J]. 中国高校科技, 2014, 7: 88-90

[10] 赵振元, 银路, 成红. 新兴技术对传统管理的挑战和特殊市场开拓思路[J]. 中国软科学, 2004, (7): 72-77

[11] 宋艳, 银路. 新兴技术风险识别与三维分析——基于动态评估过程的视角[J]. 中国软科学, 2007, (10): 136-142

[12] 华宏鸣, 郑邵濂. 高新技术管理[M]. 上海: 复旦大学出版社, 1995

[13] 银路, 石忠国, 王敏, 等. 新兴技术: 概念特点和管理新思维[J]. 现代管理科学, 2005, (4): 5-7

[14] 银路, 王敏, 萧延高, 等. 新兴技术管理的若干新思维[J]. 管理学报, 2005, 2(3): 277-280, 300

[15] 李仕明, 李平, 肖磊. 新兴技术变革及其战略资源观[J]. 管理学报, 2005, 2(3): 304-306, 361

[16] 赵振元, 银路. 实物期权思维及其在新兴技术管理中的若干应用[J]. 预测, 2005, 24(2): 20-24

[17] 尹波, 鲁若愚. 新兴技术发展管理的文化特征研究[J]. 技术经济, 2008, 27(1): 43-47

[18] 井润田, 刘萍, 傅长乐. 新兴技术辨识的组织理论解释[J]. 研究与发展管理, 2006, 18(5): 82-88

[19] 何应龙, 周宗放. 我国新兴技术企业特征函数与成长模型研究[J]. 管理评论, 2010, 22(10): 91-99

[20] 宋艳. 新兴技术的动态评估与小灵通的成功之道[J]. 管理学报, 2005, 2(3): 337-339

[21] 银路, 李天柱. 情景规划在新兴技术动态评估中的应用[J]. 科研管理, 2008, 27(4): 12-18

[22] 卢文光, 黄鲁成. 新兴技术产业化潜力评价与选择的研究[J]. 科学学研究, 2008, 26(6): 1201-1209

[23] 董书礼. 新兴技术商业化与政府作用[J]. 中国科技论坛, 2008, (5): 16-19

[24] 朱雪祎, 方存好, 孟硕. 区域技术创新体系中的市场失灵与政府政策选择的研究[J]. 中国软科学, 2007, (5): 146-153

[25] 陈洪涛, 陈劲, 施放, 等. 新兴产业发展中的政府作用机制研究——基于国家政治制度结构的理论分析模型[J]. 科研管理, 2009, 30(3): 1-8

[26] 方荣贵, 银路, 王敏. 新兴技术向战略性新兴产业演化中政府政策分析[J]. 技术经济, 2010, 29(12): 1-6

[27] 眭纪刚, 苏竣. 技术的演化和演化的技术政策[J]. 科学学研究, 2009, 27(12): 1793-1800

[28] 谈毅, 黄燕丽. 基于过程的新兴技术规划与选择模型研究[J]. 科技管理研究, 2007, (8): 5-8

[29] 魏国平. 新兴技术管理策略研究——基于新兴技术特征的分类分析[D]. 杭州: 浙江大学

硕士学位论文, 2006

[30] 黄鲁成, 卢文光. 基于属性综合评价系统的新兴技术识别研究[J]. 科研管理, 2009, 30(4): 190-194

[31] 黄鲁成, 王吉武, 卢文光. 基于 ANP 的新技术产业化潜力评价研究[J]. 科学与科学技术管理, 2007, (4): 122-125

[32] 王吉武, 黄鲁成, 卢文光. 基于文献计量的新兴技术商业化潜力客观评价研究[J]. 现代管理科学, 2008, (5): 69-70

[33] 金建, 刘勇健. 信息技术产业化运行机制研究[J]. 科技管理研究, 1996, (5) : 30-31

[34] 杨东升, 罗震. 新兴技术商业化潜力的综合评价研究[J]. 科研管理, 2009, (s1): 24-28

[35] 沈虹, 张子刚, 齐欢, 等. 生物技术商业化管理系统模型探讨[J]. 商业研究, 2002, (5): 57-59

[36] 邓亚玲. 突破性创新与新兴技术的起源[J]. 现代商业, 2007, (17): 237-238

[37] 张伟, 刘德志. 新兴技术的扩散过程研究[J]. 科技与产业, 2008, 8(11): 93-95

[38] 毛荐其, 刘娜. 基于技术生态的技术协同演化机制研究[J]. 自然辩证法研究, 2010, 26(11): 26-30

[39] 黄鲁成, 蔡爽. 基于专利的技术轨道实证研究[J]. 科学学研究, 2009, 27(3): 363-367

[40] 王敏, 银路. 新兴技术演化的整体性分析框架: "三要素多层次" 共生演化机理研究[J]. 技术经济, 2010, 29(2): 28-33

[41] 王敏, 银路. 技术推动型与市场拉动型新兴技术演化模式对比研究——基于动态战略管理的视角[J]. 科学学研究, 2008, (s1): 24-29

[42] 王敏, 银路. 技术演化的集成研究及新兴技术演化[J]. 科学学研究, 2008, (3): 466-471

[43] 王敏, 银路. 新兴技术演化模式研究及其管理启示[J]. 技术经济, 2009, (11): 13-16, 110

[44] 宋艳, 银路. 新兴技术的物种特征及形成路径研究[J]. 管理学报, 2007, 4(2): 211-215

[45] 周述琴, 傅强, 王敏. 新兴技术演化的生态系统分析[J]. 科技进步与对策, 2007, (8): 19-21

[46] 高俊峰. 政府政策对新兴技术演化的影响——以我国 TD-SCDMA 移动通讯技术的演化为例[J]. 中国软科学, 2010, (2): 25-33

[47] 刘新艳, 吴琨, 刘和东. 新兴技术产业化中的政府角色分析[J]. 科技管理研究, 2010, (17): 14-17

[48] 顾婧, 周宗放. 基于新兴技术企业信号学习的中止决策分析[J]. 科研管理, 2009, (2): 157-165

[49] 周宗放. 新兴技术企业信用风险演化机理及评价方法研究[M]. 北京: 科学出版社, 2010

[50] 黄鲁成, 王冀. 新兴技术商业化成功的环境影响因素实证研究[J]. 科技进步与对策, 2011, (1): 1-6

[51] 陈隆, 张宗益. 上市公司治理结构对技术创新的影响[C]. 成都: 管理科学论坛—新兴技术管理会议论文合集, 2005: 33-41

[52] 陈旭, 张晓军. 基于产业聚群的技术创新扩散研究[J]. 管理学报, 2005, 2 (3): 33-36

[53] 王承艳. 新兴技术挑战下的管理文化建设[J]. 前沿, 2009, (13): 188-190

[54] 尹波, 鲁若愚. 新兴技术管理文化创新机制研究[J]. 中大管理研究, 2007, (1): 63-75

[55] 银路. 新兴技术管理导论[M]. 北京: 科学出版社, 2010

[56] 王续琨, 刘洋, 侯剑华. 论战略性新兴技术[J]. 科学学研究, 2011, 29(11): 1601-1606

[57] Green S G, Gavin M B, Aiman-Smith L. Assessing a multidimensional measure of radical technological innovation [J]. IEEE Trans Engineer Manage, 1995, (42): 203-214

[58] Yoffie D B. Competing in the age of digital convergence[J]. California Management Review,

1996, (38): 31-53

[59] Koberg C S, Detienne D R, Heppard K A. An empirical test of environmental, organizational, and process factors affecting incremental an radical innovation[J]. Journal of High Technology Management Research, 2003, (14): 21-45

[60] Kostoff R N, Boylan B, Sioms G R. Disruptive technology roadmaps[J]. Technology Forecasting & Social Change, 2004, (71): 141-159

[61] Lynn G, Morone J, Paulson A. Marketing and discontinuous innovation: the probe and learn process [J]. California Management Review, 1996, 38(3): 8-37

[62] Gould S, Eldredge N. Punctuated equilibria: the tempo and mode of evolution reconsidered [J]. Paleobiology, 1997, (3): 115-151

[63] 陈劲, 童亮, 黄建樟, 等. 复杂产品系统创新对传统创新管理的挑战[J]. 科学学与科学技术管理, 2004, (9): 47-51

[64] 张洪石, 陈劲, 高金玉. 突破性产品创新的模糊前端管理研究[J]. 研究与发展管理, 2004, (8): 48-53

[65] 陈劲, 梁靓, 吴航. 开放式创新背景下产业集聚与创新绩效关系研究——以中国高技术产业为例[J]. 科学学研究, 2013, 4: 623-629, 577

[66] 高建, 程源, 徐河军. 技术转型管理的研究及在中国的战略价值[J]. 科研管理, 2004, (1): 49-54

[67] 付玉秀, 张洪石. 突破性创新: 概念界定与比较[J]. 数量经济与技术经济研究, 2004, (3): 73-83

[68] 徐河军, 高建, 周晓妮. 不连续创新的概念和起源[J]. 科学学与科学技术管理, 2003, (3): 53-56

[69] 王敏, 银路. 技术演化的集成研究及新兴技术演化[J]. 科学学研究, 2008, 26(3): 465-471

[70] 宋艳, 银路. 基于不连续创新的新兴技术形成路径研究[J]. 研究与发展管理, 2007, 19(4): 31-36

[71] 苗文斌, 吴晓波, 李正卫. 技术演进动态性与技术赶超[J]. 科技进步与对策, 2007, 24(3): 71-74

[72] 陈勇星, 屠文娟, 杨晶照. 基于技术能力的企业技术创新模式选择及其演进研究[J]. 科技进步与对策, 2012, 7: 1-7

[73] 刘美平. 战略性新兴产业技术创新路径的共生模式研究[J]. 当代财经, 2011, 11: 105-111

[74] Jungbluth N, Bauer C, Dones R, et al. Life cycle assessment for emerging technologies: case studies for photovoltaic and wind power[J]. The International Journal of Life Cycle Assessment, 2005, 10(1): 24-34

[75] Hofmann G E, Gaines S D. New tools to meet new challenges: emerging technologies for mananging marine ecosystems for resilience[J]. BioScience, 2008, 58(1): 43-52

[76] Roychoudhury P, O'Kennedy R, McNeil B, et al. Multiplexing fibre optic near infrared (NIR) spectroscopy as an emerging technology to monitor industrial bioprocesses[J]. Analytica Acta, 2007, 590(1): 110-117

[77] Cho T S, Shih H Y. Patent citation network analysis of core and emerging technologies in Taiwan: 1997—2008[J]. Scientometrics, 2011, 89(3): 795-811

[78] Galanakis C M. Recovery of high added-value components from food wastes: conventional,

emerging technologies and commercialized application[J]. Trends in Food Science & Technology, 2012, 26(2): 68-87

[79] Duncan K, Sandden B A. Multi-level energy analysis of emerging technologies a case study in new material for lithium ion batteries[J]. Journal of Cleaner Production, 2011, 19(13): 1405-1416

[80] 王硕, 费树岷, 夏安邦. 关键技术选择与评价的方法论研究[J]. 中国管理科学, 2000, S1: 69-75

[81] 栾春娟. "纳米-生物"会聚技术的测度及启示[J]. 科研管理, 2012, 7: 48-58

[82] 杨中楷, 刘佳. 基于专利引文网络的技术轨道识别研究——以太阳能光伏电池板领域为例[J]. 科学学研究, 2011, 9: 1311-1317

[83] 穆荣平, 任中保, 袁思达, 等. 中国未来20年技术预见与关键技术选择[A]. 首届中国科技政策与管理学术研讨会2005年论文集（上）, 2005

[84] Shen Y C, Chang S H, Lin G T R, et al. A hybrid selection model for emerging technology[J]. Technological Forecasting and Social Change 2010, 77(1): 151-166

[85] Hwang C L, Lin M J. Group Decision Making under Multiple Criteria: Methods and Applications[M]. New York: Springer-Verlag, 1987

[86] Chang P T, Huang L C, Lin H J. The fuzzy Delphi method via fuzzy statistics and membership function fitting and an application to the human resources[J]. Fuzzy Sets Syst, 2000, 112 (3): 511-520

[87] Ishikawa A, Amagasa M, Shiga T, et al. The max-min Delphi method and fuzzy Delphi method via fuzzy integration[J]. Fuzzy Sets Syst, 1993, 35(3): 241-253

[88] Klir G J, Folger T A. Fuzzy Sets Uncertainty and Information[M]. New Jersey: Prentice-Hall, 1988

[89] Tran T A, Daim T. A taxonomic review of metho ds and tools applied in technology assessment[J]. Technol Forecast Soc Change, 2008, 75(9): 1396-1405

[90] Ramanujam V, Saaty T L. Technological choice in the less developed countries : an analytic hierarchy approach[J]. Technol Forecast Soc Change, 1981, 19(1): 81-89

[91] Prasad A V S, Somasekhara N. The analytic hierarchy process for choice of technologies: an application[J]. Technol Forecast Soc Change, 1990, 38(2): 151-158

[92] Raju U S, Rangaraj N, Date A W. The influence of development perspectives on the choice of technology[J]. Technol Forecast Soc Change, 1995, 48 (1): 27-43

[93] Winebrake J J, Creswick B P. The future of hydrogen fueling systems for transportation: an application of perspective-based scenario analysis using the analytic hierarchy process[J]. Technol Forecast Soc Change, 2003, 70(4): 359-384

[94] Sloane E B. Using a decision support tool for healthcare technology assessment[J]. IEEE Eng Med Biol Mag, 2004, 23(3): 42-55

[95] Malladi S, Min K J. Decision support models for the selection of Internet access technologies in rural communities[J]. Telematics and Informatics, 2005, 22 (3): 201-219

[96] 刘铁, 王九云. 发达国家战略性新兴产业的经验与启示[J]. 学术交流, 2011, (9): 109-113

[97] 朱瑞博. 中国战略性新兴产业培育及其政策取向[J]. 改革, 2010, (3): 19-28

[98] 万钢. 把握全球产业调整机遇培育和发展战略性新兴产业[J]. 求是, 2010, (1): 28-30

[99] 王忠宏, 石光. 发展战略性新兴产业推进产业结构调整[J]. 中国发展观察, 2010, (1): 12-14

[100] 陈悦, 刘则渊, 陈劲, 等. 科学知识图谱的兴起[J]. 科学学研究, 2008, 26(3): 449-460

[101] 侯剑华, 陈悦, 王贤文. 组织行为领域前沿演进的信息可视化分析[J]. 情报学报, 2009, 28(3): 422-430

[102] Chen C. Searching for intellectual turning points: progressive knowledge domain visualization[J]. Proceedings of the National Academy of Sciences of the United States of America, 2004, 101: 5303-5310

[103] Chen C. CiteSpace II: detecting and visualizing emerging trends and transient patterns in scientific literature[J]. Journal of the American Society for Information Science and Technology, 2006, (57): 359 - 377

[104] Chen C, Ibekwe-SanJuan F, Hou J. The structure and dynamics of co-citation clusters: a multiple-perspective co-citation analysis[J]. Journal of the American Society for Information Science and Technology, 2010, 61(7): 1386-1409

[105] 钟清流. 战略性新兴产业发展思路探析[J]. 中国科技论坛, 2010, (11): 41-45

[106] 王利政. 我国战略性新兴产业发展模式分析[J]. 中国科技论坛, 2011, (1): 12-15, 24

第二篇　战略性新兴技术的理论研究

（理论篇）

4 战略性新兴技术的创生模式

科学和技术都具有知识的本质属性，产业是科学和技术发展的经济维度，是科学和技术推动社会生产和进步的主要载体。通过知识内核的流动和创新将科学—技术—产业三者更为密切地联系起来，战略性新兴技术就是在三者的互动联系中创生和演化的，形成了基于知识流动的战略性新兴技术的创生机制。

当代科学研究的重要特征体现出了基础科学与技术进步之间在对自然界和客观规律的认识方面存在着密切的相互关系。这种现象尤其体现在对当今社会发展起到重要作用的高科技领域，如新能源技术、信息技术和生物医学技术等战略性新兴技术领域。正如 Meyer 所指出的"迫切需要明确基础科学研究与应用技术研究之间的关系"。而事实上，基础科学的研究活动也越来越需要与产业相关。基于科学的创新更应该成为未来创新的主体环节。随着科学技术发展的日益复杂化，科学—技术—产业之间的互动关联和作用越来越紧密，这为战略性新兴技术的创生提供了重要的知识基础和环境动因。

4.1 战略性新兴技术的创生机制

战略性新兴技术作为特殊的新兴技术，具有很强的实践性和导向性，是具体时代背景下的产物。战略性新兴技术的创生和发展既遵循一般技术发展的规律，又有其特殊的创生机制。科学的发现和技术的突破都是战略性新兴技术创生的关键节点。战略性新兴技术的创生是科学—技术—产业互动发展和共同作用的结果。其中，科学是知识创造和传播的主要来源，为战略性新兴技术的创生提供知识基础。技术的突破和创新为战略性新兴技术的创生提供直接的动力，产业化是战略性新兴技术创生的环境动因。科学和技术的本质都是知识，因此，从本质上看，知识的流动和创新过程是战略性新兴技术创生的直接动因。

4.1.1 知识流动视角下科学与技术的互动关系

知识流动 (knowledge flow) 主要是指知识从输出者向知识接受者的扩散、转移、吸收等一系列过程。Rodriguez-Elias 等在野中郁次郎关于知识创造理论的基础上，认为知识流动是由知识创造、知识外化、知识储存、知识转换与共享、知识内化、知识应用等环节组成。从知识流动的方式来看，知识流动一般可分为知识的线性流动和知识的网络流动两种。知识的线性流动是指知识直接从知识的创造者流向知识的接受者的过程。而知识的网络流动则既包括知识从造者到不同接受者的流动，又包括不同的知识造者和知识接受者之间的流动，甚至还包括知识从知识接受者反馈流向知识的创造者的过程，共同构成知识的网络流动过程。

科学知识的传承和技术的不断发展在本质上都是知识的积累和传递的过程。由于科学知识和技术知识在本质上的共同性，科学和技术的互动和转换关系实质也是知识流动和创新的过程。一方面，从知识载体的视角来看，科学文献是科学知识的主要载体之一，科学文献之间的引用过程本质上就是知识转移和流动的过程。对于承载技术知识的专利文献而言，其引用关系同样表征了技术知识的创新和流动过程。与此同时，专利文献的引用除专利文本之外，还包括对科学文献的引用，这种引用关系实现了科学知识向技术知识转移和流动的过程，是科学和技术互动关系的直接表现形式之一。科学和技术之间的知识互动是典型的知识网络流动过程，既有知识创造者到不同接受者的流动，也有二者之间的相互流动。另一方面，从知识流动的主体来看，可以分为三个层面的知识流动主体，即科学知识产出主体、技术知识创新主体和产业技术应用主体。这三个层面的知识主体在知识流动过程中既是知识的输出者、接受者，也是知识流动的中介。科学知识产出主体主要是知识的创造者和输出者，输出的对象既可以是技术主体，也可以是产业主体。技术知识创新主体既可以是知识的输出者，也是知识的接受者，同时扮演着知识流动中介的重要角色。产业技术应用主体主要是知识的接受者，同时也是知识流动的中介(图 4-1)。

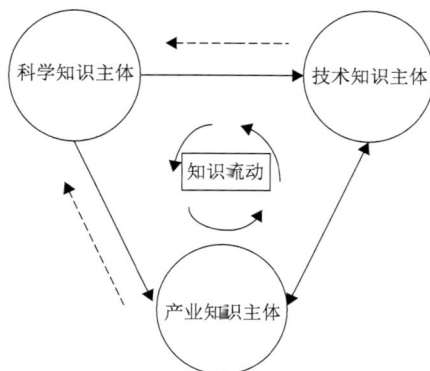

图 4-1　科学技术互动的知识主体间流动过程

4.1.2　战略性新兴技术的创生动力

技术思想家 W. 布莱恩·阿瑟(W. Brian Arthur)从技术的"黑箱"内部看技

术，深入地分析了技术的本质和技术创生演化的三个基本原理，即"一切技术都是组合而来的""组合的结构具有递归性""所有技术均建立在现象之上"，特别是解析了"技术的组合演化机制"和"技术的有机自创生"。布莱恩认为，任何新技术的出现都是源于已有技术，而技术的组合和集成是技术演化的主要驱动力。由此分析，新兴技术的创生同样应该遵循技术创生的上述三个基本原理，特别是"组合"与"递归"是新兴技术创生和技术体系形成的重要前提。

基于战略性新兴技术的特征分解，我们可以探寻其创生的一般机制。以知识流动和创造理论为基础，实现科学—技术—产业的互动，形成了新兴技术创生的主要联动机制。具体的战略性新兴技术的创生机制和原理可以由图 4-2 来表示。战略性新兴技术的创生机制中各环节之间是相互联系，互为条件，共同演化的。科学基础理论是战略性新兴技术创生的动力基础，介于基础科学和工程技术之间的技术科学是战略性新兴技术创生的直接理论源泉，特别是技术创新中的产品创新、设计创新和研发创新等环节是战略性新兴技术创生的直接动力，而科学和技术互动发展的产业环境是实现战略性新兴技术培育和发展的实践土壤。

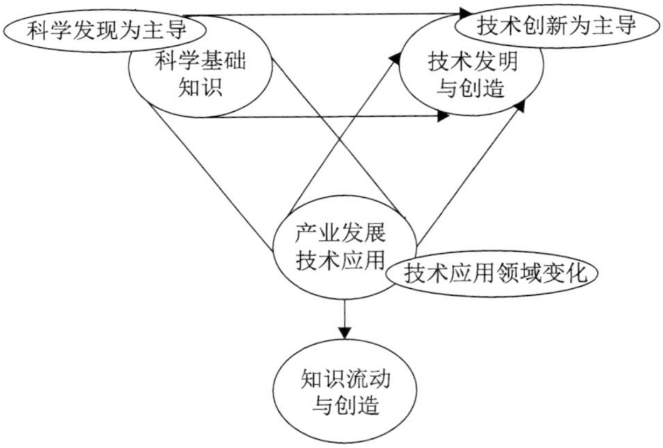

图 4-2　战略性新兴技术的联动创生机制示意图

(1)科学发现是战略性新兴技术创生的动力基础。基础科学是当代科学技术发展的动力源泉，其知识成果是衡量一个国家发展潜力和未来综合竞争力的重要标准，是科学技术进步与创新的前提条件。进入 21 世纪以来，技术创新对基础科学的依赖程度比以往更加提高，在很多领域，基础科学的发展与技术进步几乎是同步的。据统计，当代技术发展的革命性成果中，有 90%来源于基础科学研究和原发性创新。以科学发现为基础的科学基础理论的发展为技术进步的新兴趋势提供了重要的动力基础，主要表现在两个方面：一是基础科学理论通过技术进步和创新推动新兴技术的创生；二是基础科学理论直接催生新兴技术。随着社会科学和技术的不断进步，后者越来越成为新兴技术生成的主要模式。

（2）技术创新是战略性新兴技术创生的直接推动力。熊彼特定义的 5 种创新形式之一为"采用一种新的生产方法、新技术或新工艺"。这种技术创新的界定本身就包含了新兴技术创生的含义，也就是说，新兴技术的创生从某种意义上说就是技术创新的过程。技术创新的基础是技术知识系统的创新。与基础科学不同的是，技术知识生产的目的性很强，是在基础科学知识成果的基础上，经过系统的科学研究，为工程技术和应用技术等提供技术方面的基础理论，把研究和拓展新的技术领域，推动前沿高新技术领域作为主要目的，因此技术知识的创新为新兴技术的创生提供了直接的动力。

（3）产业化是战略性新兴技术创生的环境动因。产业化或者叫做市场化是一个动态的过程，是指某种产业在市场经济条件下，以行业需求为导向，以实现效益为目标，依靠专业服务和质量管理，形成的系列化和品牌化的经营方式和组织形式。一方面，新兴技术的创生和培育是指技术知识从新知识的产生到商业化的过程或者将基础科学和技术科学的研究成果应用于生产过程，以达到有目的地改造自然或生产特定产品的过程和手段，产业化为新兴技术的创生提供了重要的培育环境。另一方面，在产业化过程中，工程技术的应用实践会影响新兴技术在发展和演化过程中不断创造和研制新技术、新方法、新流程，创生更高级更前沿的新兴技术。

当前成为各个国家重要战略导向的纳米技术的创生即依托于科学—技术—产业的互动，得以引发新一代的技术革命。纳米技术是研究结构尺寸在 1 纳米至 100 纳米范围内材料的性质和应用的一种技术。它以许多现代科学技术为基础，是现代科学（混沌物理、量子力学、介观物理学、分子生物学）和现代技术（计算机技术、微电子和扫描隧道显微镜技术、核分析技术）结合的产物。纳米技术的初始灵感，来自已故物理学家理查德·费曼 1959 年所作的一次题为《在底部还有很大空间》的演讲。他认为"物理学的规律不排除一个原子一个原子地制造物品的可能性"，从科学理论上推测出纳米及物质的存在。在 1982 年科学家发明研究纳米的重要工具——扫描隧道显微镜的基础上，IBM 公司阿尔马登研究中心的科学家依托混沌物理、量子力学、介观物理学等科学的研究基础，在 1990 年成功地对单个原子进行了重排，取得了纳米技术一项关键突破。随后，各国科学家开始对纳米技术进行了广泛的研究与开发，实现了单电子移动单电子，发现了碳纳米管材料，研制出能够称量单个原子重量的秤，为纳米技术的广泛应用奠定了技术基础。在纳米技术产业化发展的过程中，IBM 作为纳米技术研究的先驱者，通过使用分子束外延生长技术，学会了制造极薄的特殊晶体薄膜的方法和技术，进而将这项纳米技术应用到了现代制造计算机硬盘、磁盘中。这不但解决了表层小且有优良电、磁、光的性能要求，还呈现出良好的润滑性、摩擦小、耐磨损、抗化学腐蚀、组织稳定和优良的性能，推动了计算机等产业的材料技术革命。在各产业发展环境的推动下，纳米技术在材料和制备、微电子和计算机技术、医学与健康、航天和航空、环境和能源、生物技术和农产品领域中均得到了良好的应用，推动了多个产业的技术革命。正是物理学理论发展的驱动、材料技术发明与创造的推动，以及产业发展的应用需求与环境支持共同推动了新兴纳米技术的形成和不断发展。

作为高技术与新兴技术的生物技术，是建立在发现脱氧核糖核酸双螺旋结构、人工合成核酸等生物科学一系列重大成就和分子生物学、分子遗传学、发育生物学、生物信息学、基因组学、蛋白质组学等新兴学科蓬勃崛起的基础之上。以基因技术为代表的生物技术，在 1970 年首个人工基因研制成功后不断取得新的突破。2000 年 6 月 26 日，科学家宣布完成了首个人类基因组草图。随后，伴随基因工程、组织工程、干细胞工程、基因芯片、基因治疗等新技术的诞生，生物医药的发展也出现了一场新的革命。生物医药作为一个产业在发达国家已呈规模性发展，自 20 世纪 90 年代以来，全球生物药品销售额以年均 30%的速度增长，这个速度大大高于医药行业年均不到 10%的增长速度。医药产业对于生物技术的广泛应用于支持保障了生物技术的创生与发展，在生物科学与技术成果的不断发展过程中，生物技术的产业化也日趋成熟。

4.2 战略性新兴技术的生成模式

战略性新兴技术的创生本质上是知识的流动和创新的过程。基于科学知识驱动的创新、技术突破的技术创新和基于产品的设计开发与应用的产业发展创新都是其创生的关键环节，都有可能成为战略性新兴技术创生的生长点和生长带，不同的"创生点"为战略性新兴技术提供了不同的生成模式。

4.2.1 科学发现主导的渐进式生成模式

科学发现主导的渐进式新兴技术生产模式主要是指通过科学基础理论的变革使新兴技术发明和生成的过程。科学发现通常指科学活动中对未知事物或规律的揭示，主要包括事实的发现和理论的提出。科学发现密切依赖于社会环境和技术的发展程度，科学和技术是一对辩证的统一体，二者既相互依存又相互转化，互为前提和基础。19 世纪以来，由于社会生产力的提高和经济制度的变迁，科学和技术之间的联系越来越密切，逐渐形成了以科学为先导的相互促进、共同发展的局面。

科学基础理论知识的创新通过应用研究可以直接转化成技术原理，为新兴技术的创生提供有价值的理论基础和方法论基础。这一基于科学发现的基础理论创新通常会引起新技术的发明或技术的革新，如历史上量子力学理论的研究预告了波尔的原子核模型和塞曼分裂现象，即原子核能够吸收电磁波而产生能级跃迁，从而直接产生核磁共振现象和技术。再如，从螺旋桨式飞机到喷气式飞机的转变，从卤化银(化学的)摄影到数字成像摄影的转变也都是应用了全新的知识基础产生的新兴技术。基于科学发现的基础理论知识的创新对技术发展的影响主要通过两个方面实现：一方面是新技术的发明和新产品的出现；另一方面可以是传统技术的革新或者技术变革。

4.2.2　技术突破主导的不连续性生成模式

技术突破主导的不连续性生成模式主要是指在科学基础理论未发生重大创新或未发生重大科学发现的基础上，主要由技术自身在发展演化过程中出现技术突破而引起的这主要包括两个方面的形成路径，一方面是已有技术自身发展的突破和创新形成一种新兴技术；另一方面可以是已有两种或多种技术的交叉融合，或者叫技术的移植形成一种新兴技术。前者如在微电子技术诞生和发展过程中具有一些里程碑式的发明，如晶体管技术，集成电路技术，集成电路平面工艺等都是在原有技术上实现技术突破的产物。而且晶体管技术和集成电路技术之间也是密切联系的一对技术，首先，1947 年晶体管技术的发明取代了传统的电子管技术，实现了重大的技术突破，并在军事和民用等领域得到了广泛的应用。1957 年，集成电路技术的出现，开创了微电子学领域研究的新纪元。后者如 20 世纪 80 年代发展的生物芯片技术，它融微电子、微机械、物理、化学及计算机技术于一体，是生物技术与其他科学和技术相互交叉和渗透的产物。

4.2.3　应用更新主导的融合性生成模式

应用更新主要是指以技术移植为主导的技术应用环境、对象等的改变。把一个技术领域的原理、方法或成果引入不同的应用环境、技术领域或相同技术领域(环境)的其他研究对象上，用以创造新的技术产物或改进原有技术产物。这种技术的应用更新通常以技术原理的相关性和功能的相通性为基础。例如，20 世纪 90 年代初起源于日本的"小灵通"技术(又称无线市话)在日本并不成功，却被中国电信(包括网通)成功引入中国市场，21 世纪初，不但市场呈现出爆炸式的增长，原有技术也进一步得到提升和创新。在这个例子中，应用领域的转变是该技术发展的首要原因，进入一个新领域不仅改变了选择标准(如低成本)，它还极大地改变了支持技术发展的可利用资源(特殊的客户群、运营商、设备提供商、政策)。新环境中特殊的选择标准和新资源催生补充性技术的发明，补充性技术的出现，又可使原有技术在新环境中快速成长[1]。这是将已有技术应用到一个新的领域并且创生新需求市场的典型案例。另一种是既有技术的变革又有新的应用领域或使用环境、新的标准、新的市场等，形成的融合性生成模式。

4.3 战略性新兴技术的产业化

产业化是新兴技术发展的必然趋势和结果。从检索的文献来看，当前部分学者对于新兴技术的产业化和商业化研究有不同看法。例如，王兴丽[2]认为，技术的商业化与技术产业化是技术生命周期的两个阶段，主要体现在产业化阶段的完成主体范围更广、风险更小、生产规模更大上；而杨壬飞等则认为二者无本质差异。战略性新兴技术作为具有战略意义的新兴技术，其创生到产业化的过程有其特殊性，在基础科学研究、技术发展不确定性、市场导向和政策保障等方面都应给予更多的关注。

4.3.1 战略性新兴技术产业化的系统动因

当前我国战略性新兴产业大部分处于发展的起步阶段，研究战略性新兴技术产业化的内在动因对于我国战略性新兴技术产业培育和发展具有重大意义。新兴技术从创生到产业化是一个系统化过程，我们将其定义为新兴技术产业化系统（emerging technology industrialization system，ETIS），它是指某个特定时空范围内的一个包含企业、政府、科研院所、金融机构及消费者、市场等主体的，以特定的新兴技术产业化发展为目标，通过资金流、技术流、物质流等联系在一起并相互作用的有机整体，是一个系统观点下的新兴技术产业化体系[3]。根据系统熵及其演化理论，战略性新兴技术产业化的根本动力在于企业、政府、科研院所、金融机构等主体间产生的熵流。在新兴技术的研发阶段，传统技术的熵产已接近临界值，以科研院所、高校等为主的新兴技术研发主体主要受到来自国家、新兴技术企业的资金流，加速其研发进程。在新兴技术的商品化阶段，企业和科研机构扮演主要角色，科研机构通过实验将新兴技术提高到商品化的水平，企业将之实际商业化运作。最后是新兴技术的产业化阶段，此时新兴技术系统内部区域结构稳定，形成了成熟的转化模式，新兴技术的应用前景被金融机构和消费者所重视，产业链逐步形成。

4.3.2 战略性新兴技术产业化潜力评估

新兴技术产业化潜力评估是新兴技术产业化研究的重要方面。一项新兴技术能否顺利实现产业化取决于诸多因素，从新兴技术的内涵和特征入手，探索对战略性新兴技术产业化起重要作用的因素是其产业化潜力评估的重中之重。新兴技术系统的显著特征是其技术、市场需求和竞争的不确定性和高收益性、系统内部的复杂性、创新性突出。

基于新兴技术的内涵、特征及对评价方法研究文献的分析，应用技术预见的思想和方法建立新兴技术产业化潜力评价指标体系，认为评价新兴技术产业化潜力需考虑以下五个准则：技术因素、市场因素、产业因素、符合性因素、效应因素。从技术因素上来说，新兴技术的研发并非是主要建立在原始知识的积累上，开创性是其一大特征，新兴技术一旦产业化将开拓一个新的领域，往往伴随传统技术的灭亡；市场是新兴技术的目的地，是检验新兴技术是否合格的龙门，任何新兴技术最后都要面临市场的挑剔，包括新兴技术是否能为顾客创造更高的价值、消费者对现有产品性能的满意程度等，这同时也与效应因素匹配，新兴技术的产业化要能提供超越现有产品或服务性能的新产品，进而提升市场的满意程度；在符合性因素发现新兴技术的产业化过程受到多种熵流的交互影响，其中以人文社会、环境、政策等因子对其产业化潜力起关键作用。相较而言，产业因素对于新兴技术的产业化影响不大，这也对应其技术因素中不依赖于传统知识的特点，新兴技术对现有产业基础的依赖性不大。在认识到新兴技术产业化的影响因素后，我们可以针对这些方面做出规划，提出战略性新兴技术产业化对策。

4.3.3　战略性新兴技术产业化对策

1. 重视基础科学研究，推动战略性新兴技术的理论创新

科学基础理论创新的目的是追求新发现、探索新规律、创立新学说、创造新方法、积累新知识。基础理论创新是技术创新的基础，是新技术和新发明的源泉[1]。关注以科学发现为主导的科学基础理论创新是新兴技术创生的重要环节。Pavitt在分析科学基础对技术进步的重要性时指出，"基础研究越来越重要不仅是因为它是技术进步的直接来源，而且它是对科技人员的一种很好的科学训练，可以提高其科研技能，同时科学成果也常会有很多意想不到的应用"[4]。重视以科学发现为主导的科学基础理论创新，应该关注对知识网络的洞察和确认，这些知识网络既是可以由科学期刊、专利信息、产业报告等文献信息构成，也可以是贸易会议、科学会议、继续学习等非正式的知识网络。企业组织更应该关注那些内外部环境中的"微弱信号"，这些往往更容易成为科学发现和新兴技术创生的"生长带"。

2. 分析技术演化规律，把握新兴技术发展的不确定性

我国目前科学技术资源发展有限，科学基础研究和技术开发应该坚持"有所为有所不为"的原则，选择恰当的技术作为突破口。分析和掌握技术生长周期和技术体系演化规律，是捕捉和识别新兴技术的关键步骤。重视产业发展中的关键技术和共性技术，作为产业技术基础的共性技术和基础技术的重大突破能改变专

有技术的范式,从而带动专有技术的飞跃,加快产业化进程[5]。战略性新兴技术往往是在传统产业部门出现收益递减、潜力已达极限,并严重影响产业利润的领域出现。它一方面具有相对成本迅速下降,在很长时期内能大量供应,能在众多的产业部门得到应用,且能带动其他相关产业快速发展等特点,但同时"不确定性"是战略性新兴技术的最大特征。因此,在企业选择战略性新兴技术时一定关注其在发展过程中的高度不确定性,对战略性新兴技术进行优化管理和合理开发,推动战略性新兴技术的产业化进程。

3. 以市场需求为导向,促进战略性新兴技术的产业化

市场主导下的战略性新兴产业发展路径主要是指在市场机制的驱动下,依靠市场内部各要素间的协同作用,实现资源在产业内部和产业之间的合理配置。培育战略性新兴技术向产业化发展必须明确市场的需求导向和定位,通过市场的供求、价值和竞争规律来引导科学研究和技术创新机制。同时,在微观层面企业应该密切关注竞争对手的技术发展信息,时事跟踪竞争情报,争取尽早在关键和产业核心技术方面取得突破和进展。以市场需求为导向是促进战略性新兴技术进行产业化的重要环节。与此同时,也要发挥政府的作用来弥补市场失灵,引导在发展初期脆弱的新兴产业,利用财税、金融等政策性工具引导社会资源合理流动,为战略性新兴产业的技术创新营造良好的环境。

4. 强化政策环境建设,为战略性新兴产业提供重要保障

大力培育和发展战略性新兴产业需要良好的政策环境的支持和保障,政策环境通常可以包括政府宏观的政策背景,地方和行业的中观层面的政策环境和企业组织的运营环境等方面。政府的宏观科技政策和经济发展政策是大力发展战略性新兴产业发展的重要前提,政府应该根据新兴技术商业化的不同阶段,结合本地区、本行业的实际情况,抓住不同阶段、不同时期的关键影响因素,有的放矢地制定相关政策和措施,通过政策引导、资源投入、组织协调、搭建平台等多种途径降低新兴技术向战略性新兴产业演化过程的不确定性,帮助企业提高新兴技术商业化的成功率[6]。

战略性新兴技术的创生是一个复杂的技术演化系统,是多个因素和环节相互联系,共同演化的结果。战略性新兴技术的生成模式也是在多重因素共同作用下的"主导"生成路径,具体的战略性新兴技术的生成都是多个要素和生成路径共同作用的结果,也是特定的技术环境中的产物。战略性新兴技术的创生是新兴技术产业化的前提和关键环节,对培育和发展战略性新兴产业具有重要的现实意义,进一步的研究工作主要是在战略性新兴技术的识别和战略性新兴产业发展过程中,对新兴技术及其技术体系的演化路径问题的讨论。

4.4 本 章 小 结

本章从战略性新兴技术的创生机制、战略性新兴技术的生成模式及战略性新兴技术的产业化三个方面,说明了战略性新兴技术的创生模式(科学发现主导的渐进式生成模式、应用更新主导的融合性生成模式)。

本章认为,知识的流动和创新过程是战略性新兴技术创生的直接动因;科学基础理论是战略性新兴技术创生的动力基础;技术科学是战略性新兴技术创生的直接理论源泉;技术创新中的产品创新、设计创新和研发创新等环节是战略性新兴技术创生的直接动力;而科学和技术互动发展的产业环境是实现战略性新兴技术培育和发展的实践土壤。

本章参考文献

[1] 侯剑华, 朱方伟. 战略性新兴技术的生成模式及其产业化启示[J]. 中国高校科技, 2014, 7: 88-90

[2] 王兴丽. 新兴技术商业化分阶段评价模型研究[D]. 北京: 清华大学硕士学位论文, 2004

[3] 程善宝. 新兴技术产业化的系统动力学研究[D]. 北京: 北京工业大学硕士学位论文, 2010

[4] 吴晓波, 郑素丽. 科学、技术的互动及其对经济发展的影响: 基于 panel data 的实证研究[J]. 科学学研究, 2005, 6: 740-745

[5] 眭纪刚. 科学与技术: 关系演进与政策涵义[J]. 科学学研究, 2009, 6: 801-807

[6] 方荣贵, 银路, 王敏. 新兴技术向战略性新兴产业演化中政府政策分析[J]. 技术经济, 2010, 12: 1-6

5 战略性新兴技术的开发与管理

战略性新兴技术的开发和管理问题是战略性新兴技术研究的基本问题，是战略性新兴技术从创生到产业化过程中管理者和决策者把控的重要问题。战略性新兴技术管理与新兴技术管理、技术管理、技术创新等概念属于同源不同质，因此，对于战略性新兴技术管理的基本问题研究主要包括宏观和微观层面的发展战略、组织结构、管理创新、人力资源等方面进行。本章重点介绍战略性新兴技术的开发策略、管理策略、反馈控制，以及技术标准与知识产权管理等。

5.1 战略性新兴技术开发策略

战略性新兴技术开发是一项复杂的系统工程，应遵循系统性、客观性、一致性、目的性和可持续性等开发原则。从分析战略性新兴技术的特征及其开发原则出发，对不同类别的战略性新兴技术的开发和组织策略进行研究，根据技术开发的创新度，将战略性新兴技术开发分为核心技术开发、辅助性技术开发和技术改造等类型，分别对应不同的开发主体。在此基础上，构建"管–学–研–产"一体化战略性新兴技术开发共同体模型，并提出有针对性的组织策略，以期为探索战略性新兴产业发展规律和管理研究提供一个新的视角。

5.1.1 战略性新兴技术开发的基本原则

战略性新兴技术开发是为满足特定的社会发展需求，以高技术和前沿技术产出为目标的研究和实践，是特殊的技术开发活动。因此，战略性新兴技术的开发原则应遵循科学和技术发展的一般规律，即符合一个国家或地区经济和社会发展的实际情况，又能保持生态和环境资源的可持续发展，目标明确、统筹规划，形成整体性的开发系统。具体而言，战略性新兴技术的开发应遵循以下基本原则。

(1)系统性原则。战略性新兴技术是以技术单元为基础的技术体系或系统，本身具有系统性特征。作为前沿技术和高技术，战略性新兴技术开发涉及多学科和专业领域，既包括多学科的科学知识基础，又要有多专业技术和工程领域的融合，战略性新兴技术的开发是一项复杂的系统工程。

(2)客观性原则。客观性原则具体指战略性新兴技术开发符合两个发展规律，即科学技术发展的一般规律和地区经济与社会发展的一般规律。作为由单元技术组成的技术体系，战略性新兴技术的开发要遵循科学知识流动和技术体系演化的路径演化规律。作为战略性新兴产业的先导和支撑，战略性新兴技术的开发又要遵循产业和经济社会发展的客观规律。

(3) 一致性原则。战略性新兴技术在遵循两个发展规律基础上，应该与区域发展的实际情况相一致。一方面，战略性新兴技术发展与地区经济和社会发展实际相一致，既能够满足区域经济和社会发展的需求，有力推动经济和社会发展进程，又要做到与区域生态和环境的协调发展。另一方面，技术开发和发展的前沿性不能与产业发展相脱节，成为一段时期的"闲置"技术，脱离经济和社会发展的实际。

(4) 目的性原则。战略性新兴技术的开发以产业化为目的，作为战略性新兴产业发展的先导和重要支撑，战略性新兴技术的开发要以推动战略性新兴产业的发展和提升为目标，带来更大的经济和社会利益，能够有力推动产业升级，促进地区经济和社会的全面发展。

(5) 可持续性原则。可持续性原则包括两个方面的含义，一是战略性新兴技术的发展成熟能够演化成战略性新兴产业发展的共性技术与关键技术，战略性新兴技术必须要有发展、提升和改进的潜力，能够成长为产业共性技术。二是战略性新兴技术开发要维持地区生态和环境资源的可持续发展。

5.1.2　战略性新兴技术开发的主要类型

广义的技术开发包括技术开发和技术改造两个方面，根据技术开发的创新度，将战略性新兴技术开发分成以下主要类型。

(1) 核心技术开发。核心技术开发也可以叫做原理独创型技术开发，是以科学原理和科学发现为主导，依据科学原理构思出新的技术原理，创造出全新的技术装置和工艺。核心技术开发强调单元技术的创新，其开发过程一般包括从技术单元到技术链、技术群、技术网络和技术体系的过程。

(2) 辅助性技术开发。辅助性技术开发主要是非核心技术和共性技术，但对战略性新兴产业发展具有重要影响，主要包括组合创新型技术开发和功能移植型技术开发等类型。组合创新型技术开发将依据不同原理的现有技术重新组合为全新的技术装置和工艺。功能移植型技术开发按现有成熟技术在不同条件下的不同功能作用，将它从一个领域移植到另一个领域形成具有新功能的新技术[1]。

(3) 技术改造。技术改造是在原有技术主体基本原理不变的条件下，对其缺陷部分加以改进，使该技术结构和功能更为完善。战略性新兴技术的不同开发类型对应着不同的开发主体，即"研 (科研院所)""学 (高等学校)""产 (企业)""管 (政府等公共管理部门)"等 (图 5-1)。战略性新兴技术体系的复杂性决定了其技术开发需要广泛的专业能力和多元化的创新资源。然而任何一个独立的开发主体都无法从内部获取战略性新兴技术开发所需的全部资源，战略性新兴技术的开发不是孤立的进行的，它需要多元主体的协同配合，共同完成。不同的技术开发主体各尽其能，形成"管–学–研–产"一体化战略性新兴技术开发共同体。

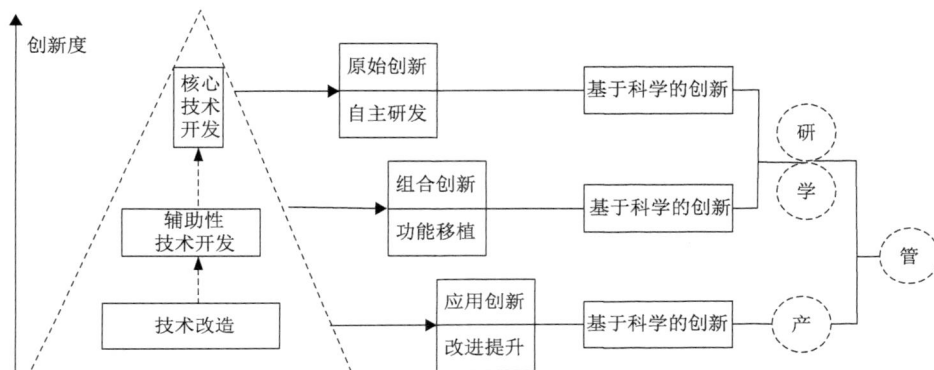

图 5-1　战略性新兴技术开发类型分类与开发主体对应关系图

5.1.3　战略性新兴技术开发的系统模型

战略性新兴技术开发不是企业或科研院所独立的研发行为，而是一项复杂的系统工程。应形成以市场经济运行规律为导向，战略性新兴产业发展为牵引，政府部门的服务管理协调为保障的一体化战略性新兴技术开发系统(图 5-2)。"管–学–研–产"一体化技术开发共同体不仅能规避技术研发风险，并能迅速扩大组织的整体知识存量和创新能力，提升共同体的核心竞争力[2]。

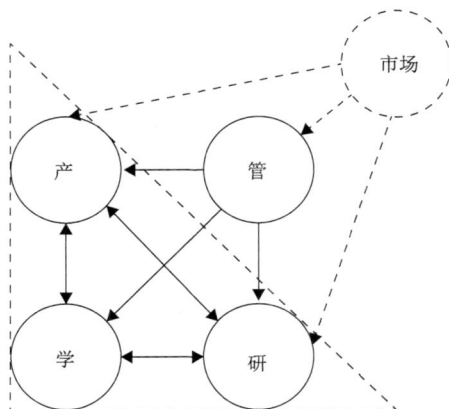

图 5-2　战略性新兴技术开发系统模型

实施以市场经济运行规律为导向的技术开发战略，既要认清地区经济和社会发展的实际，又要密切关注和紧跟国际技术市场和相关产业发展动态，增强自主创新和源头创新的能力。

(1)管。政府服务管理与协调是战略性新兴技术开发共同体组建和运转的纽带和保障。从技术开发的系统模型来看，政府部门遵循市场经济运行和发展的规律，其作用辐射和影响包括"产、研、学"等共同体的各个环节。政府在开发共同体中不仅提供法律、政策(科学技术政策、技术发展战略、金融政策、税收政策等)等制度支持，同时为共同体的组织、服务、协调等提供基础保障。

(2)产。战略性新兴产业是战略性新兴技术开发和发展的牵动和导向。在技术开发的系统模型中，产业与"学、研"均为双向箭头影响。战略性新兴产业的发展为"学、研"提供实践中的技术需求，是出技术科研和实验的选题方向。反过来，"学、研"为产业发展提供直接的技术来源和基础。而产业的发展又直接受到市场经济运行的影响，同时也推动市场的发展。

(3)研。科研机构是战略性新兴技术的主要创新源泉和科学创新驱动的主阵地。根据战略性新兴技术开发划分的主要类型，科研机构是核心技术开发的主要基地和创新的重要来源。特别是应该提升科研机构基于科学的创新能力，提高科研成果向生产力的转换效率。与此同时，科研机构应注重与战略性新兴产业的联合，发挥其在开发共同体中的"知识源头"作用。

(4)学。高校平台是战略性新兴技术开发的核心和人才基地。在系统模型中，高等院校与"管、产、研"均有互动影响，处于开发共同体的核心位置。高等院校作为技术开发共同体中的另一个重要源头，除不断加强科学和技术创新能力以外，应当充分发挥其在开发共同体中的特殊作用。一是发挥学科知识领域交叉融合的作用，构建战略性新兴技术开发大平台，培育大成果。二是充分发挥其提供人才培养和智力资源的重要作用，高校为战略性新兴技术的开发培养领军人物和创新人才。

5.1.4　战略性新兴技术开发的组织策略

战略性新兴技术开发涉及的环节较多，过程复杂，投入资源较大，需要精心谋划组织，合理规划，通过科学的组织管理与实施，实现战略性新兴技术开发的整体目标。

(1)技术开发的资源配置策略。有效的创新资源是战略性新兴技术开发所需的物质基础，它包括生产力的各种要素，其中最主要的资源包括科学技术资源、智力资源(人才和知识资源)、资金和信息等。只有通过合理的组织和配置才能使这些资源达到最优的结合，才可能发挥资源的最大效用。技术开发共同体应集中力量，在统一的技术战略目标下，有机结合为一个"资源共享，优势互补"的系统。

由于资源作用的差异性，共同体中的技术开发主体在资源配置中关注的重点有所不同，在战略性新兴技术开发过程中，不同主体在资金、时间、人力等资源方面既有共享又有竞争的关系，有效资源配置的合理与否直接关系着战略性新兴技术开发的成败。因此，根据技术开发主体的角色和作用，对创新资源进行分层次有效配置和流通是提升资源利用效率的重要手段[3]。此外，合理选择有效资源，降低资源成本、提升资源使用的规模效应等也是优化资源配置，确保战略性新兴技术开发的顺利实施，提高技术开发共同体适应外部环境变化能力的有效途径。

(2) 技术开发方式选择的策略。对于战略性新兴技术的开发方式而言，不同的技术开发环节依据各自的特征具有相应的方法和手段。从技术开发共同体运行的整体上来看，应注重基于科学的创新与基于技术的创新驱动并重的策略，特别是应该高度重视基于科学的基础创新在战略性新兴技术开发过程中的重要性。在技术开发的研究方法选择上，应重视"反求工程"的重要性。引进技术需要通过技术的消化、吸收、改进和创新的过程牢固地掌握先进技术，增强自主开发技术的能力。反求工程是一种对引进技术的吸收和创新过程，它是技术引进的继续和深化，是技术的二次开发过程。反求工程不仅可以使引进技术与产品符合国情，了解技术的先进性，满足社会与企业需要，还可以提高引进技术的消化吸收、自主开发创新的能力，进而开发具有自主知识产权的产品与技术。

(3) 技术开发的组织形式策略。战略性新兴技术开发的组织实施应聚集精锐，组建若干个战略性新兴技术"管–学–研–产"开发共同体。以市场为战略导向，产业为牵引，建立"项目驱动型"技术开发组织模式。项目驱动型组织是 21 世纪初期以来，国际上项目管理和组织理论等领域提出的一个新的研究方向，其概念最早是由 Gareis 和 Turner 于 1999 年提出的[4, 5]。Garies 等认为，项目驱动型组织可以简单地定义为通过项目来创造价值，实现其战略目标的组织。这类组织将通过项目进行管理作为组织战略，大量应用临时性组织来完成业务流程，管理不同类型的项目。战略性新兴技术开发共同体选择项目驱动型组织模式可以使组织的专业化程度更高，组织结构更趋于扁平化，并且在组织中，既有临时性的项目小组来完成项目任务，又有永久性的管理部门来进行功能管理，大大提高了组织和管理的灵活性。项目驱动型组织的文化是一种学习型组织、创新型组织与合作型组织的文化，更易形成自由、民主的创新氛围。

综上所述，战略性新兴技术的开发及其技术体系的演化是关系我国战略性新兴产业发展成败的关键环节，根据技术创新度划分的战略性新兴技术开发类型对应不同的技术开发主体，构建"管–学–研–产"一体化战略性新兴技术开发模型，从技术开发的资源配置、开发方式选择和组织方式等方面有针对性地提出战略性新兴技术开发的组织策略。这对提升我国战略性新兴技术的自主创新度及其产业化都具有重要的现实意义。

此外，由于多个利益主体的介入，国家重大科技计划主导下的技术开发共同体的创建、组织、协调、运行，乃至成果的产生和收益的分配，在战略性新兴技术开发及其产业化的全过程都会充满矛盾与挑战，其管理实践和管理行为变得十分复杂与困难[6]。这其中既有技术开发共同体管理中的共性问题，如知识管理、学习型组织、合作绩效等，也有中国作为一个发展中的社会主义国家，在社会主义初级阶段所面临的特殊困惑。很多实践中的问题都迫切需要从理论研究和实证分析的角度提出科学的管理思想、管理理念和管理方法。

5.2　战略性新兴技术管理策略

美国在经历了 20 世纪 80 年代持续而持久的技术创新后，在新兴产业方面获得了巨大的战略优势，进而有力地推动了美国产业结构调整和经济社会发展。在战略性新兴技术调整的带动下，美国率先建立了以技术和知识为平台的战略结构，从而带来了美国 20 世纪 90 年代经济的连续增长。20 世纪 90 年代以来，国际学术界兴起了对战略性新兴技术管理的研究，我国也在这个新兴领域开展了一系列的研究探索。战略性新兴技术管理正逐渐成为区别于传统管理思维的一个新方向，在技术更新迅速，新兴科技层出不穷的今天，对战略性新兴技术的高效管理，成为政府和企业发展高新技术，引领时代进步的关键。

5.2.1　战略性新兴技术的 SWOT 分析

SWOT 分析法是企业竞争情报分析工作中基础、简明和有效的分析方法之一。这一方法于 1917 年由哈佛大学的 K. J 安德鲁斯教授在《公司战略概念》中被首次提出。SWOT 分析法又称态势分析法或优劣势分析法，是通过分析企业自身的竞争优势、竞争劣势、机会和威胁，从而迅速了解竞争态势，以指导企业的战略判断。SWOT 分析法不仅被应用于企业竞争情报分析工作中，在政府决策部门开展的，对某个地区或者某个行业的竞争情报分析工作，以及制定宏观和具体竞争发展策略上也展现出了积极的分析效果。SWOT 分析法在竞争情报分析领域发挥着不可或缺的作用。

SWOT 分析法是竞争优势 (stength)、竞争劣势 (weakness)、外部机会 (opportunity) 和外部威胁 (threat) 的缩写，是面向企业内部资源中的人力、物力和科技创新能力状况，以及外部的政治经济环境和实在或潜在竞争者，针对企业内外部环境进行分析，从而指导企业做出最合适且具有可行性的战略方针。SWOT 分析矩阵如表 5-1 所示。

表 5-1 SWOT 分析矩阵图

内部 外部	S—优势	W—劣势
O—机会	SO 战略：发挥优势，抓住机会	WO 战略：克服劣势，抓住机会
T—威胁	ST 战略：发挥优势，规避威胁	WT 战略：克服劣势，规避威胁

战略性新兴技术所面临的内部优势和劣势，以及外部所面临的机会和威胁，会对国家和企业制定战略性新兴技术的管理计划产生指导或制约的作用。因此，全面分析和充分了解战略性新兴技术所面临的内外部环境就显得尤为重要。具体来说，对战略性新兴技术的 SWOT 分析分为以下四个方面。

(1)优势，是源自内部的、竞争者所不具备的资源。例如，充足的资金来源、良好的人员素质、高效的科研能力，以及企业形象、成本优势、核心竞争力等。

(2)劣势，是源自内部的、相较于竞争者或外界需要的薄弱环节。例如，人才匮乏、管理混乱、科研能力落后等。劣势经过一定方式的转化，可以成为对企业和国家有利的因素。

(3)机会，是外界环境赋予的、预期给企业或国家带来利益流入的外界因素。例如，新兴技术所开拓的新兴市场、新市场所带来的新需求和新业务、市场中竞争者较少、准入门槛高等。

(4)威胁，是来自外部环境的、会给企业带来束缚和损失的不利因素。例如，竞争者的大量进入、替代品的出现、市场逐渐趋于饱和等。

对以上四种影响因素，国家或企业通常采用以下四种战略措施。

(1)SO 战略：内外部均占有优势，可以最大限度地发挥内部优势，利用外部机会。

(2)WO 战略：可以制定合适的战略，用外部机会来弥补内部劣势，以扭转内部劣势制约对外部机会运用的局面。

(3)ST 战略：此战略旨在通过发挥企业或国家的内部优势，来克服和规避外部威胁，从而将可能地降低外部环境带来的束缚效应。

(4)WT 战略：在企业或国家在内外部均处于不利地位，内忧外患之时，需要同时克服自身劣势和规避外部威胁，从而维持自身生存。

进行 SWOT 分析的主要目的，是帮助政策决策者充分利用内部优势和外部机遇，减少或规避来自外部的威胁，同时弥补和改正内部的劣势，从而制订出最合适的战略方案。

战略性新兴技术出具备新兴技术发展的特点以外，还具有以下特征。首先，战略性新兴技术是在不断发展的新兴技术，它一定在某一领域有突破性的发展和变革，会冲击原有产业的生存和发展，同时其自身也在不断地发展和完善；其次，当前市场正在经历技术变革，很多新兴需求迫使原有产品进化，战略性新兴技术应该能弥补原有产品的局限，满足不断变化的需求；最后，战略性新兴技术的不断发展，会催生大量全新的市场和需求，新市场和新顾客群也会不断形成，从而影响现有产业模式。

考虑到战略性新兴技术的特殊性，研究采用如下方法：①研究战略性新兴技术及其管理的理论基础和概念特征，总结分析其内部优势和劣势；②搜集资料，研究战略性新兴技术所处的外部环境，以及其竞争者的特征，总结分析其来自外部的各项机会和威胁；③立足于以上分析，分析战略性新兴技术的内外部环境特征，制作 SWOT 矩阵表；④根据 SWOT 矩阵表中的内容，制订相对应的四种战略方案。

根据上述研究方法并结合战略性新兴技术自身特征，对战略性新兴技术所进行的 SWOT 分析结果如下。

(1) 内部环境优势因素。第一，战略性新兴技术通常带来市场的革新，满足技术使用者的新兴需求，因此战略性新兴技术的出现通常会带来消费者边际效用的一次飞跃，并且消费者对新兴技术带来的新体验的需求越大，所能接受的与旧产品之间的价差就越大[3]。第二，在战略性新兴技术中，先发企业可以获得"赢者通吃"的优势，与传统行业不同，后发企业往往不能获得"后发优势"，反而将面临"后发劣势"，这使得战略性新兴技术的发起方拥有更稳固的顾客群体和更不易下降的市场占有率。第三，战略性新兴技术使资源利用率提高，降低生产成本从而提高技术应用的利润率，同时减少其向外界的掠夺和排放，带来负外部性的减少，甚至带来正外部性。第四，战略性新兴技术相比传统行业具备更强的科研能力，乐于为研发投入更多的资金，因其技术的先进性与前沿性，其在人力资源方面的优势越发明显，高素质人才所占比例明显高于传统行业。

(2) 内部环境劣势因素。第一，战略性新兴技术的创新通常具有不连续性，使得部分技术难以形成技术链条，从而投入实际应用存在障碍。第二，战略性新兴技术存在技术的不确定性和管理的不确定性，对于一项新兴技术来说，它的研发时间、研发结果和商业化程度都是未知的，并且传统的管理思路对新兴产业的管理往往不再适用，战略性新兴技术的管理面临着混乱化、无序化的问题。同时，其不确定性也使传统管理思维下的技术静态评估工具不再适用，需要开发新的技术评估方法。第三，战略性新兴技术往往在学科边缘地带，即交叉学科处展开，需要来自各个学科的基础型人才的参与，很多企业往往缺少这种能力，即使有这方面的人才，也缺乏科学有效的管理体制，使得研究往往缺乏效率。第四，战略性新兴技术对于资金投入的要求更高，其先期发展阶段需要持续的资金投入，巨额的资金投入势必影响投资主体的投资热情，且这一投入阶段的时间长短无法确定。

(3)外部环境的机会因素。第一，市场中存在需求未被满足的消费者，这些需求急需某种技术或服务来加以满足，企业或国家只要发现并抓住这些新兴需求，就可以获得一定的市场份额。第二，一项新兴技术的出现所带来的产品属性的改进，通常可以满足市场中一个客户群的需求，即改进型新兴技术的市场呈团簇性[4]，在团簇性市场之中，技术障碍的排除，新技术的完善和产品特征组合开发，会使得团簇市场中的技术使用者被发展为新客户，也能将没有技术突破的竞争者排斥在市场之外。而战略性新兴技术的发展可以凭借自身的技术创新特性促进技术障碍的排除，进而满足消费者需求获得认可。第三，一部分新兴产业的面世，会带来爆发性的市场[4]，虽然这种局面并不是必然发生，但随着社会技术进步的逐渐加快，市场对新兴技术的接受程度正在逐步提高。第四，战略性新兴技术已获得国家层面的重点支持，国家从财政、金融、产业政策方面对于战略性新兴技术的支持是传统产业所无法比拟的，政策的支持势必引导更多的投资者、创业者参与其中。

(4)外部环境的威胁因素。第一，战略性新兴技术面对的消费者群体不明确，因为技术的不确定性，消费者通常没有明确的需求，即使存在需求，也因为新兴技术实际应用的不确定性而无法肯定其不会改变，所以识别和评估潜在市场存在一定难度。第二，新兴技术向市场的投放不一定会立刻带来明显的变化，并且其明显变化的产生时间具有不确定性。第三，战略性新兴技术的出现会造成原有产业体系的排斥，消费者对新技术的接受程度不一，也使得新兴技术的市场开拓能力具有很强的不确定性。

根据以上分析结果，构建 SWOT 矩阵如表 5-2 所示。

表 5-2　战略性新兴技术的 SWOT 矩阵表

内部 外部	S-优势： (1)消费者边际效用存在飞跃 (2)赢者通吃优势 (3)资源利用率高 (4)高素质人才聚集	W-劣势： (1)创新的不连续性 (2)技术和管理的不确定性 (3)边缘学科缺乏人才和管理
O-机会： (1)市场由潜在需求 (2)改进型新兴技术的市场呈团簇性 (3)市场具有爆发性 (4)系统性的政策支持	SO 战略： (1)抓住潜在需求，快速占领新兴技术产品形成的市场 (2)扩大市场份额，提高技术准入门槛，阻止竞争者进入 (3)建立市场需求分析岗位，发掘现有需求激励技术创新	WO 战略： (1)大量调研，发掘消费者需求，做有针对方向的创新研究 (2)扩大宣传，提高技术产品知名度 (3)吸引人才流入，完善新兴技术管理模式
T-威胁： (1)消费群体的需求不明确 (2)市场投放的效果不确定 (3)原有产业体系的排斥	ST 战略： (1)实施快速渗透战略，扩大宣传力度，吸引消费者 (2)跟踪调查产品投放后的市场反应，及时调整研究方向 (3)建立专门机构分析竞争者行为，及时调整战略	WT 战略： (1)从传统科学技术领域中吸引基础学科人才，提高人才保有量 (2)建立新的技术竞争与进步机制

5.2.2　宏观层面的战略性新兴技术管理

国家政府部门是战略性新兴技术组织实施和管理的主体，在战略性新兴技术管理过程中应该发挥重要作用。产业和经济的发展离不开政府的支持和引导，在当今国际形势下，发展新兴产业是一个国家推动经济发展的重要举措，尤其是战略性新兴产业的发展更为至关重要，积极发展新兴产业和战略性新兴技术，进而促进国家调整产业结构，推动经济发展水平和综合国力的提升。

发展新兴技术已经成为各国推动科技进步、生产力发展、经济发展模式转型和国际竞争力提升的必由之路。2008 年的金融危机，使各国受到了不同程度的影响，这让发达国家重新认识了实体经济与虚拟经济、传统制造业与现代化服务业的关系，提出了再工业化的政策主张，致力于在新能源开发及利用、环境保护、新一代电子信息技术、生物工程与生命科学等新兴技术和新兴产业中巩固和增强竞争优势、提高竞争实力，力图抢占未来经济发展的制高点，以保持在全球新兴产业中的领先地位。同时，发展中国家要想在国际经济发展的大潮中占据一席之地，就必须依靠创新驱动，加大自主研发力度，大力发展新兴技术并最终形成战略性新兴产业。

发展战略性新兴技术是我国调整产业结构、推动产业结构升级的重要途径。自改革开放以来，我国生产能力和产品产量迅速提高和增长，已经成为工业生产特别是制造业大国，然而并不是工业强国。单靠中低端生产产量取胜，不仅耗费了大量的资源，破坏生态环境，不利于可持续发展，并且无法在新一轮的国际经济竞争中立于不败之地。寻找新的经济增长点成为当前各国发展经济亟待解决的重大问题。我国现阶段的经济发展出现了很多制约因素：资源环境的约束加强，出现资源短缺甚至枯竭现象，劳动力总量很大但不能适应高新技术的发展，劳动力成本上升等。我国的产业类型仍以劳动密集型和资源密集型产业为主，高新技术产业大多处于发展初期阶段，国际竞争力不强。为解决我国经济发展中的矛盾、提高我国产业在国际产业分工体系中的地位、增强新兴产业的竞争力和影响力、引领产业升级的新增长点，必须重视发展战略性新兴产业。

以战略性新兴技术为基础发展战略性新兴产业可以提高国家的技术实力，节约资源，提高资源利用率，促进经济的健康发展。一方面，它可以促进国内生产总值（gross domestic product，GDP）增长，增强国家经济实力，极大地拉动其他相关产业的发展。同时，可以帮助破解产业链低的难题，摆脱低端产业的束缚，从传统的粗放经济向集约型经济转变，在一定程度上缓解就业压力。我国每年有众多高校毕业生，其中不乏高新技术人才，发展战略性新兴产业能够促进就业。高新技术产业多是资源用量少的产业。发展高新技术产业，可以节约资源，促进经济社会的可持续发展。另一方面，战略性新兴产业是以重大技术突破和重大发展需求为基础，对经济社会全局和长远发展具有重大引领带动作用，是知识技术密集、物质资源消耗少、成长潜力大、综合效益好的产业。它是能引导未来经济社会发展的重要力量，以创新为主，辐射带动力强，加快培育和发展战略性新兴产业，有利于加快经济发展方式的转变，提升产业层次、从以传统粗放的制造业为主到以现代的服务业为主转变，有利于推动传统产业升级和高起点现代产业体系的建设，对于全面建成小康社会具有十分重要的战略意义。

从管理的职能来看，计划具有两重含义：其一是计划工作，指根据对组织外部环境与内部条件的分析，提出在未来一定时期内要达到的组织目标和实现目标的方案途径；其二是计划形式，指用文字和指标等形式所表述的组织及组织内不同部门和不同成员，在未来一定时期内关于行动方向、内容和方式安排的管理事件。组织是以目的为导向的社会实体，它具有特定结构化的活动系统。组织就是在一定的环境中，为实现某种共同的目标，按照一定的结构形式、活动规律结合起来的，具有特定功能的开放系统。领导职能是整个管理活动得以展开的手段，都需要管理者发挥领导艺术，只有这样才能发挥组织的作用，才能将计划贯彻，才有可能实现既定的计划和组织目标。控制是根据组织的计划和事先规定的标准，监督检查各项活动及其结果，并根据偏差或调整行动或调整计划，使计划和实际相吻合，保证目标实现。

(1)计划职能是对管理进行预先筹划和安排的一项活动。对于战略新兴技术，国家要预先筹划和安排，制定发展战略。2012年7月9日，国务院以国发〔2012〕28号印发《"十二五"国家战略性新兴产业发展规划》。该规划分为背景，指导思想、基本原则和发展目标，重点发展方向和主要任务，重大工程，政策措施，组织实施六个部分。重点发展方向和主要任务是：节能环保产业，新一代信息技术产业，生物产业，高端装备制造产业，新能源产业，新材料产业，新能源汽车产业。与此同时，各地方政府也纷纷围绕国家战略规划，结合各地实际情况，制订省、市级的战略性新兴产业发展规划，这从宏观上对我国战略性新兴技术的发展和规划给出了明确的定位和引导。

计划职能的特点是预先性、预测性、评价性、选择性和调整性。国家预见性做出了统筹规划，有选择性地进行了新兴产业的培育和发展，遴选出适合我国国情的战略性新兴技术产业。一切从实际出发，以时间、地点、条件为转移。2009年年底，战略性新兴产业领域确定工作刚刚启动之际，确定的领域包括"新能源、节能环保、电动汽车、新材料、新医药、生物育种和信息产业"七大产业。与现在的七个方向比起来，有一定的变化："高端装备制造业"替换了"新医药"；将"生物育种"扩展为"生物产业"；"新能源汽车"包含了原来的"电动汽车"，在其中扩展了"插电式混合动力汽车"这一项新的技术。从2010年年初开始，《国务院关于加快培育战略性新兴产业的决定》的文件开始在多个部委及地方发改委等相关部门广泛向公众征求意见，这显示了国家在制订战略性新兴技术和产业规划时，合理规划，统筹推进，有科学性和创新性。

（2）组织是以目的为导向的社会实体，它具有特定结构化的活动系统。组织就是在一定的环境中，为实现某种共同的目标，按照一定的结构形式、活动规律结合起来的，具有特定功能的开放系统。因此，国家要加强对新兴技术产业的组织，要对其内部组织形式、外部的机遇与挑战进行系统的分析和统筹。坚持整体推进与重点领域的跨越发展相结合，要分区域培育和发展战略新兴技术，对于东部经济技术发达地区，要加大投资力度，加快建设进度；对于中西部欠发达地区，要适当减缓速度。加快产业转移，把东部的技术转移到西部有条件的地区，以东部带动中西部，从而实现整体发展。要对战略性新兴技术发展进行统筹规划、系统布局，明确发展时间顺序，促进各地区和各产业之间的协调发展。同时，要选择最有基础的领域和地区作为突破口，重点推进。大力培育产业集群，促进优势区域率先发展，带动后发区域。

（3）加强国家的领导，领导职能是整个管理活动得以开展的手段，任何管理实践都需要管理者发挥领导艺术，只有这样才能发挥组织的作用，才能将计划贯彻，才有可能实现既定的计划和组织目标。因此，要发挥政府部门的作用，坚持科技创新与实现产业化相结合。切实完善新兴技术的体制机制，发展科学技术，大力提升自主创新能力，要注重国际合作与交流，加强与其他国家经济、技术、文化、外交等各方面的交流，积极参与国际分工合作，加强高新技术的引进消化吸收再创新，充分利用全球创新资源。同时，要加大政策支持和投资力度、协调指导力度，造就促进高素质人才队伍的建设，并充分发挥人才的作用，坚持"人才兴国"战略，加速转化技术创新成果，推进产业化的进程。

（4）控制就是要证实各项工作是否已经与计划相符，其目的在于指出工作中的缺点和错误，以便纠正并避免。控制包括确立控制目标、衡量实际业绩、进行差异分析、采取纠偏措施等。它也是管理活动中的一个不可忽视的职能。

战略性新兴产业主要包括新能源产业、可再生能源技术、节能减排技术、清洁煤技术及核能技术、新能源汽车；传感网、物联网、信息网络产业；微电子和光电子材料和器件、新型功能材料、高性能结构材料、纳米技术和材料；由生命科学推动的农业和医药产业发，如新药物研发和先进医疗设备制造；空间、海洋和地球深部探索技术等。国家在促进战略性新兴产业发展时要充分利用控制理论，对战略性新兴技术的发展进行控制，使战略性新兴技术的发展更好地发挥推动和支撑产业发展的作用。

要把提高国民经济长远竞争力与促进当前发展相结合。战略新兴技术的发展要立足当前，在推进战略性新兴产业发展的同时兼顾当前局势，推动高技术产业健康发展，另外发展要更注重协调，带动传统产业的转型升级，加快形成国民经济的支柱产业。要着眼长远，把握高新科技和新兴产业发展的新方向，促进产业转型，提高公众对战略性新兴产业的认识，鼓励创新，加强对人才的培养，坚持"科教兴国"战略，培养出更多的创新型人才以适应当代社会发展的需要。政府应当发挥引导作用，战略新兴技术产业的发展与国家的其他相关战略结合起来，从而促进国民经济的长远、协调发展。

5.2.3　微观层面的战略性新兴技术管理

微观层面的战略性新兴技术管理是指企业层面对战略性新兴技术相关的组织、战略、人力资源等方面的管理策略，主要包括组织结构管理、企业战略管理、人力资源管理、企业社会责任等方面。

1. 组织结构管理

组织是在一个重要的过程中，管理者安排、设计工作任务来实现组织目标。组织的目的是把需要完成的工作分配给具体的个人或者部门，相应的任务和职责分配也随之分配给各个工作岗位，通过协调工作任务，确定个人、群体和部门之间的关系来建立正式的职权链，使组织资源充分分配及调度。随着战略性新兴技术的发展，传统的企业组织形式已经不能满足其新的要求，这就要求我们发展新型组织，寻求最佳组织形式。当今越来越动态和复杂的外部环境，战略性新兴技术所具有的高度不确定性及技术本身的快速进步，使组织结构需要变得更加"有机化"。战略性新兴技术需要有机式组织所具备的灵活性和信息自由流动性。因此，有机式组织设计结构，如团队结构、矩阵–项目结构、学习型组织结构和无边界结构，更加适合构建和开展工作。

团队结构是整个组织由工作小组或团队构成的组织结构，员工参与、员工授权的程度更高，它没有清晰的指挥链，组织内壁垒和障碍更少。在发展战略性新兴技术的过程中，运用团队结构可以使团队成员用他们认为最有效的方法来设计并从事工作，这些团队也为自己的工作绩效承担责任。通过工作协作，改善人员之间的沟通和交流，使团队获得更多的创新成果，提高组织解决复杂问题的能力。

无边界结构是指一种不受各种预先设定的横向、纵向或外部边界所定义或限制的一种结构，它拥有极高的灵活性和快速应对能力，能有效利用人才。这种结构包括虚拟组织和网络组织等形式。虚拟组织是由少数核心全体员工和因项目需要被临时雇佣的外部专业人员组成。随着信息技术的发展，拥有一个人才网络，还不需要承担那些不必要的间接费用是虚拟组织能带来的极大好处。但是虚拟组织的灵活性也给组织带来一系列的挑战，传统的规章制度和管理办法对那些没有固定工作时间和工作地点的成员是很难适用的。网络组织是利用自己的员工从事某些活动，利用外部网络来提供其他必要的产品或服务。这种设计结构能使组织把一部分工作外包给擅长的组织，而专心从事本组织擅长的活动，这一组织形式在那些技术快速变化经常出现新方法的行业十分适用。任何一个组织的资源都是有限的，面对战略性新兴技术的高度不确定性及巨大的投资，企业在充分发挥自己优势的同时需要最大限度地寻求其他企业的资源，因此组织逐步增强其开放性，模糊边界性有利于将风险分摊。

学习型结构是一种能够使员工不断获得和分享新知识的组织结构，他们在组织内共享知识，使组织具有竞争优势。学习能力在战略性新兴技术的发展中起着至关重要的作用，是其生存和发展的重要因素。组织中的每一个成员都要自觉、持续地学习，将这些知识应用于工作和决策。一个学习型组织要求全体员工共享信息，相互学习，这是作为新兴技术企业应具备的基本素质。

矩阵项目结构是矩阵结构和项目结构的组合，矩阵结构是指来自不同职能领域的个人被组织分配从事某个工作项目，项目完成之后回到各自职能领域的组织结构。这种组合具有流畅、灵活的组织设计，从而能够快速应对外部环境的变化。在这种结构中，内部协作极大减少和消除了组织中的障碍，使工作团队有效率、有效果地完成工作。

对于战略性新兴技术企业来说，技术环境快速变化，产品更新换代快，这就要求组织具有敏捷快速的特点，上述组织结构适应了这种变化，可供组织选择。另外，孵化型组织、左右逢源组织、前后端组织和领悟-回应组织，这些新兴组织形式也是可供战略性新兴技术企业选择的组织形式。

2. 企业战略管理

基于组织的使命和目标及组织中每个部门的角色，决定公司从事哪些业务和如何从事这些业务的管理过程。它的三种主要类型包括成长战略、稳定战略和更新战略。成长战略是组织运用集中化、多元化、纵向一体化或横向一体化的方式来扩大它所服务的市场数量或提供的产品数量。如果采用稳定战略，组织继续从事当前各种业务，既不会成长，也不会退步。更新战略是由用来解决轻微绩效问题的紧缩战略和当组织问题要采取重大行动所制定的扭转战略组成的。这两种战略帮助组织稳定经营业务，激活组织资源和能力。

战略性新兴技术具有市场、技术、管理等多方面的高度不确定性，因此为战略性新兴技术制定管理战略就要克服其在面对不确定性时的不足，使战略能适应环境的变化。首先，企业应以专注于持续改进和对顾客的需求及期望做出应对为基本标准，来发展战略性新兴技术。权变理论认为，技术系统作为一个开放系统，面对不同和不断变化的环境，要求管理者运用不同的方法和策略。这是因为随着规模的增加，关于协调的问题也会增加，外部环境变化导致的不确定性程度会影响管理过程。企业应分阶段制定战略，也就是在战略性新兴技术的不同发展阶段制定不同的发展战略。当前时期选择的战略模式只适合当前的特定情况和特定环境，在以后时期未必适用，不能在发展初期就为今后的发展选择一种统一的长期不变的战略。一旦未来的发展趋势和战略制定与初期不同，就需要管理者根据市场修正、调整战略，降低未来的不确定性。因此，在战略制定初期，我们就需要考虑今后调整的需求，为其留出足够的发展空间。

3. 人力资源管理

随着组织结构的合理确定，管理者必须找到合适的人来填充空缺的岗位，或将多余的员工解雇，这就是人力资源管理的作用所在。所谓人力资源管理就是组织为了实现既定的目标，运用一系列现代管理手段与方法，对人力资源的获取、开发、利用和保持。在战略性新兴技术管理领域所面临的重要挑战是，要确保企业拥有一支高质量的员工团队以保证战略性新兴技术的培育和产业化。

在全世界范围内的组织中，人才是持久竞争优势的主要来源。组织对待员工的方式会对组织绩效产生显著影响。首先，组织应识别和甄选合格员工，对员工进行详细评估，通常包括员工姓名、受教育程度、所受培训、就业经历、所持语种、特殊能力和专业技能等个人信息，通过工作分析和工作规范挑选合格的员工。通过申请表、笔试、绩效模拟测验、面试等甄选工具对候选人进行筛选以确定这项工作的最佳人选。要想取得成功的绩效，组织应向员工提供必需的技能和知识，使新员工了解其所在部门的目标和如何为企业做贡献，使新员工了解公司的目标、历史、组织文化和规章制度。这两种对工作岗位和所在组织的介绍统称为上岗培训。上岗培训会使新员工感到舒适，降低新员工出现不良绩效的可能，这符合组织和员工的最佳利益。组织应尽最大努力留住拥有高绩效的员工。这就要求管理者建立绩效标准，运用书面描述法、关键事件法、评分表法、行为定位评分法、多人比较法、目标管理法和360度评估法等来评估员工绩效，根据员工表现出来的工作技能和能力来确定薪酬，即个人薪酬取决于其绩效水平。为员工提供家庭友好型福利，并尽最大可能控制人力资源成本。用提高员工的知识、技能和能力的培训计划，以员工为中心，基于绩效的薪酬体系，给予员工灵活的工作任务分配及开放式的沟通，鼓励广泛的员工参与等措施使个体绩效和组织绩效都达到较高水平。

每个组织都有能够影响其行为的特性，也就是组织文化。这些共有的价值观、原则、传统和做事方式会随着时间的推移而演变，员工个人应通过学习组织的故事，参加组织的仪式，观看物质符号和人工景观，学习组织特别的语言，来学习承载、延续企业文化。战略性新兴技术需要创新，企业最大的创新驱动力就来自一种支持创新的企业文化。员工应认可组织的长期目标和成功，在工作中采取创新的态度，支持和尊重他人，以组织的利益为先，营造创新文化。而一名合格的员工应认同自己的工作，积极参与工作，重视工作绩效，工作投入程度较高，以积极的态度驱动积极的方式工作。

4. 企业社会责任

新兴技术的本质特征之一是创造性毁灭，战略性新兴技术可以创造一个新行业，毁灭一个旧行业。一个具有社会责任感的组织以不同的方式看待事物，并愿意在其法律和经济义务之外做正确并有益于社会的事。战略性新兴技术企业通过承担社会责任，追求社会目标，可以塑造良好的公众形象，获得更有保障的长期利润。由于技术的双面性，越来越多的管理者注重考虑其不利的方面，其中对于自然环境的影响是重中之重。企业应使用可持续发展报告指南记录绿色行动，采用非官方机构国际标准化组织制定的标准使其行动对环境的影响降至最低程度，并且持续改进环保绩效。如果管理者采用一种严肃的态度来鼓励有道德的行为，如通过员工甄选、道德培训、保护机制、工作目标和绩效评估，独立的社会审计鼓励有道德的行为。具有高道德标准的员工在有道德的组织里会分享其技术成果，有利于战略性新兴技术的发展与创新，有利于改善该组织的道德氛围，促进积极的社会变化。

5.3　战略性新兴技术管理中的反馈控制

战略性新兴技术是科学技术变革的产物，而战略性新兴技术所形成的产品和该产品或技术的市场需求尚不确定，在如今激烈的市场竞争中具有很强的风险性。市场需求的波动、相关配套技术的演进、传统产业技术管理中日益显现的不足，这些与新兴技术发展息息相关的因素，都将成为战略制定者和管理者必须思考的问题。面对大量的不确定因素，管理者对战略性新兴技术管理过程中问题反馈的响应速度对企业新兴技术管理意义重大。

5.3.1　战略性新兴技术中反馈控制的引入

战略性新兴技术特征决定了企业管理方式的灵活性和特殊性。针对战略性新兴技术的高度不确定性，结合战略柔性思维引入反馈控制理念。所谓战略柔性思维是指在原有战略的基础之上，通过对相应能力的提高使企业的战略得到有效的调整。柔性战略是企业为了更快、更好地完成任务，在动态环境下，主动适应环境变化，充分考虑可变因素，利用变化或制造变化，以提高自身竞争能力为目的而制订的一组可供选择的行动方案。当前的战略设定总是停留在未来一定时期的固定假设前提之下，而未来的情况发展是不可预测的，一旦未来的情况发展趋势与当前的未来假设不一致，企业的战略就需要做相应的调整，这种调整可能是局部的微调，也可能是整体的大调整。前馈控制具有较强的实用性，也就是说在战略制定前的情景设定、规划方法，根据早期信号对未来的发展趋势作一个评估判断，设定多种未来情境，并据此延展出相应战略对策。这样可以大大减少新兴技术管理中面临的不确定性，几种备用战略的选择也是为以后的战略调整留出足够的空间。因此，引入反馈控制是强化战略性新兴产业管理的必然手段。

控制是监控、比较、纠正工作绩效的过程。反馈控制是最常用的控制类型，指的是某项活动完成之后实施的控制，也就是在问题发生之后予以纠正。反馈控制为管理者提供了关于其实施的战略计划效果的重要真实信息，这些信息也是企业日后如何应对环境、市场、技术等变化的重要决策保障。如果反馈显示实际绩效与标准之间的偏差比较小，这表明管理者目前实施的战略计划是准确、有效的。如果实际绩效与标准之间的偏差非常明显，则说明管理者目前实施的战略计划不能适应市场的需求，或者说是与其相应配套的技术发展不相适应，管理者应该根据反馈的信息深入分析，迅速制订新的战略计划。

反馈控制可以分为三个步骤：第一，测量已实施战略计划的实际绩效；第二，将实际绩效与标准进行比较；第三，采取管理行动。

了解问题的本质才能提出根本性的解决方法，根据战略性新兴技术面临环境的不确定性引进反馈机制方法，根据 Gerwin 的研究理论，可以将环境的不确定性类型细分为七类：①不确定消费者会接受哪一种产品；②不确定产品的生命周期的长度；③不确定消费者喜欢产品的哪一种特性；④不确定消费市场的需求量总和；⑤机器停机，短期是由于设备或品质有问题，长期则是由于适应主要产品设计的变更；⑥上游供货商所提供的物料，不确定是否合于品质或组合；⑦以上六项不确定性的交互更替。

在反馈控制过程中，我们将依据上述不确定的因素来确定标准和测量已实施战略计划的实际绩效。企业需要测量新兴技术产出的产品在消费者心中的满意度、产品投放市场后消费者的需求量、消费者对此项技术满意的特性是什么、配套的原料供应与技术发展是否适应新兴技术产业的发展等。明确了管理者在反馈控制中需要测量哪些变量之后，如何测量也是关键的步骤，管理者可以通过以下四种方法进行测量：个人观察，容易获得最真实的第一手资料，但也容易收到个人偏见的影响；统计报告，用数据说话易于直观的了解情况，也能看出数据信息之间彼此的某种关系，弊端是搜集数据的工作量庞大，信息资源的广度受限；口头报告，可以提供书面和非书面的结合反馈，可是信息不能存档容易遗忘有价值的细节；书面报告，全面正式易于存档和查找，弊端是需要较多的时间来准备。总之，对于管理者的建议是综合使用这几种调查方法使得所获信息更真实、更全面。

在与标准的比较过程中，需要管理者确定偏差范围——实际绩效与标准的可接受的偏差浮动范围。当前两个步骤都完成后，就要针对偏差是否可以接受，分类采取不同的战略方法。如果偏差可以接受，管理者可以继续目前实施的计划不作调整，或者根据反馈来的信息修补漏洞，进行局部的调整。如果偏差不可以被接受，则要判断是标准过高或过低的问题，还是计划实施的战略性根源问题，前者需要根据实际情况做调整，无论调高还是调低标准，管理者都需要持谨慎的态度，因为标准的改变直接影响各阶层人员的工作态度和产出。后者则要找出原因，汇集相关人员和专家讨论，校正组织战略。

5.3.2　战略性新兴技术反馈过程中的未来信号

在每一阶段的信息反馈与战略调整中，不仅应当考虑前一阶段的漏洞弥补问题，更应该注意到目前情景对未来发展趋势显现的信号，新兴技术竞争的一大关键是掌握时代的脉搏趋势，预判环境的变化及民众的内心需求，提前做出具有前瞻性的管理指示，使得管理战略的实施能够领先于世界环境的变化，甚至通过颠覆性改变创造出新的市场机遇。战略性新兴技术正是富有颠覆性创新的特质，因而更需要及时捕捉反馈过程中的未来信号。

从广义的角度来看，反馈不仅局限于管理过程中某一阶段完成后的信息汇总和报告，也可以从与企业新兴技术相关的各个方面搜集信息，然后反馈给决策者供其为下一阶段的战略计划作为信息保证和理论支持。例如，新兴技术的潜在市场需求，扩大市场范围、增加消费者群体类型，不仅可以增加企业的经济利润，也可以促进该项新兴技术的发展壮大。了解技术产品的不足及优势等，而寻求这些信息的途径也多种多样，如通过对调查对象的反映记录分析，寻求潜在的市场需求。咨询管理学研究者可以借助他们开拓的思维和敏感的市场意识来定位潜在市场；征求同类产品使用者的意见能够对比出本企业产品的不足，从他们口中搜集的信息往往更实用更直接；调查行业内部的主管人员可以获得更具建设性的意见，行业主管人员对本行业的流程、情况比较熟悉，他们能够站在宏观的层面提出意见，不仅如此，对于本企业的管理人员来说，企业产品的良好发展与他们自身的切实利益息息相关，他们是最认真对待调查结果的人。信息的调查不是一蹴而就的事情，而是一项需要不断循环重复的工作，以此来更新信息并得到质量水平更高的信息。

管理者不能只通过目前短暂的未来信号预知未来长时间的变化，因此对未来期间的分阶段处理就显得尤为重要，和目前时间段距离越近的期间，其面临的不确定性就相对少，距离目前做出预测的区间越远，其面临的不确定性会相对更大。因此，要求管理者对更遥远区间做出的战略计划在情况划分方面要更加详细，以保证企业可以针对环境的变化，做出快速的反应。

5.3.3　引入反馈控制的意义

反馈控制在战略性新兴技术管理中发挥着重要的作用，适用于在管理过程中需要不断调整的新兴技术企业。然而，由于属于新兴产业的缘故，企业应适当注意时效性的问题。在科技发展日新月异，知识爆炸的时代，科技的创新速度极快，如果不能及时推出自身研究的新兴技术，便极有可能失去市场龙头老大的位置，甚至被市场抛弃。及时、迅速的要求促使战略性新兴技术领域内企业更要关注反馈控制的重要性，及时了解自身技术研发程度，其他竞争对手的动态，以便及时推出产品。

新兴技术的培育和应用，可以创造一个或者多个新行业，但新行业的产生也意味着老行业的消亡，这就是新兴技术的"创造性毁灭"的特质。而反馈控制就要在将新兴技术应用到现实市场中时，注意对相关行业的兴替变化，为企业其他产品的相关配套技术和供应做出战略调整。

反馈控制被引入战略性新兴技术管理中是必然的趋势，在企业中反馈信息的搜集是一项复杂而庞大的工作项目，可是企业一旦将其做好，就会在决策制定中省去很多麻烦，做出的战略管理决策也会更加有效，对于战略性新兴技术的发展同样如此。

5.4　技术标准与知识产权战略

在战略性新兴技术管理过程中，需要将技术标准的制定与知识产权的保护结合起来，形成战略性新兴技术的发展联盟，依托于技术标准的特点与功能，强化知识产权战略的保护，借助知识产权的管理特点推进战略性新兴技术的创新与发展。

5.4.1　知识产权是制定新的技术标准的前提和基础

所谓技术标准，是指一种或一系列具有一定强制性要求或指导性功能，内容含有细节性技术要求和有关技术方案的文件。其目的是让相关产品或服务达到一定的安全要求或市场准入的要求。知识产权问题是制定技术标准的前提，技术标准不局限于自身而走向国际化，就一定要在技术标准中包含并强化知识产权的保护。然而，不同国家的知识产权保护战略存在差异性，使得知识产权本身具有的地域性和排他性等限制特点更加奠定技术标准产生的基础，将这些知识产权保护的战略加入到技术标准中，双方相互结合、相互作用，以促进战略性新兴技术的发展。

知识产权问题的主要问题便是专利问题，因此将专利技术问题融合到技术标准中成为必需。专利技术是制定技术标准的基础，技术标准中包含专利问题，将有利于推动技术的发展，使技术标准不至于被限制或被锁定在较低的技术水平中。像当今的美国、英国等发达国家，为了成功掌控新兴技术的发展，掌握国际技术标准的制定权，采取积极和肯定的态度考虑将知识产权问题尤其是技术专利问题融合到技术标准中，将其结合起来以利于制定新的技术标准，促进国家技术水平的提高。

与之相对的是，目前由于发展中国家的技术水平远远落后于发达国家，因此发展中国家要想在技术发展水平上得到大幅度提高，就要在某项技术标准中包含本国或者本国某企业的某一项专利技术，那么该国或者该国该企业就享有该技术标准成果的使用权利。由此得知，知识产权问题尤其是专利技术，是制订新的技术标准的前提和基础；制定新的技术标准要借助知识产权特别是专利权保护的新技术。战略性新兴技术的创新性本质则要求了其必须重视知识产权保护与技术标准的制定，才能始终保持技术上的优势。

5.4.2　技术标准是进行知识产权保护的规则和依据

众所周知，提到技术，首先应该想到相关的技术标准，提到技术标准，首先应该想到其中可能涉及的知识产权。进行知识产权保护应依据并遵循着技术标准的规则并有条不紊地执行。

随着知识产权保护问题的开展与专利技术适用范围的扩大，随之产生的问题也越来越多，技术标准是进行知识产权保护的规则和依据，并能够有效地强化知识产权战略的保护，在目前这技术发达时代，存在于产品或科技成果中的技术含量越来越高，进行知识产权保护也越来越刻不容缓，也给予知识产权保护许多新的含义，知识产权保护比知识本身更重要。

在当今的发展中国家中，盗版、A货盛行，只因人们对知识产权保护战略的认识不到位，自身的知识达到了高水平，却不懂得对自己的知识进行保护，知识产权具有专有性、时间性、地域性等特点，是为了保护知识的拥有者和创新者的利益而产生的；而如今发达国家凭借着自身的技术水平优势，通过知识产权保护战略极大地限制并制约发展中国家新兴技术的发展创新。因此，发展中国家必须致力于进行新兴技术的知识产权保护战略，并依据技术标准的规则进行，更好地推动战略性新兴技术的发展创新。

5.4.3　知识产权和技术标准的结合促进技术的发展

2005 年 5 月 23 日，我国向世界贸易组织（World Trade Organization，WTO）提交了提案《标准化中的知识产权问题》，表明了我国对国际贸易中的标准化与知识产权问题的关注，由此可推及我国战略性新兴技术中的知识产权保护战略与技术标准问题。

随着科学技术特别是信息技术的发展，技术与知识产权保护的关系日益密不分，借助知识产权是制定新的技术标准的前提和基础；遵循技术标准是进行知识产权保护的规则和依据，促进知识产权保护与技术标准的渐进融合才能够更好地推动新兴技术的发展。制定新的、有利于我国战略性新兴技术的技术标准需要协同效应，就像专利技术的标准化和知识产权与技术标准的逐渐融合。知识产权的保护只有遵循于技术标准的制定规则，才能够更好地推动战略性新兴技术的新发展。另外，把技术标准问题与知识产权保护战略相互结合，强化相关知识产权的保护，形成战略性新兴技术的新发展联盟，以促进战略性新兴技术的创新和发展。

技术标准与知识产权保护战略的融合，一方面为发展中国家的技术发展创新提供了机会，促进了技术的发展；推动着发展中国家更好地适应当今先进科学技术的发展环境与全球化经济的不断发展；有利于推动发展中国家技术的研发。与此同时，也限制了发展中国家技术创新的自由选择权，不得不选择适合国际大环境的技术标准，增加了发展中国家使用技术的成本，提高了发展中国家技术发展创新的难度。面对当今技术创新环境的不断变化，发展中国家应加强对本国技术的知识产权战略的保护和技术标准的制定，完善相关的法律法规，依法制定也是法律服务于它；也必须和技术发展的具体情况结合起来，应实事求是，与时俱进，根据技术发展水平的不同，发展中国家应灵活的运用技术标准和知识产权保护战略。另一方面，对发达国家来说，二者的融合不仅促进了新兴技术的发展扩散，也有利于掌握新兴技术的制高点，控制着当今世界的新兴技术发展走向。因此，技术标准与知识产权保护战略的渐进融合至关重要，也是当今世界技术标准发展的必然趋势。

5.5　本 章 小 结

本章主要从战略性新兴技术的开发策略、管理策略、反馈控制及技术标准与知识产权管理等方面介绍了战略性新兴技术发展战略的基本问题。只有把控好战略性新兴技术的开发和管理问题，才能更好地促进战略性新兴技术的创新、发展乃至产业化，把握该问题需要从宏观和微观两个层面入手，不仅要从管理入手，更要把握战略方向。根据战略性新兴技术开发的原则，制定合理的开发和管理策略，同时更要注重对反馈的控制，以便及时调节策略，注重对技术标准和知识产权的管理可以更加有效地提高战略性新兴技术的开发和管理水平。

本章参考文献

[1] 刘则渊. 技术论原理[M]. 大连: 大连理工大学出版社, 2003

[2] 张睿, 于渤. 技术联盟组织知识转移影响因素路径检验[J]. 科研管理, 2009, (1): 28-37

[3] 方炜, 刘林奇, 郭鹏. 企业技术创新项目群资源配置层次模型研究[J]. 中国科技论坛, 2007, (9): 45-49

[4] Gareis R.Knowledge Elements for Project Management and Managing Project-oriented Organization[M]. Vienna: Vienna University Press, 1999

[5] Turner J R. The Handbook of Project-based Management[M]. 4th ed. New York: McGraw-hill, 2014

[6] 林淼, 苏竣, 张雅娴. 资源配置与战略技术联盟: 以 C3G 为例[J]. 中国软科学, 2002, 3: 69-72

6 战略性新兴技术的系统辨识方法

在界定战略性新兴技术的概念与特征的基础上，借鉴现有技术辨识方法，构建战略新兴技术辨识的普适性方法。这一目标主要通过以下几个步骤实现：辨识指标与模型的确立与构建、数据采集与处理、数据分析、可视化图谱绘制与战略性新兴技术确认等。需要注意的是，战略性新兴技术具有时空维度特点，即地域空间性，本章所构建的战略新兴技术辨识主要从国家层面进行描述。

6.1 战略性新兴技术辨识的特殊性

战略性新兴技术的高增值性、高渗透生及战略性等特点决定了战略性新兴技术的辨识不能完全等同于普通技术、高技术、新兴技术的辨识，其在"技术辨识领域和范围""分析评价指标体系""决策模型方法"等方面都具有其自身的特殊要求。

(1)技术辨识须遵从技术主体的宏观规划。战略性新兴技术是技术主体依据经济社会发展的现状，从宏观层面做出的一项战略选择。因此，各地在战略性新兴技术的选择过程中，应该遵从技术主体的宏观战略规划。以我国的战略性新兴技术辨识为例，在结合我国经济社会发展现状基础上，国务院发布的《"十二五"国家战略性新兴产业发展规划》中，列出了7大战略性新兴产业及其包含的23个具体领域。因此，我国战略性新兴技术辨识必须要遵从国家意志，超越国家意志的战略性新兴技术领域发展很难得到国家相关政策的支持。

(2)分析评价指标体系必须覆盖更多的技术领域。战略性新兴技术是新兴技术和战略性技术的"交集"。首先，战略性新兴技术是新兴技术的一部分，它必须符合新兴技术的自身特征，同时它也是随着新的社会发展需要逐渐形成的高技术。在现阶段内，其产业的成熟度不高、价值链条不完整、市场需求仍不显著。其次，战略性新兴技术又是新兴技术中的主导技术、核心技术。战略性新兴技术的选择内嵌了将来时的考量，也就是说某些新兴技术虽然目前产值不高、效益不明显、引导性不强，但是经过一段时间的政策扶持和发展，能够在未来产生较高的增加值和利润或者引领其他产业的发展方向，进而升级为战略性新兴产业的支柱技术，如图6-1所示。

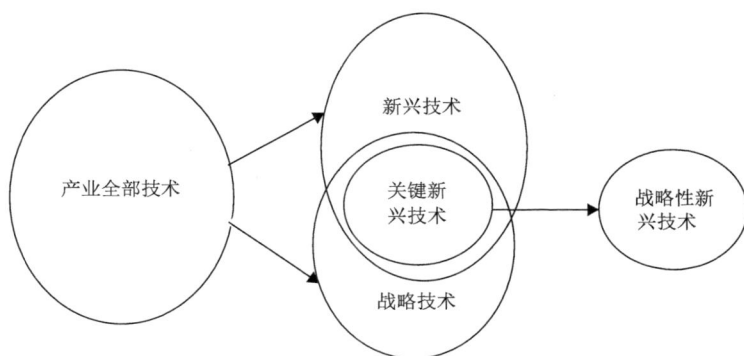

图 6-1　战略性新兴技术与产业技术的关系

(3)辨识模型与方法必须主客观结合。目前我国战略性新兴产业的发展还处于一个复杂的成长空间，需求、竞争和技术发展的不确定性，这也在一定程度上导致了战略性新兴技术的不确定性。既要体现市场发展的客观规律，同时还要考虑到现有产业数据缺乏的现实基础，单一的主观选择模型或客观选择模型都难以满足决策的需要，必须构建主客观结合、定性和定量方法相结合的新兴技术辨识模型。

6.2　指标选择与模型构建

考虑到战略性新兴技术的特征，我们主要从经济产业维度、科学技术维度、时空维度等三个方面来构建战略性新兴技术的辨识方法。

6.2.1　经济产业维度

经济产业维度指标主要判断战略性新兴技术与战略性新兴产业的关系，战略性新兴技术与战略性新兴产业具有密切的联系，战略性新兴技术的首要任务就是为战略性新兴产业服务。因此，判断一项技术是否为战略性新兴技术，首先我们需要判断此项技术是否支持国家的战略性新兴产业的发展。

6.2.2　科学技术维度

战略性新兴技术具有几个重要的特征，首先，战略性新兴技术是指新近兴起的，尚没有市场化或是刚刚市场化的新技术，即战略性新兴技术首先应该是前沿技术。其次，战略性新兴技术是基于科学基础的革新，即战略性新兴技术需要有科学基础支撑。最后，我们认为，战略性新兴技术还应该是在新兴技术中具有战略性地位的技术主题。因此，在科学技术维度下我们需要判断技术的这些特点，从而实现科学技术维度的新兴技术的辨识。

6.2.3　时空维度

时空维度指标主要用来判断战略性新兴技术的历史与空间维度，战略性新兴技术是具有时间与空间限制的技术集合体，因此战略性新兴技术的辨识不是一劳永逸的。当前，国家在综合考虑我国经济社会发展现状、我国国家发展的技术优势与劣势、我国国民经济结构调整和产业升级的技术需要、国家间经济技术博弈的需要等的前提下，对战略性新兴技术进行辨识，然而当时空发生改变时，战略性新兴技术也必须重新辨识。

在确立了经济产业维度、科学技术维度、时空维度的指标后，接下来便是三个维度指标的具体实现，在指标实现的过程中需遵循经济产业维度、科学技术维度、时空维度依序进行。其中，经济产业维度主要是战略性新兴产业与战略性新兴技术宏观的识别；科学技术维度是在新兴技术主题判断、技术重要性判断、科学基础支持的基础上实现战略性新兴技术的判断；时空维度是对战略性新兴技术的外部条件限制，即识别战略性新兴技术是否符合国家的时空特点。具体的三维度辨识模型如图 6-2 所示。

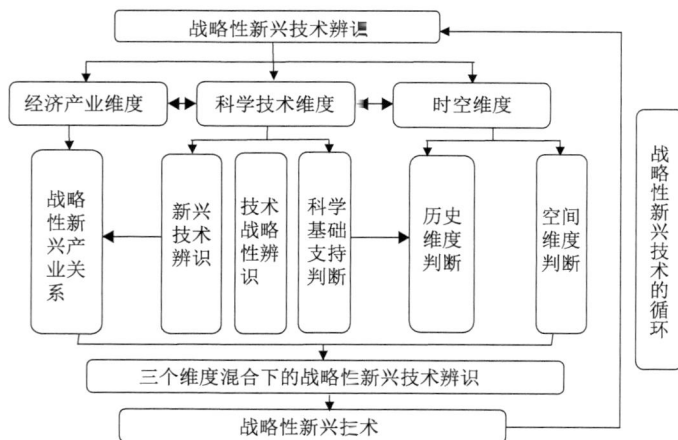

图 6-2　战略性新兴技术辨识模型

6.3　数据采集与处理

6.3.1　经济产业维度——战略性新兴产业数据收集

战略性新兴产业是关系经济体的物质基础、经济命脉、安全保证和财富来源，是涉及该经济体安全的重要支柱产业，其对经济体而言既具有战略性，又是新兴产业。战略性新兴产业是指那些已经具有和潜在具有战略地位，能够保障国家战略物资和经济安全并且可以转化为支柱产业的新兴产业。首先，战略性新兴产业必须符合新兴产业的自身特征，也就是说，它是随着新的科学原理的发现和技术手段的发明而出现的，一开始产业的成熟度不高、经济支撑力不强、市场需求量不大。其次，战略性新兴产业是新兴产业中能够成长为先导产业和支柱产业的那一部分，也就是说，经过一段时间的政策扶持和自我发展，能够在未来创造较高的价值，引领产业发展方向，而升级为国民经济的战略性支柱产业。总之，战略性新兴产业是以科学技术的重大突破为前提，以新兴产业和战略产业的深度融合为基础，能够创造和满足社会新需求，带动产业结构调整、促进经济发展方式转变，并能在一段时期内成长为对经济社会全局和长远发展具有重大影响力的支柱产业的行业和部门。对我国而言，战略性新兴产业必须是市场需求前景好，资源能耗低、带动系数大、就业机会多、综合效益好的产业，选择战略性新兴产业要满足三条科学依据：一是产品要有稳定并有发展前景的市场需求；二是要有良好的经济技术效益；三是要能带动一批产业的兴起。第一，具有巨大的发展空间，能够发展成为未来的支柱产业；第二，是未来高速增长的产业，对经济增长的带动作用强；第三，与其他产业的关联度大，具有重大的辐射带动作用，能够带动其他产业的发展；第四，代表科技的发展前沿，符合低碳、环保等先进理念；第五，对人民生活能够产生重大的影响；第六，战略性新兴产业的发展决定未来国家的竞争优势。对中国等后发国家来说，发展战略性新兴产业还是实现赶超的重要机遇。因此，我们应该在遵循这些条件下，按国家的宏观规划收集相应的产业数据。

6.3.2　科学技术维度——科学文献与专利的整理

对于科学技术维度指标，我们主要收集世界范围的科学研究文献与技术专利文献资料，以运用科学计量学方法辨识在产业中具有创造性毁灭的新兴技术。随着信息技术的快速发展，科学文献与专利数据库陆续建立并逐步完善，这对科学和专利文献的获取变得十分便捷。在众多的科学文献与专利数据库中，汤姆森路透集团的 Web of Science 与德温特专利数据库以其高权威性、宽覆盖性、简单的操作性被广泛地应用在科学技术管理、企业竞争情报分析等多个领域。Web of Science 是由美国 ISI 于 1997 年推出的，包括三大引文数据库，即科学引文索引（science citation index，SCI）、社会科学引文索引（social science citation index，SSCI）、人文与社会科学引文索引（arts and humanities citation index，AHCI）。而德温特专利数据库是德温特公司与美国科技情报所合作开发的基于统一检索平台 Web of Knowledge 的网络版专利数据库，德温特专利数据库收录了全球 40 多个专利机构，授权 3000 多万条专利，时间可回溯至 1963 年。德温特专利数据库每周增加 2.5 万多个专利，分为化学、电子与电气和工程技术三部分，是检索全球专利的权威数据库之一。

6.3.3　时空维度——动态限制条件收集

从时空维度上来看，战略性新兴技术是一个动态变化着的时空范畴。在时间上，战略性新兴技术是随着时间的推移而不断变化的过程。在空间上它在不同的地域范围内有不同的选择，因此对新兴技术的辨识必须要有时空的限制条件。本部分主要收集需要辨识经济体所处的时间空间等外部环境特点，有针对性地对新兴技术做出辨识。尤其值得注意的是，战略性新兴技术的时空特性决定了我们对战略性新兴技术的辨识必须是一个连续的循环过程。

6.4　战略性新兴技术辨识

考虑到战略性新兴技术的特征，我们主要从经济产业维度、科学技术维度、时空维度等三个方面来构建战略性新兴技术的辨识方法。战略性新兴技术的辨识是发展战略性新兴产业的核心环节和关键环节，制约并影响着新兴产业的发展，因此，从复杂的技术体系中准确辨识出战略性新兴技术，对我国战略性新兴产业的发展具有重要的战略意义。

6.4.1　经济产业维度

经济产业维度指标主要判断战略性新兴技术与战略性新兴产业的关系，战略性新兴技术与战略性新兴产业具有密切的联系。战略性新兴技术是指目前尚处于成长初期、未来具有巨大发展潜力，对战略性新兴产业具有重要支撑作用的技术主题，主要作用是引领战略性新兴产业的发展。战略性新兴技术的首要任务就是为战略性新兴产业服务，因此判断一项技术是否为战略性新兴技术，首先我们需要判断此项技术是否支持国家的战略性新兴产业的发展。

经济产业维度的战略性新兴技术辨识需要综合考虑当前国情与现状，是一个巨大的系统工程，本维度的战略性新兴技术辨识更多地需要国家层面的宏观政策确定。经济产业维度视角下的战略性新兴技术是与战略性新兴产业须臾不离的，要从经济产业维度宏观地判断战略性新兴技术，就需要判定具体的新兴技术是否支持战略性新兴产业的发展。

以我国为例，我国已经对战略性新兴产业做了详细的发展规划，列出了七大战略性新兴产业，在产业确定的基础上，经济产业维度的战略性新兴技术辨识应该符合我国的国家发展规划。

6.4.2　科学技术维度

战略性新兴技术具有几个重要的特征,首先战略性新兴技术是指新近兴起的,尚没有市场化或是刚刚市场化的新技术,即战略性新兴技术首先应该是前沿技术。其次,战略性新兴技术是基于科学基础的革新,即战略性新兴技术需要有科学基础支撑。最后,我们认为战略性新兴技术还应该是在新兴技术中具有战略性地位的技术主题。在对科学文献与专利文献收集并标准化处理的基础上,科学技术维度的战略性新兴技术辨识便可以开展。

在综合考虑新兴技术定义、内涵与特征的基础上,运用科学计量与文献计量分析的相关理论,借助信息可视化工具完成战略性新兴技术的辨识,认为科学技术维度战略性新兴技术的辨识需要以下三个步骤。

第一,战略性新兴技术的"战略性"辨识。我们认为战略性新兴技术应该是产业技术网络中具有重要地位的技术,这里我们主要采用德温特手工代码(derwent manual code,MC)的共现分析,并借助社会网络的中心性概念来实现技术重要性判断。

第二,战略性新兴技术的"新兴性"辨识。战略性新兴技术技术主题除了是产业技术网络中具有重要地位的技术,还应该是产业领域中的新兴技术主题(图 6-3)。

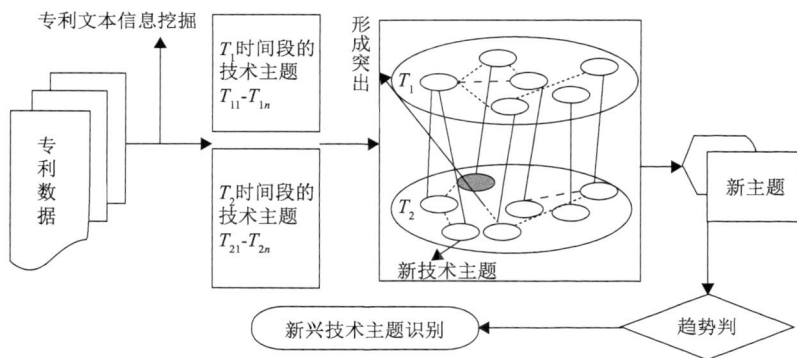

图 6-3　新兴技术主题识别模型

第三,战略性新兴技术的科学基础支持判断。战略性新兴技术是建立在科学基础上的前沿技术,是在科学基础上的创新。因此,在技术主题识别的基础上,判断技术主题是否有科学知识基础支持,对战略性新兴技术的判断具有重要的参考价值。战略性新兴技术是建立在科学基础上的前沿技术,是在科学基础上的创新。本部分采用的可视化工具是荷兰 Leiden 大学 Van Eck 与 Waltman 在其文献计

检索到的数据运用自编程序进行标准化处理，得到本章的专利(技术)文献数据。

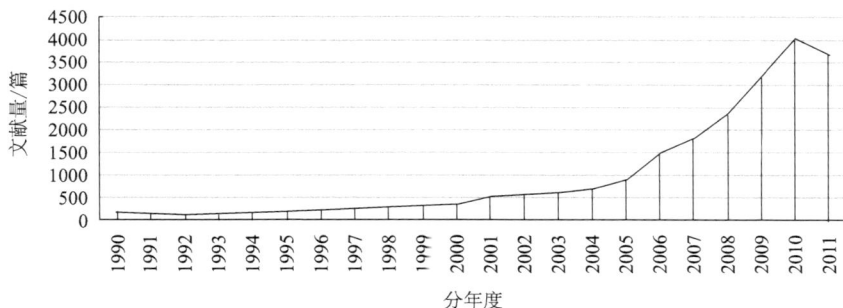

图 6-5　风能产业专利文献量的年度分布

3. 时空维度的数据收集

时空维度主要用来确认战略性新兴技术辨识的相关历史、地域、空间环境，本部分主要包括战略性新兴技术辨识地域的基本情况与技术辨识历史状态、地域特点、国家的未来发展规划等。

6.5.2　风能产业的战略技术与新兴技术主题识别

首先对检索的 24 438 条文献进行预处理，对文本中的德温特手工代码进行挖掘，最终得到风能产业技术领域的专利共涉及 4998 个德温特手工代码，其中频次高于 200 次的主要热点领域及其所代表的具体技术领域内容如表 6-1 所示。

表 6-1　风电产业的主要技术分布

序号	德温特手工代码	技术领域	专利数量/项	百分比/%
1	X15-B01B	MOTORS	5299	21.63
2	X15-B01	GENERATORS (1987_)	3402	13.89
3	X15-B06	SUPPORT STRUCTURES (2006-)	3148	12.85
4	X15-B01A	TURBINES (1987-)	2737	11.17
5	X15-B09	OTHER WIND POWER ASPECTS	2672	10.91
6	X15-B05	CONTROL, MONITORING AND TESTING (2006-)	2140	8.74
7	X15-B01A6	VERTICAL TURBINES (2010-)	1594	6.51
8	X15-B	WIND POWER	1523	6.22
9	X11-U01E	WIND TURBINEGENERATOR	1502	6.13
10	X15-B04	SMALL SCALE TURBINES/POWER PLANT (2006-)	1164	4.75
11	X15-B01A5	HORIZONTAL TURBINES	1094	4.47

续表

序号	德温特手工代码	技术领域	专利数量/项	百分比/%
12	U24-H	LOW POWER SYSTEMS（1992-）	840	3.43
13	X12-H01B	MULTISOURCE SYSTEMS，SYSTEM INTER-CONNECTIONS，POWER TRANSFER	672	2.74
14	X21-B04A	WIND TURBINE OR SOLAR CELL ARRAY	667	2.72
15	A12-H	MECHANICAL ENGINEERING [OTHERS]	614	2.51
16	X21-A01F	ELECTRIC VEHICLE（1997-）	600	2.45
17	X13-G02T5	WIND TURBINE GENERATOR	570	2.33
18	X16-B01	CELLS	544	2.22
19	X11-J01B	ROTATING PARTS	486	1.98
20	X11-J05B	MECHANICAL LOADS，DRIVING OR AUXILIARY MACHINES	481	1.96
21	X15-B03	OFF-SHORE SYSTEMS（2005-）	464	1.89
22	X11-G	PERMANENT MAGNET SYNCHRONOUS MACHINES	345	1.41
23	X15-A	SOLAR POWER	344	1.40
24	X13-G02X	OTHER CONTROL DETAILS	343	1.40
25	X12-C01E	POWER AND DISTRIBUTION TRANSFORMERS	318	1.30
26	X15-B01A3	SMALL SCALE（2005-）	314	1.28
27	U24-D05	DC-AC CONVERTER	300	1.22
28	X26-U06	STREET（2005-）	300	1.22
29	A12-W16	RENEWABLE ENERGY（2010）	279	1.14
30	X15-A02	DIRECT CONVERSION PHOTOVOLTAIC PANEL DETAILS；SOLAR/PHOTOVOLTAIC CELLS DETAILS	271	1.11
31	X15-A05	LARGE SCALE SOLAR POWER GENERATION	265	1.08
32	X12-J05	DC-AC CONVERTER	260	1.06
33	X22-F03	AUXILIARY SUPPLY（1997-）	254	1.04
34	X16-G	BATTERY CHARGERS	228	0.93
35	X26-H	LEDS；CIRCUITS（1992-）	225	0.92
36	X16-G02C	USING GENERATOR（2002-）	223	0.91
37	X11-J01A	STATIONARY PARTS	214	0.87
38	T01-J08F	TESTING OR MONITORING OF EQUIPMENT FUNCTION AND PARAMETERS	213	0.87
39	X11-H09	OTHER ELECTRIC MACHINES	208	0.85

　　运用 CiteSpace 可视化软件对专利文本的德温特手工代码进行共现分析，绘制风电产业的技术研究热点知识图谱。结合中心性指标探测风能产业的战略性技

术主题。

通过对德温特手工代码的共现分析，并结合 PathFinder 算法构建可视化知识图谱，图 6-6 是以专利代码的中心度进行的标签展示。中心度是指网络中该节点的重要性，中心度越高代表该节点的重要程度性越大，在专利计量中，中心度越高代表专利重要性越大。整理中心度排名大于 0.06 的数据在表 6-2 中。这些技术在网络中具有较强的中心性，为风能产业领域战略性较强的技术。

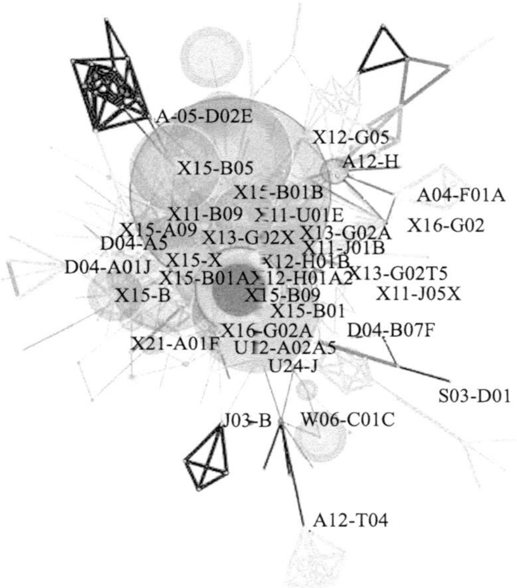

图 6-6   德温特手工代码共现知识图谱(1983～2012 年)

表 6-2   德温特手工代码代高中心度列表

序号	德温特手工代码	中心度	序号	德温特手工代码	中心度
1	X15-B01B	0.18	8	X15-B01	0.08
2	X15-B09	0.18	9	X15-B	0.08
3	A12-H	0.13	10	D04-B07F	0.08
4	X16-G02A	0.13	11	X11-U01E	0.07
5	X16-G02	0.12	12	X15-X	0.06
6	W06-C01C	0.1	13	X11-B09	0.06
7	X15-B01A	0.09	14	A12-T04	0.06

6.5.3   风能产业的新兴技术主题识别

为了探测风能产业的新兴研究主题，我们在图 6-6 思想的指导下，结合文献分布规律,以 2 年为单位对样本数据划分为 $T_1, T_2, \cdots, T_{30}$ 个时间段,运用 CiteSpace 的 Burst 指标探测德温特手工代码的突现值, 整理 Burst 值排在前 30 位的德温特手工代码技术领域。

表 6-3 为我们展现了风能产业专利的新兴性,表中突现值代表了该代码所代表技术领域的发展情况,其通过时间序列 $T_1, \cdots, T_n$ 之间的横向对比完成,其值越大代表了该技术领域的新兴程度越明显,而表中的年份代表了突现开始出现的年份,在研究技术主题时我们应该注重突显值持续增高和 2011 年年突现值快速增高的技术主题。表 6-3 中列出的 30 个德温特手工代码具有较高的突现值,基本可以初步判断出此 30 项专利代码为风能产业的新兴主题。

表 6-3 风能产业突现值排名列表(前 30 位)

序号	德温特手工代码	突现值	年份	序号	德温特手工代码	突现值	年份
1	X15-B09	1384.82	1983	16	A12-W16	32.51	2009
2	X13-G02X	159.27	1983	17	X16-G02	31.60	1983
3	X15-B01A	140.30	1983	18	U21-B05C	31.17	2003
4	X15-B01A5	121.36	2007	19	V06-M10	30.36	1995
5	X15-B01A6	115.24	2005	20	X15-A01	29.09	1983
6	X15-B01	103.77	1983	21	X11-B09	25.48	1983
7	X15-B	99.61	1985	22	X12-H03A	25.17	2003
8	X15-B01A1	98.00	2003	23	W06-B01C3	24.89	1992
9	X15-A09	71.68	1983	24	X26-X	24.08	1997
10	X12-H01B1	66.12	2003	25	X15-A08	23.77	2011
11	X11-J05B	52.64	1983	26	X21-B01A1A	22.96	1995
12	X15-X	39.68	1991	27	X16-G02A	22.59	1985
13	X11-J05X	39.50	1999	28	X16-L	22.34	1988
14	X13-G02T5	38.39	1983	29	X16-L02	22.25	2005
15	W06-C01C3	37.50	1991	30	X15-B01C	20.27	2011

为了更好地挖掘风能研究的热点问题,对 4477 个单词(短语)运用 VOS 算法进行相关运算,共形成相关主题聚类 26 个(图 6-7)。

战略性新兴技术作为基于科学基础的新兴技术,在知识流动理论下,技术在一定程度上依赖于科学研究,因此判断科学技术研究的热点问题,可以在很大程度上辅助战略性新兴技术的判断。对检索的 12 527 条风能产业相关数据运用 VOSviewer 软件进行可视化分析,挖掘风能产业研究的科学基础。

对 12 527 条文献的标题与关键词进行词汇挖掘,共挖掘到相关词汇 29 484 个。其中,出现频次在 3 次以上的单词(短语)4477 个,对 4477 个单词(短语)进行共词分析,其高频共现词汇如图 6-8 所示。

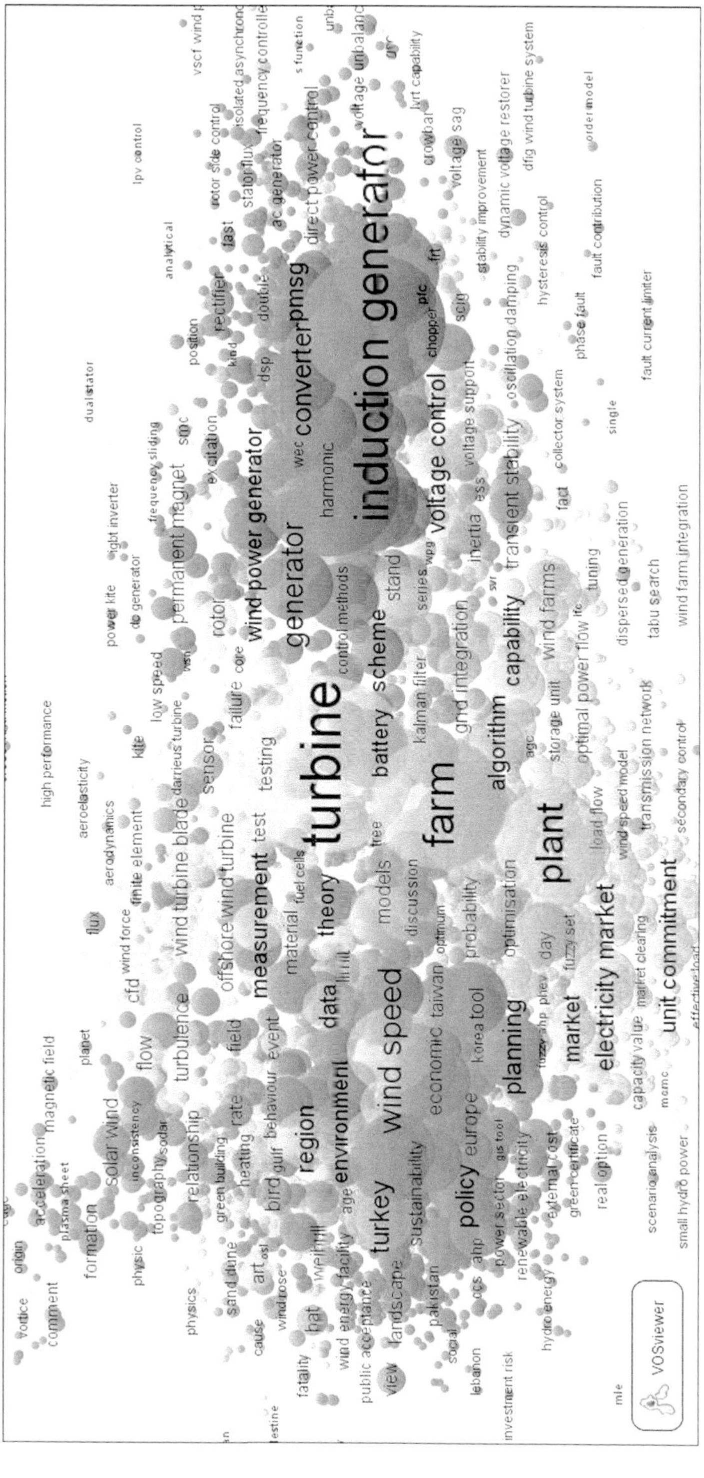

图6-7 基于关键词共现的聚类风能产业研究主题聚类图

Term	Occurrences ∨	Relevance
wind energy	2495	0.04
wind power	1826	0.06
wind turbine	1115	0.07
renewable energy	939	0.16
wind power generation	849	0.02
wind	847	0.10
induction generator	813	0.34
control	740	0.19
wind farm	670	0.09
analysis	634	0.05
system	629	0.05
power	538	0.06
model	503	0.09
power system	455	0.10
simulation	435	0.09
wind energy conversion system	433	0.30
dfig	426	0.44
design	399	0.15
energy	391	0.17
method	343	0.09
application	342	0.06
energy storage	316	0.14
wind power plant	306	0.18
development	306	0.15
grid	304	0.11
generation	304	0.10
power generation	300	0.08

图 6-8　风能产业的高频共现关键词挖掘（≥300 次）

拥有强引文突现性和中间中心性的科学文献(技术主题)的节点。这些节点不仅仅在网络中具有重要的战略位置，而且能明显吸引研究者的注意力。计算公式调整为 Sigma=(centrality+1)^{Burst} 对风能产业的专利代码进行 Sigma 运算，整理排名前 18 位的列在表 6-4 中。

表 6-4　Sigma 排名前 18 位信息列表

序号	德温特手工代码	突现值	中心性	Sigma 值
1	X15-B09	1384.82	0.18	>200 000
2	X15-B01A	140.30	0.09	>100 000
3	X15-B01	103.77	0.08	4 669.60
4	X15-B	99.61	0.08	1 404.36
5	X13-G02X	159.27	0.04	955.05
6	X16-G02	31.6	0.12	35.66
7	X16-G02A	22.59	0.13	14.58
8	X15-X	39.68	0.06	11.74
9	X15-A09	71.68	0.03	11.68

序号	德温特手工代码	突现值	中心性	Sigma 值
10	X11-B09	25.48	0.06	4.85
11	X13-G02T5	38.39	0.04	4.32
12	X11-J05X	39.50	0.04	4.10
13	X11-J05B	52.64	0.03	3.74
14	X15-B01A5	121.36	0.01	3.44
15	W06-C01C	12.30	0.10	3.35
16	X11-U01E	16.57	0.07	2.94
17	D04-A01K	18.24	0.04	2.12
18	D04-B07F	10.06	0.08	2.12

6.5.4　风能产业科学研究的热点问题

战略性新兴技术作为基于科学基础的新兴技术，在知识流动理论下，技术在一定程度上依赖于科学研究，因此判断科学技术研究的热点问题，可以在很大程度上辅助战略性新兴技术的判断。对检索的 12 527 条风能产业相关数据运用VOSviewer 软件进行可视化分析，挖掘风能产业研究的科学基础。

对 12 527 条文献的标题与关键词进行词汇挖掘，共挖掘到相关词汇 29 484个。其中，出现频次在 3 次以上的单词(短语)4477 个，对 4477 个单词(短语)进行共词分析，其高频共现词汇如图 6-7 所示。

为了更好地挖掘风能研究的热点问题，对 4477 个单词(短语)运用 VOS 算法进行相关运算，共形成相关主题聚类 25 个(图 6-9)。

从聚类情况来看，当前世界范围内的风力研究的热点问题主要集中在以下几个方面：风电感应发电机的相关研究、风能与风电的转换与控制问题研究、风力涡轮机的研究、风速与风效的研究、区域能源政策与能源计划研究、风电场与风电场环境问题研究、太阳能风电混合应用问题研究等。

6.5.5　战略性新兴技术辨识

在战略技术与新兴技术及科学前沿的基础上，我们综合考虑战略性新兴技术的特点与相关技术主题的计量指标，选取各个指标前 30 位，做综合比对分析，实现新兴技术的辨识。

经过四个指标相互比对(图 6-10)，同时参考科学研究的基础支持，我们选择出科学技术维度的战略性新兴技术并列在表 6-5。从表 6-5 中我们可以看出，战略性新兴技术主要集中在风电，风力发电机组、风力电动机、太阳能与风电混合电力、风力发电机组配件、风电转换与传输等技术领域。

图6-9　风电感应发电机研究的相关关键词共词连线网络

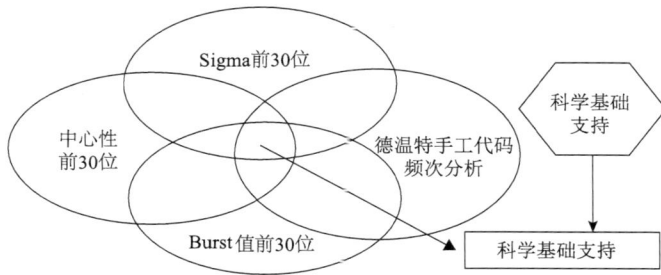

图 6-10　四个指标下的战略性新兴技术辨识

表 6-5　战略性新兴技术初选数据库

序号	德温特手工代码	技术领域
1	X15-B	WIND POWER
2	X15-B01	MOTORS
3	X15-A	SOLAR POWER
4	X15-B01A	TURBINES（1987-）
5	X13-G02T5	WIND TURBINE GENERATOR
6	X13-G02X	OTHER CONTROL DETAILS
7	X11-J05B	MECHANICAL LOADS，DRIVING OR AUXILIARY
8	X-12H01B	MULTISOURCE SYSTEMS，SYSTEM INTER-CONNECTIONS，POWER TRANSFER
9	W06-C01C	ELECTRICAL EQUIPMENT（INCL. LIGHTING）

6.5.6　我国风能产业战略性新兴技术遴选

　　经过科学技术维度的战略性新兴技术辨识的初选后，还要对甄选出的战略性新兴技术主题进行经济产业维度及时空维度的进一步辨识，对初选后的战略性新兴技术与我国战略性新兴产业相关数据进行比对，生成战略性新兴技术的辨识。本章是基于选定产业展开的微观研究，我们在检索数据时已经限制了风能产业，因此我们选出的战略性新兴技术是符合宏观经济产业维度的战略性能源产业发展的技术。而通过对我国风能产业技术发展规划来看，我们选出的 9 项战略性新兴技术也符合规划中的风力整机及风电并网的整体规划。

　　从时空维度看，当前我国处于社会转型的关键时期，能源问题已经成为影响众多国家发展的关键问题，我国具有人口基数大，人口密度大等众多问题，能源问题在我国尤为突出，风能作为一种新型的可再生能源，具有环境友好、技术成熟、全球可行的特点，并存有超过 20 年的良好运行记录，因此被人们普遍认可。现代风力发电产业在 20 世纪 80 年代始发于美国加利福尼亚州[1]。截至 2011 年年底，2011 年新增装机达到 40 564 兆瓦，比 2010 年稍有增加，全球累计装机达到 238 吉瓦，实现了超过 20% 的年增长[2]。Susane Cullen 通过对风力专利的研究发现，美国的太阳能和风能研发活动看起来比较平衡，但是风能最近几年出现明显的增长趋势。日本的清洁研究重点也从太阳能转向了风能，对中国而言，2010 年中国贡献了全球风电年新增装机市场的 49%，2011 年的 43%。四家中国风电企业跻身全球风电装机前十位的排行榜，中国的第一个海外项目目前已经全面运转[3]。因此，发展新兴风能技术符合我国的科学与可持续发展目标。

基于经济产业维度、科学技术维度、时空维度三个方面进行风能产业的数据收集，运用 CiteSpace、VOSviewer 软件计量专利德温特手工代码，构建风能产业技术可视化知识图谱，实现对第三章战略性新兴技术辨识方法的案例应用。计量得知，当前我国的战略性新兴风能技术主要集中在以下几个方面，风电感应发电机 (induction generator) 的相关研究、风能与风电的转换与控制问题研究 (control、converter) 风力涡轮机的研究 (turbine) 风速与风效的研究 (wind speed)、区域能源政策与能源计划研究 (turkey、policy、china)、风电场与风电场环境问题研究 (farm、plant) 太阳能风电混合应用问题 (solar wind) 等方面。

6.6 本 章 小 结

本章在战略性新兴技术概念与特征界定的基础上，从经济产业维度、科学技术维度、时空维度等方面构建战略性新兴技术辨识的指标模型。在指标选择与模型构建的基础上，分维度指标阐述了各个度数据收集与数据库构建的过程，并详细描述了各个维度战略性新兴技术辨识的主要内容和实现步骤。以我国风能产业为例，通过计量和可视化方法辨识当前我国的战略性风能技术的主要研究主题，验证了战略性新兴技术辨识方法的可行性。

本章参考文献

[1] 项真, 江文, 解大, 等. 风电并网系统稳态运行的研究[J]. 华东电力, 2007, 35(3): 35-40

[2] 李俊峰, 等. 2012 中国风电发展报告[M]. 北京: 中国环境科学出版社, 2012

[3] Cullen S. 替代能源蓄势待发——风能、太阳能和波浪能源领域专利状况考察[J]. 科学观察, 2010, 5(5): 37-46

7 战略性新兴技术演进研究的理论基础

战略性新兴技术是一项技术的创新过程，是新技术代替传统技术的革命性变革，对一个国家或行业可谓是引领性的技术端与主导性的高新技术。战略性新兴技术具有动态性，作为科学知识的载体遵循技术生命周期运行规律，对战略性新兴产业的发展具有重要的推动作用。基于战略性新兴技术的概念与特征，探究战略性新兴技术演进的理论基础，从生物进化论-共生演进理论、技术生命周期、技术范式与技术轨道及技术知识流动等视角对战略性新兴技术的演进过程进行探究。

7.1 共生演进理论

7.1.1 生物进化理论

基因(遗传因子)是遗传的物质基础，它是有遗传效应的 DNA 片段，是控制生物性状的基本遗传单位。基因通过将其信息遗传给下一代，使得物种得以继续延续。而随着"进化"一词在多学科范围的应用，其概念的界定也逐步具体、清晰，即事物的发展经历的由相同到不同、由低到高、由简到繁的变化过程。18 世纪 60 年代，瑞士学者邦尼特的生物学概念当中首次引入"进化"的概念。1859 年，由达尔文编写的《物种起源》一书，描述了生物的进化是从无到有、从低级到高级、由单一到多样的进化过程，在其进化中伴有遗传-变异-选择等方面的特征。

生物进化过程中的循序渐进和基因突变是一直存在的，它们代表着两种不同观点的对立面。达尔文认为生物的进化需要长时间的积累，在这其中不断消化吸收并缓慢的渐变着，而后逐渐有了新的演进变化的过程[1]。而持有突变论生物进化的一派认为，生物之所以会有所进化和改变是由于某些元素和基因的突然变异造成的，在德弗里斯《突变论》(1901 年)一书中曾提到："新物种的突然出现，它不需要可见的准备，也没有过渡类型"[2]。综观两种观点都有其合理性，同样生物进化的演进和研究是需要多方的合作，而不能只考虑其中某个单一的观点，二者是生物进化过程中间断和连续的统一过程[3]。

新兴技术的演进与生物进化的特征极为相近，新兴技术的演进伴随着技术的成长与变革、顺应时代发展的过程，即是上升的、进步的变化[4]。基于新兴技术也具有渐进和突变的物种特性,即把生物进化的新物种与新兴技术演化进行比对,反映出新兴技术演进的变化情况, 表 7-1 是各相关概念的对照关系。

表 7-1 生物进化与技术演进的相关概念的对应关系

生物进化的概念	技术演化的概念
新物种	新兴技术
基因	技术的知识基础
进化	渐进
变异	突破
杂交	结合或融合
适应	应用
地域	领域
迁移	转移
物种形成事件	环境条件变化

资料来源: 宋艳, 银路. 新兴技术的物种特性及形成路径研究[J]. 管理学报, 2007, 4(2): 211-215

电子科技大学的银路、王敏、宋艳团队对新兴技术的演进进行了较为深入的研究, 借用其研究的生物进化与技术演化的对照, 进一步展现新兴技术演化的渐进式与突变式的特征, 并对其发展过程会出现的状况进行分析与研究。新兴技术的形成是基于技术成长和应用发展两方面的因素, 它处于高度不确定的阶段, 具有动态、间断、拓展、派生、驱动等特性, 可以通过技术成长和应用环境条件的相互作用产生多种不同的技术, 具有明显的物种特性[5]。

基因是决定生物物种具有生命迹象或新物种产生的基本因子, 而技术知识基础则定位了新兴技术的特征与动态变化的发展过程; 新物种的产生源于基因的遗传与变异, 这种变异可能是物种的杂交或物种地域迁徙等因素引起的变化, 使得物种必须适应新的环境改变; 新兴技术是技术渐进与突变所产生的结果, 新兴技术除了顺应技术发展渐进与技术突变的发展外, 同样技术间的融合或技术转移等情况, 都会使得其应用适应于新的场所或环境的变化[5]。

从历史和空间的层面来看, 渐进与突变的特征是新兴技术演进的必然表现。渐进式的演进使得新兴技术的演进在历史维度的变化与 S 曲线的变化相吻合, 渐变性主要展现了新兴技术的发展是连续的、渐变的和缓慢增长的[6]。渐进式的演进多是从传统产业着手, 并为其提供理论支撑的, 展示一项新兴技术或重大技术的出现都要经历初创—成长—完善—蜕变的完整过程, 最终其功能和价值被新技术所取代。突变理论在对新兴技术的概念和特征方面进行了更好的诠释, 它不仅认同新兴技术自身发展是连续的、渐变的和缓慢增长的, 而且更加注重在应用领域或市场的环境条件下, 新兴技术所展现出的间断、跳跃和爆发式的特征。

7.1.2 新兴技术共生演进

新兴技术的演进中伴随着多种要素的复杂关系，而共生演进理论则能妥善地处理新兴技术演进过程中的复杂要素的关系，从而为探究新兴技术演进提供了解决问题的手段与方法。共生演化理论最早是由美国的两位生物学家于20世纪60年代提出的，他们认为生物界"共生演化"的现象较普遍地存在，并非是传统生物学适者生存的竞争理念[7]。共生演化能否对群体起到推动的作用，关键在于其与相关分支的匹配能否建立起持久的可协调关系并被保留下来，且在新事物群体中成为大多数[8]。新兴技术自产生到"创造性毁灭"实现的演进历程，不仅是技术在技术轨道上不断向前推进，更为重要的是新兴技术与其他各相关元素间的相互协调与共同演进的历程，使得新兴技术在演进过程中，新的技术系统体系代替旧的系统体系，从而创造出一个新兴的行业或是变革了原有的旧行业。新兴技术演化的动态过程表现出高度的复杂性，这使新兴技术管理面临高度的不确定性[9]。

随着新兴技术本身技术性能的改变新兴技术共生演化系统也会随之发生动态变化，从而形成一个复杂调节系统(complexity adaptive system)[10]。从新兴技术自身的形成来看，新兴技术要与其相关的各要素相互联系并形成技术体系。而从新兴技术向新兴产业的转化到"创造性的毁坏"的实现来看，新兴技术还需与其配套的技术及外界环境紧密融合，从而体现出极具层次性的大生态系统。

产业层面的共生演化是指新技术在突破了技术制约与完善发展的条件下渐渐形成新兴产业的过程，即企业与高校科研院所、政府研发部门、金融机构组织、中介机构等要素间频繁的合作关系，并形成以企业为核心的组织网络，使其他要素都为企业提供技术创新的便利环境条件，由此可称之为配套产业环境。高校和科研院所层面的共生演化，是新兴技术演化的主体，在新兴技术演进中占据着重要的地位。一方面，为新兴技术演进提供创新的思路与实验场所，为政府与国家提供决策参考并为社会创造文化价值和经济效益；另一方面，为新兴技术演进提供坚实的理论基础，推动其不断创造更新。政府是新兴技术演进的推动主体。政府通过决策、规划、法规、政策等的制定和实施，以及对科研院所和民间企业与机构的扶持，不断推动区域和国家间的新兴技术演进与产业化的发展。中介机构作为高校、政府与企业相互间联系的纽带，在新兴技术演进过程当中发挥了越来越重要的作用。这将是未来新兴技术演进推向市场的主要途径，通过搭建新兴技术成果转化的对接和共享平台，直接为企业、政府等机构提供有效的研究成果，直接推动研究成果的转化，加快新兴技术演进的推广与发展。因此，新兴技术共生演化的过程不仅是其与相关要素共生演化的复杂过程，还是不同层次结构之间的共生演化过程[11]。

7.2　技术生命周期理论

7.2.1　理论概述

产品生命周期作为技术生命周期的理论基础，最早可追溯到 20 世纪 60 年代美国哈佛大学教授雷蒙德·弗农在其《产品周期中的国际投资与国际贸易》一文中提到的关于产品生命周期理论的概念。产品生命周期(product life cycle，PLC)是指一种新产品自进入市场后其发展经历的"形成—成长—成熟—衰退"四个阶段的发展过程[12]。

基于弗农的产品生命周期的理论，亚瑟·里特(Arthur D. Little)明确地定义了技术生命周期，他从两个维度对技术生命周期进行了界定：一是竞争的影响力，二是产品与制造的整合[13]。一项新技术的出现要经历生命周期的四个阶段：第一阶段是技术初创期，这一时期的技术在同类产品的竞争与产品制造中都处于低端与劣势；第二阶段是技术成长期，伴随着技术的进步，对以往技术的记录和追寻，技术的竞争力在不断提升，但产品的竞争力和制造整合能力还有待进一步提高；第三阶段是技术成熟期，由于技术的不断深化与发展成为关键性的新兴技术，而此时其在竞争力与产品的整合制造中都达到较高水平；第四阶段是技术衰退期，由于技术发展处于调整与更替期，原有的技术会被新技术取代或在原有基础上优化升级，技术生命周期如此循环往复的上升发展。

Arthur 以技术绩效指标对技术生命周期进行了划分；Ford 和 Ryan[14]、Michael[15]从技术渗透视角对技术生命周期阶段性的发展进行了划分；Burgelman 等[16]则从市场规模的角度对技术生命周期发展的阶段进行了分析。国内学者赖士葆等[17]、张孟元和刘江彬[18]借鉴国外的技术绩效与市场规模对技术生命周期进行研究。综上，对战略性新兴技术的演进从技术自身发展的变异、孕育、选择与保留四个方面探讨技术生命周期，它是具有周期变化特征的技术变革[19]。

7.2.2　技术生命周期的特征

1. 变异

在技术发展的变动初期，技术具有不稳定和技术发展不连续的特性，这种不连续可能使得技术出现变革性的创新技术。这种技术的突发式创新会对前沿技术性能的提高有量与质的飞跃，从而出现与之前完全不同的新工艺与新产品。新工艺的不连续性体现在生产方式、方法的改变；而新产品的不连续性则体现为产品性能的改进、质量的提升、外形的选择与成本的投入等。

2. 孕育

由于技术初期变动的不连续性，将使企业对新技术不断学习—消化—吸收。技术是不断变动的，且新旧技术或不同的新技术之间是相互竞争、交互更替的。这种交互更替的竞争都以技术性能优劣为前提。一方面，新旧技术的更替不会让旧技术自动退出或消失，它作为行业发展的主导会积极进行防御，从而提高技术性能和改进技术方法。另一方面，不同新技术的竞争　会产生一个主导性的设计，从而引领新兴技术与新兴产业的发展。

3. 选择

新兴技术主导设计的筛选与产生受到多方面因素的影响。一方面，受到企业利益的驱动，在众多不同新技术的选择中，主导设计的最终确定将在产品类别的研发与生产中占据主导地位。当其被确定为主导性技术设计时，其技术的进步将是渐进式的缓慢发展，而非犹如之前的突变式技术，它降低了技术不确定性和风险性，使得上下游之间建立较稳定的发展关系。另一方面，受到社会经济与政治因素及不同利益群体因素的影响，使得技术主导设计考虑的技术选择标准较多，技术具有多重复杂的不确定因素。对于复杂产品的主导设计的选择，满意标准比最佳标准会更被优先考虑。

4. 保留

在新兴发展到成熟期后，技术会进入一段保留期，这一时期各部门与群体间是相互协助推进技术的进步发展。主导设计出现后，产品的性能与关键技术得以确立形成技术模式与规范，而新工艺的创新是技术竞争的关键。下一新的不连续性技术出现前，技术已处于保留阶段，而新技术的突破多是要借助外力再加上技术内部变革的推动，是技术打破现有的储备阶段，得以发生技术的不连续的动态变化，才能有新的技术创新，并推动新兴产业的发展。

图 7-1 中 A 到 B 的变化表明，技术的发展经历了萌芽期—成长期—成熟期—保留期，如此循环往复技术不断创新、保留变异，技术不断更新换代适应环境、市场、客户需求等变化。

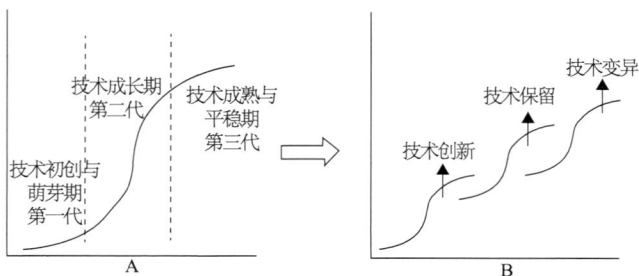

图 7-1　技术生命周期与特征

技术生命周期理论是战略性新兴技术演进的重要理论基础。技术生命周期理论贯穿于战略性新兴技术发展的始终，体现在新兴技术的初创—成长—成熟演进的每一阶段，到新兴技术的创新与演进需要变异—孕育—选择—保留的特征，皆体现着技术生命周期理论。战略性新兴技术的演进，不仅是技术的创新与演进的过程，也使得战略性新兴技术体系发生改变，并带动战略性新兴产业的发展。

7.3　技术范式与技术轨道

7.3.1　技术范式

"范式"一词源自希腊文，译为变化规则，含有"共同显示"之意，后又引申为模式模型、规范、范例等意[20]。1962 年库恩在《科学革命的结构》(*The Structure of Scientific Revolution*)一书中，开创性地将"范式"这一新概念引入，他认为"范式"表明了科学理论发展的本质与规律，并在此基础上开展科学研究活动，描绘了科学发展的动态蓝图。

在科学技术发展的多领域与学科中，对科学问题的研究都有借鉴库恩的"范式"思想，并根据不同学科研究的需要对其内涵进行阐释及技术变革的动态发展过程。其中比较有代表性的学者是乔瓦尼·多西(Giovanni Dosi)最先提出的"技术范式"[21](technological paradigm)的概念。多西在库恩科学范式的基础上进行总结归纳有关技术范式发展的相关知识结构，他认为：技术范式是基于自然科学的高度选择性原理的、解决特定技术经济问题的"图景"(或模式)，以及那些以获取新的知识为目标、并尽可能地防止这些新知识过快地扩散到竞争者的特定规则[22]。

技术范式是为了解决与选择技术问题的一种模式。技术范式规定了所研究的领域、问题、程序与任务，它是技术体系的规范，且具有极强的排他性。基于技术范式所需导入的条件与概念间的相互依赖，将技术范式归纳为，实际上就是"为解决所选择的技术经济问题的一种模式，这些解决问题的办法立足于自然科学的原理"[23]，技术范式概念在很大程度上具有技术特定性(technology-specific)，而非生产特定性(industry-specific)[24]。

技术范式为战略性新兴技术在演进过程中对技术进行选择，提供了一种模式。为战略性新兴技术演进起到指导性作用。战略性新兴技术的演进作为一个动态的变化过程，其技术的发展具有复杂性与系统性的特征，而技术范式作为解决技术复杂性与技术系统模式的选择，能够合理有效地排除干扰因素，使战略性新兴技术的演进更加规范化。在战略性新兴技术演进的一般模式中，在新兴技术演进的技术变革与发展方向上，都充分体现了技术范式这一理论的重要性。

7.3.2　技术轨道

由于产业技术发展的演变规律性问题，纳尔逊 (Nelson) 和温特 (Winter) 等最早提出了"自然轨道" (natural trajectory) 的概念[25]。这为多西等的"技术轨道" (technological trajectory) 概念的提出奠定了理论基础[23]。

因为技术范式在各领域的应用不同，所以每个"技术范式"都是在规划着自身技术"进步"的方向，形成自己特殊的"技术轨道"发展模式。技术轨道是为了解决其范围内技术范式所出现的常规技术问题与活动的模式，即技术轨道是一组技术可能发展的方向与解决某一问题的相关方法，其外部的边界有技术轨道所决定[26, 27]。

技术轨道达成了技术与市场经济间的有机结合，是技术自身发展和市场发展需要的共同结果，技术轨道决定了技术创新有机会与可能发展的方向，由此也决定了企业技术发展的未来前景与目标。从技术范式与技术轨道的发展模式的角度对技术进行科学的规划、创新与预测，将更准确地对技术进行选择和把握新兴技术与产业的发展动态，更加有利于战略性新兴技术的创新发展与成长[28]。

技术轨道为战略性新兴技术的演进规划方向与创新的可能，对新兴技术演进具有导向的作用。战略性新兴技术演进表明了技术进步与技术前进的一个历史过程，无论技术是前进、倒退抑或停滞，留下技术发展的轨迹。技术轨道规定了技术发展的方向，并具有解决某一问题的方法。从技术范式与技术轨道两方面出发，可更加科学有效地把握战略性新兴技术演进的过程与规律变化。技术轨道为战略性新兴技术演进的研究提供了技术轨道发展的方向。

7.4　知识流动理论

7.4.1　知识流动

知识流动 (knowledge flow) 包含知识转移、知识扩散和知识吸收等一系列过程，多出现在知识管理与创新系统的相关研究中。由于其出现的时间较短，不同国家的不同学者对其研究和具体过程的不同，使得知识流动概念呈现出多样化的特征。

20 世纪 70 年代，Teece[29]在探究跨国公司的技术转移问题的过程中，首次提出了知识转移的概念，这为知识流动的研究开启新的航程，使得各国专家学者对知识流动的发展动态极为关注[30]。经济合作与发展组织认为，知识流动是区域创新系统的组织关联表现形式，知识流动能够帮助区域内知识主体学习和获取外部知识，充实系统内的发展，并且在学习的过程中，区域内主体依靠自身知识和外部知识的结合来产生新的创新[31]。

Sorenson 等[32]从知识的复杂性、网络对知识流动理论进行了研究探讨，表明知识流动中各企业组织会对知识进行接收和构建，知识的复杂性使其具有高保真性；Hu 和 Jaffe[33]则从国际视野中的知识扩散模型对知识流动中应用的专利引文指标进行了分析，从而了解新近技术知识流动的发展情况；Gupta 和 Govindarajan[34]认为，知识流动是可在企业内转化成技术力量，研究了知识流入跨国公司的动机、吸收和扩散传播，通过对知识单元的预测与机理的研究发现知识的外流；Davenport 和 Prusak[35]认为，知识流动是一种潜在的知识传播与扩散，这种知识传播与扩散能被其所需者消化和吸收；Fang 等[36]从知识的层次和知识管理的角度对知识流动创造性进行了分析与探究。

我国学者近年来对知识流动进行较为深入研究，从中国知网共检索到 1024 篇文献，而硕博论文在知识流动相关方面的研究有 400 篇。在知识流动研究的初期，学者们认为知识流动是不同个体间的互动，使得知识得以扩散、转移与共享的过程。王众托以知识网络系统为研究背景，对形成的知识网络系统中的知识流动概念进行了介绍。他认为知识网络系统中的各个网络节点的相互连接，是知识的流动与新知识产生的过程。曾德明等在知识流动的视角下对企业创新网络进行了分析，诠释了知识获取、知识创造、知识转移与知识应用的完整知识流动过程，推进企业创新网络的发展[37]。余以胜等以区域创新体系的视角对知识流动进行分析，探究知识流动动因和知识流动主体地位[38]。张庆普和李志超从企业隐性知识流动视角对知识主体、企业内外部的隐性知识的流动与转化进行了研究[39]。王旺兴和李艳从产业集群的视角对知识流动进行了分析，阐释了知识流动对产业集群创新机制的影响[40]。顾新等则从知识流动、知识链与知识管理着手，界定了组织中知识流动所形成的知识链及其管理的内涵、原则与目标[41]。丁王晋等从复杂虚拟知识网络模型的结构特征中对不同属性的知识结点及其知识演化规律进行了探究[42]。王文平和张兵通过动态的关系强度对知识网络下的知识流动的涌现特性进行了深入研究[43]。知识的流动具有复杂的动态性的特征，而且知识是在不断创造、扩散、转移与应用中得以发展与完善的。知识流动被应用于多个学科与领域中，且其概念具有多样性。

7.4.2 技术知识流动

技术知识在英文中有两种表达方式：一种是 technical knowledge；另一种是 technological knowledge 等[44]。二者的不同则体现在使用范围和形成过程的不同。technical knowledge 适用于具体、专业的技术领域，且其形成过程是现场使用与操作的不断累积，强调在技术逻辑基础之上的经验积累，强调实体构成；technological knowledge 具有普遍的适用范围，其形成多是社会相关成员共同构建的结果，强调技术的社会建构[45]。

Rodríguez-Elias 等[46]在野中郁次郎关于知识创造理论的基础上,将知识流动分为知识的创造、知识的转化与共享及知识的应用等部分。而企业中的技术知识流动作为知识流动的一种表现形式,在技术创新中技术知识的流动可分为内外两部分:对内而言,技术知识流动是知识的消化与吸收及扩散的内部学习过程[47];对外而言技术知识的流动是建立起企业、高校科研院所与政府机构间知识传递的主要桥梁,推进知识的生成与转化。

国内对技术知识研究方面,张斌和潘天群[48, 49]认为,技术知识可分为分析性的知识和经验性知识,且技术知识是技术判断标准与有效形式,技术知识的运行有其自身的规则;王大洲和关士续[50]则对技术知识的本质进行了新的探究,认为技术知识是可以创造出新的知识,并推动企业进行技术创新。

技术知识流动的形成、传播与转化会拖动技术的创新。技术创新不仅能满足技术对知识的需求,同样可以将内外环境更好地统一与联系在一起,外部技术知识的流动与转化,能有效地推动技术知识的流动;而内部技术知识的流动能更加有效地扩散推动内部知识体系的个性化并产生新的技术知识推广到外部,使得技术知识在不断流动中进行创新。

技术知识的流动是战略性新兴技术演进的理论基础与动力。战略性新兴技术演进是内外相互作用的统一,从而推进战略性新兴技术的发展。战略性新兴技术的演进是知识的流动过程,这种流动体现在:外部的技术对知识理论的吸收并应用于技术内部的流动;内部的技术知识流动使其成形与成熟后再将技术研发的创新技术扩散推广到市场,如此不断吸收—消化—应用—推广的过程,使技术知识流动不断创新出新理论与新技术,并使技术知识流动的应用范围与领域不断扩大。技术知识流动是新兴技术演进中技术体系里最基础的与最重要的知识单元。本章在技术演进路径、技术演进机理的技术内外部环境与技术演进的动力中都有体现技术知识流动的主导性作用。

7.5　本 章 小 结

战略性新兴技术对一个国家或行业的高新技术发展起到引领性和主导性的作用。本章基于战略性新兴技术的概念与特征,从整体上对战略性新兴技术演进的理论基础进行了归纳总结,从战略性新兴技术的起源和共生演化揭示技术演进的轨迹,从技术生命周期理论展现技术演进的动态变化过程,重点从技术共生演化理论、技术生命周期理论、技术范式与技术轨迹和知识流动理论等方面构建战略性新兴技术演进的理论分析框架。

本章参考文献

[1] 舒尔曼 E.科技文明与人类未来——在哲学深层的挑战[M]. 李小兵，谢京生，张峰，等译. 北京: 东方出版社, 1995
[2] 米切姆 C. 技术哲学概论[M]. 天津: 天津科学技术出版社, 1999
[3] 王发明. 基于生物进化理论的技术演进研究[J]. 科技与经济, 2008, 6(3): 51-54
[4] 盛昭瀚, 蒋德鹏. 演化经济学[M]. 上海: 上海三联书店, 2002
[5] 宋艳, 银路. 新兴技术的物种特性及形成路径研究[J]. 管理学报, 2007, 4(2): 211-215
[6] 邓树增. 技术学导论[M]. 上海: 上海科学技术文献出版社, 1987
[7] 霍奇逊. 制度与经济学现代文选: 关键性概念[M]. 北京: 高等教育出版社, 2004
[8] 扬虎涛. 共生演化系统的萌芽、发展与成熟——多元化战略的演化经济学解释[J]. 华中农业大学学报(社会科学版), 2006, (2): 45-50
[9] 银路. 新兴技术管理导论[M]. 北京: 科学出版社, 2010
[10] 王敏. 新兴技术"三要素多层次"共生演化机制研究[D]. 成都: 电子科技大学博士学位论文. 2010
[11] 程跃. 企业能力与新兴技术共生演化机理研究[D].成都: 电子科技大学博士学位论文, 2010
[12] 高利丹.基于专利文献的技术生命周期分析模式研究[D]. 成都: 西南交通大学硕士学位论文, 2011
[13] Little A D. The Strategic Management of Technology[M]. Cambridge: Mass, 1981
[14] Ford D, Ryan C. Taking technology to market[J]. Harvard Business Review, 1981, 59: 117-126
[15] Michael H. Application of technology life cycles to technology transfers[J]. The Journal of Business Strategy, 1984: 51-58
[16] Burgelman R, Christensen C, Wheelwright S. Strategic Management of Technology and Innovation [M]. New York: McGraw-Hill/Irwin, 2008: 1-30.
[17] 赖士葆, 谢龙发, 曾淑婉, 等. 科技管理[M]. 台北: 空中大学图书, 1997
[18] 张孟元, 刘江彬. 无形资产评估鉴价之理论与实务[M]. 台北: 华泰文化出版, 2005
[19] 泰奇 G. 研究与开发政策的经济学[M]. 苏竣, 柏杰译. 北京: 清华大学出版社, 2002
[20] 李醒民. 科学的革命[M]. 北京: 中国青年出版社, 1989: 67
[21] Dosi G. Technological paradigms and technological trajectories[J].Research Policy, 1982, 11: 147-162
[22] Dosi G. Sources, procedures, and microeconomics of innovation[J]. Journal of Economic Literature, 1988, 26: 1127
[23] 多西 G, 弗里曼 C, 纳尔逊 R, 等. 技术进步与经济理论[M]. 钟学义, 等译. 北京: 经济科学出版社, 1992: 276
[24] Debackere K, Clarysse B, Wijnberg N M, et al. Science and industry: a theory of networks and paradigms[J]. Technology Analysis & Strategy Management, 1994, l6(1): 65
[25] Nelson R, Winter S. An Evolutionary Theory of Economic Change[M].Cambridge: The Belknap Press of Harvard University Press, 1982: 7-24
[26] 刘俊. 采用高新技术改进制造业的技术选择研究[J]. 价值工程, 2003, 1: 2-4
[27] 吴贵生, 王毅. 技术创新管理[M]. 北京: 清华大学出版社, 2011

[28] 许广玉.基于技术轨道的高技术企业自主创新战略分析[D].南京：航空航天大学硕士学位论文, 2006

[29] Deece T. Technology transfer by multinational firms: the resource cost of transferring technological know-how[J].The Economic Journal, 1977, (87): 242-261

[30] 华连连, 张悟移. 知识流动及相关概念辨析[J]. 情报杂志, 2010, 29(10): 112-117

[31] 庞杰. 知识流动理论框架下的科学前沿与技术前沿研究[D]. 大连：大连理工大学博士学位论文, 2011

[32] Sorenson O, Rivkin J W, Fleming L. Complexity, networks and knowledge flow[J]. Research Policy, 2006, 35(7): 994-1017

[33] Hu A G Z, Jaffe A B. Patent citations and international knowledge flow: the cases of Korea and Taiwan[J]. International Journal of Industrial Organization, 2003, 21(6): 849-880

[34] Gupta A K, Govindarajan V. Knowledge flows within multinational corporations [J]. Strategic Management Journal, 2000, 21(4): 473-496

[35] Davenport T H, Prusak L. Working Knowledge How Organizations Manage What They Know[M]. Cambridge: Harvard Business School Press, 1998

[36] Fang S C, Lin J L, Hsiao L Y C, et al. The three tiers architecture of knowledge flow and management activities[J]. Technovation, 2002, 22(6): 371-383

[37] 曾德明, 禹献云, 陈静华, 等. 企业创新网络分析：知识流动视角下的理论构架[J]. 科技管理研究, 2009, (9): 352-355

[38] 余以胜, 赵浚吟, 陈必坤, 等. 区域创新体系中创新主体的知识流动研究[J].情报理论与实践, 2014, (7): 59-63

[39] 张庆普, 李志超. 企业隐性知识流动与转化研究[J]. 中国软科学, 2003, (1): 88-92

[40] 王旺兴, 李艳. 产业集群内的知识流动与创新机制[J].科技与管理, 2003, (3): 42-44

[41] 顾新, 李久平, 王维成. 知识流动、知识链与知识管理[J].软科学, 2006, 20(2): 10-12, 16

[42] 丁王晋, 陈晓荣, 韩丽川. 复杂知识网络的结构特征对知识流动的影响[J]. 上海理工大学学报, 2003, (3): 237-242

[43] 王文平, 张兵. 动态关系强度下知识网络知识流动的涌现特性[J]. 管理科学学报, 2013, (2): 1-11

[44] 宋保林, 李兆友. 技术创新过程中技术知识流动研究述评[J]. 科技进步与对策, 2010, 27(16): 156-160

[45] Antnio S, Fernandes C, Mendes P M. Technology as culture and embodied knowledge[J]. European Journal of Engineering Education, 2003, 28(2): 151-160

[46] Rodríguez-Elias O M, Martínez-garcua A L, Vizcaíno A, et al. A framework to analyze information systems as knowledge flow facilitators[J]. Information and Software Technology, 2008, 50(6): 481-498

[47] Boisot M H. Is your firm a creative destroyer? Competitive learning and knowledge flows in the technological strategies of firms [J]. Research Policy, 1995, 24(4): 489-506

[48] 张斌. 技术知识论[M]. 北京：中国人民大学出版社, 1994: 21-38

[49] 潘天群. 技术知识论[J]. 科学技术与辩证法. 1999, 16(6): 32-36

[50] 王大洲, 关士续. 技术知识与创新组织[J]. 自然辩证法通讯, 1998, 2(1): 31-39

8 战略性新兴技术的演进研究

战略性新兴技术演进不但要依靠技术理论与技术方向的引导，还需要新兴技术自身不断创新。战略性新兴技术的演进不仅是技术的提升与进步，也是技术系统各要素间相互协调发展的过程。而在新兴技术演进过程中，外部的市场环境、产业的发展及技术理论间的联系都为其发展提供基础，从而了解科学与技术在演进中的转化与应用。

8.1 战略性新兴技术演进模型

战略性新兴技术体系演进主要是宏观、微观和中介层面互动的复杂动态系统。从微观层面主要是基于技术知识流动的技术单元—技术链—技术群—技术网络—技术系统的演进，在知识层面表现为技术知识到新兴技术、关键技术、核心技术和共性技术的过程。中介层面主要是从传统产业到主导产业和新兴产业的过程。在宏观层面的演进主要是战略性新兴技术系统与市场、政府、政策体系等外部环境之间的互动过程。这一动态演进模型可以由图 8-1 表示。

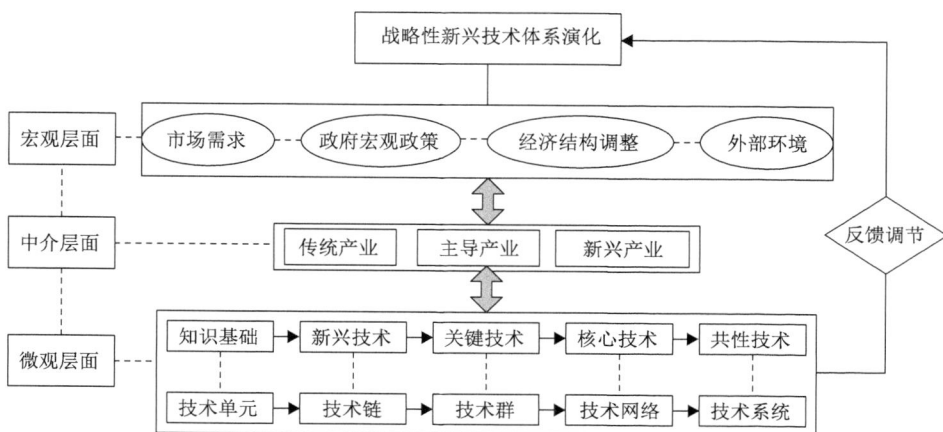

图 8-1 战略性新兴技术演进模式

技术的本质是人对自然的能动作用，这种作用不仅表现在物质生产方面，还表现在人的社会生活和生产方面。技术可以看成是一种可操作性的体系，这就意味着技术可以作为一种手段，人类正是借助这种手段去干预自然，去改变和控制自然。具有内在联系的相关技术构成技术体系，它是一个始终从低级到高级，从不完善到完善，不断演进、上升和发展的复杂系统。技术体系的依存性、渗透性、连锁性和层次性等特征构成了技术创新的理论基础，系统的自组织性是技术不断创新发展的重要保障。材料、能源、信息技术是现代文明的三大支柱。诸如材料技术、能源技术和信息技术这样处于核心地位的技术构成了技术体系的一般结构，高技术、新技术发展的时代技术创新是围绕在这些一般结构基础之上的革新。

　　各种技术以其内在的联系为依据，按照一定的社会目的组成一个具有特定功能的有机整体，就形成了技术体系。技术体系是技术在社会中的现实存在方式，它是整个社会的有机组成部分，同时又具有相对的独立性。技术体系一般具有社会目的性、功能整体性、环境制约性、构成层次性、发展连锁性等五个特征。各种技术并不是孤立或独立存在的，它们相互之间在某种条件下存在一定的联系，各种技术以其内在联系构成网络系统。技术体系所追求的不是其中的某一技术构成的单一功能，而是多种技术相互联系所形成的整体功能。结构是组织的内在形式，只有各单元技术之间在功能上互补、程度上匹配、整体结构合理，才能使得这个技术体系功能优化。

　　技术作为一个系统是不断运动的。每一种技术的形成均是在已有成果基础上积累演化的过程，这一过程中有时是单一技术的持续演进，有时则涉及两种或几种技术的结合而衍生出的新技术。随着技术累积过程的持续，基数会逐渐增大，从而使技术产出呈几何倍数增长，这种思想与达尔文所提出的生物进化论是一致的。马克思也曾认为技术发明实际上应是一个建立在许多细微改进之上的技术累进过程。对技术演化的研究起源于乔治·巴萨拉（George Basalla），他在其著名论著 *The Evolution of Technology* 中，基于达尔文生物进化论的观点首次提出了技术演化的观点，他认为技术犹如生物体一样存在着像继承、变异和选择等一些生物进化的现象，并在此基础上构造出了技术发展的典型进化模式。从字面上理解，演化是指一种事物经过时间变化而成为另一种事物的过程，因此技术演化就是指技术随时间变化的过程，它是技术扩散和技术创新领域的核心研究内容，受到了国内外学者的广泛关注。技术发展的不同时期，因主导技术不同而形成的技术体系也不同，所以具有不同的结构，但在新技术革命时代却存在相似或共同的一般结构，是以新材料技术、新能源技术、信息技术、生物技术、空间技术及海洋技术等为核心的技术体系要素。随着社会的发展和人类的不断进步人们对生存条件的要求也在随着人类改造自然的进程而不断上升，应该说高技术既是一个新兴学科群，又是一个新兴产业群，人们不断地发挥自己的聪明才智去改变现有的生产技术，不断地发明新技术。从这个意义上讲，以材料、能源、信息技术等为核心的技术体系要素不断孕育技术创新，社会的发展和人类需求的进步拉动了技术创新的实现。

8.1.1　技术单元

技术单元是相对整个技术体系而言的，它是技术体系构建的基本要素。技术单元主要来源于三个层面：第一，自然物。在自然界复杂漫长的进化演进中，造就许多功能奇特、结构精简的自然之物。这些形成的自然之物可被看成是技术单元并被吸纳到技术系统的构建当中。第二，人工自然物。人工自然物分为简单的人工自然物和复杂的人工自然物，它们都是经过自然加工而形成的。简单人工自然物的架构相对较单一且多以基础性服务为主，参与到技术系统的建构中；而复杂的人工自然物本身就可成为技术系统，其多是能够形成独立产业技术体系的建构。第三，个人或团体人。人作为技术单元中的主要建构者，既是技术系统的操纵者，又是建构技术系统的主导[1]。

在技术体系的构建中，技术单元表现出较强的独立性，它既可融入到技术体系的构建，又能从中自行分离出来。技术体系可以将众多的技术单元容纳集合到一起，形成一个完整的体系，使其相互协作推进技术单元与系统的运转。技术单元作为技术体系的基础，决定着技术系统的可实施性与有效性。当技术单元处于技术体系的低端时，它能够辅助比其高层次的技术体系的建构，从而转变成高层次技术体系中的有效的技术单元。高层次技术体系中在不断吸纳新技术单元的同时自身也可能变成低层次技术系统单元。随着技术的革新与进步，高层次技术体系也会瓦解，技术单元将从中抽离分散出来，恢复到原来的状态，从而与技术体系相比，技术单元则更加稳定而且更加自由灵活[1]。

8.1.2　技术体系

系统是技术存在的基本方式，若干技术单元按照技术原理或技术设计方案被组织和建构在一起，就形成了技术系统。技术系统是技术演进、技术变革与技术创新的一个大的环境。从历史发展的角度看，技术系统的创建总是在时代所提供的技术"平台"上或技术世界发展的基础上展开的，前人的技术成果是后人建构技术系统的基础。因此，新技术系统中总是凝聚着前人的技术成就，是继承与创新的有机统一。围绕主体目的的有效实现，技术系统的积累性主要体现为时间上的"阶梯"式递进。而技术系统本身又要受到内部各要素和外部各要素的影响，才能推进技术的进步。

层次结构是系统的基本特征，是技术系统构建的普遍原则。"系统论断言，无论是系统的形成和保持，还是系统的运行和演化，等级层次结构都是复杂系统最合理的或最优的组织方式。"在技术系统的建构中，技术单元或子系统之间存在着横向相干性，它们以功能"模块"的形式参与高一级技术系统的建构与新功能的凸现，形成了技术系统纵向上的层次结构。沿着从低级到高级、由局部到整体的次序，技术系统的建构体现为以"复合"为特征的建构阶梯。低层次技术系统的改进成果会通过这一阶梯式构成"链条"，被高层次技术系统所吸收，并依次引起高层次技术系统的变革。而沿着从高级到低级、由整体到部分的次序，技术系统的建构就展现为空间上的层层"嵌套"。

从整体上来看，技术系统是整个技术运行的宏观调控，技术系统将各要素进行合理有效的配置，并使其相互配合以达到最优化，从而使得各技术要素能够相互协作、稳定发展，即技术系统为技术稳步有序的发展提供了良好的环境，从而推进整个技术产业的发展。从综合性来看　技术系统的综合性主要表现在对各技术领域知识的容纳与吸收，综合各技术发展的优势，为技术发展奠定良好的理论基础，且各技术链形成紧密的联系，并形成技术群体与网络，使技术体系得以优化发展。从技术系统的层次来看，技术有高低之分，低层次的技术要不断更新改进向高层次技术靠拢，从而达到被高层次技术吸收的目的；而高层次技术不仅要吸纳低层次技术，还会有并行的高层次技术纳入技术体系中，推动整个技术系统的变革，从而推进新兴技术产业的发展。技术系统的技术创新变革不仅能够带动其他技术与行业的发展，同样对技术系统与体系的变化也是极为重要的。

8.1.3　自组织理论

德国理论物理学家哈肯(Haken)认为，从组织的进化形式来看，可以把它分为两类：他组织(或被组织)和自组织。如果一个系统靠外部指令而形成组织，就是他组织；如果不存在外部指令，系统按照相互默契的某种规则，各尽其责而又协调地自动地形成有序结构，就是自组织[2]。从技术生态的视角研究技术的演化，其演化过程中既与技术系统内部各种技术的相互依存、相互制约相关，同时也与外部环境密不可分，也就是说技术演化在内因和外因共同作用下不断发展[3]，表现为自组织和他组织两种演化形式。

现代技术自组织系统的自组织演化可分为两个阶段，即在原有技术范式中的自稳定过程和新旧技术范式交替时表现出来的自复制、自重组过程。自稳定过程是指在原有技术范式规定下的现代技术进步活动，即分叉以前，沿技术轨道所进行的现代技术进步活动，是直接参与生产活动人员的发明和改进意见的结果，或是用户建议的结果。这种常规的解体活动至少原则上对其进展是可预测的，因而是渐进性的现代技术进步，具有累积性和连续性特点，这是通过自稳定过程来实现现代技术自组织系统的自组织演化。在原有技术范式下，相互竞争的企业中的科研开发人员共同积累同时也分享技术共同体内的科学技术信息，因此沿着技术轨道，能够对相同技术提出很相近的发展方案，共同影响现代技术进步过程。原有技术范式形成的制度和规则提供了现代技术进步过程中诸因素相互作用的稳定模式，影响现代技术进步的行为参数，明确哪些行为是可以接受的和可能的，哪些研究活动的方向将可能导致最终成功，降低了现代技术进步不确定性。因此，在现代技术进步过程中的微涨落在低于临界状态下，产生涨落回归，增强了原有技术范式。而自重组过程则是指新旧技术范式交替下的现代技术进步活动，即在高于临界状态，系统失稳出现分叉以后，一种新的技术范式出现及对原有技术范式的取代，体现的是现代技术进步过程的非连续性。这就在更大意义上体现了熊彼特对现代技术进步的定义，即现代技术进步是一种生产要素与生产条件的新组合。通常是企业、高校及科研机构研究开发活动的结果，在技术的某些领域乃至若干经济领域产生影响，甚至对技术体系乃至经济体系产生影响。这种非连续性使现代技术进步过程中某一随机涨落的未来发展情况无法预测，只有通过环境选择机制的非线性放大作用成为巨涨落，从而完成突变性现代技术进步，产生新的技术方式。这就是通过自重组过程来实现现代技术自组织系统的自组织演化。在成熟的技术领域，随着环境的改变，即便是众所周知的技术，也可能被证明是不精确的，从而产生现代技术进步。而新的技术领域充满了模糊和不确定性，充满了新的技术机会，会产生突变性现代技术进步。随着现代技术进步过程诸要素连续的和非线性的相互作用，需要打破原有技术范式中既定的制度和规则，或多或少地适应现在的或是将来的环境与机会，这样才会促进突变性现代技术进步的产生。新技术范式产生的过程，实质上是在由于系统分叉产生的多样性中进行选择。选择的标准随环境的改变而改变，什么样的现代技术进步会在选择进程中获得胜利是不确定性共同作用的结果。

8.2 技术体系的内部演化

单纯从技术发展轨迹的角度来进行技术演化研究，主要是借助于技术 S 曲线这一基本分析工具而建立起来的技术演化模型及实证进行分析。它是在对技术范式、技术轨道及主导设计等相关概念进行研究的过程中而逐步形成的，关注于技术沿着 S 曲线的连续性创新及存在于两条 S 曲线间的不连续性创新过程。1982 年，多西在纳尔逊和温特所提出的技术轨迹理论及库恩(Kuhn)科学范式理论的影响下提出了技术范式的概念，他认为技术范式可以被定义为"挑选出来的解决特定技术问题的一种模式，这些模式是基于一定的自然科学原理及一定的物质技术"。而后多西又将自然轨道理论与科学范式理论进行结合，进一步提出了技术轨道的概念，认为技术轨道是"经过经济的和技术的要素权衡折中，由技术范式所限定的技术进步的轨迹"。在同一技术范式内不同技术轨道的竞争又导致了主导设计的出现，它是指被行业内大多数企业所认可采纳的特定技术轨道。基于技术 S 曲线的演化研究能够很好地测度产品或工艺的性能随着时间或投入的变化情况。S 曲线研究认为，技术演化一般都要遵循一定的周期性规律，这就产生了产品生命周期。一般来说，一个完整的技术演化生命周期通常要包括技术创意、技术研究与开发、产品应用开发、应用成长、技术成熟和技术衰退等六个典型发展阶段。对技术周期的研究可以更好地揭示技术创新成功或失败的深层次原因，厄特巴克(Utterback)和阿伯内西(Abernathy)研究认为，一项不连续性创新通常会导致一个混乱时期(称为易变阶段)的出现，制造商和客户从各种利益出发去探索新技术，从而满足自身的需要。而后随着利益的逐渐趋同，二者在技术结构上的认识会达成某种程度的共识，这就产生了主导设计。主导设计并不是技术性能最优秀的技术，而是能够实现制造商和顾客需求最完美统一的一系列技术特征的集合。它的出现使技术发展由易变阶段逐渐过渡到确定阶段，从而使技术创新更有效率。安德森(Anderson)和图什曼(Tushman)也认为，主导设计是技术从混乱时期过渡到增量变化时期的一个信号。

相比较而言，技术 S 曲线主要是从狭义的角度来理解技术，技术体系是以系统的形式存在的，对技术体系演化的研究不能只关注技术本身的演化，其内容还应该包括技术系统内各要素之间的相互作用及共同发展过程。由于技术生态系统是由核心技术及其相关联的补充性技术和支撑性技术所构成的系统，它们之间紧密地联系在一起。如果从知识的角度进行分类，上述的技术元素可以称为部件技术，它是与产品零部件有关的知识基础，而关于部件技术之间连接方式的知识则组成了构架技术。一个技术元素的变化会引起其他技术元素发生相应的变化，从而引起整个系统发生变化，形成模块化、进化、结构化和变异四种技术系统演化模式。技术基本上属于社会的物质财富和创造物质财富的实践领域，目的在于合理地改造自然界，实现由理论向实践的转化。相对完整的技术体系一般具有明确的社会目的性，任何技术体系都是按照一定的社会目的所组成，目的和要求不同技术体系也就各有不同。

社会目的性既是形成技术体系的外在要求，又是技术创新的重要动因，这一点可以把技术体系和技术创新有机地结合起来。技术体系是一个不断进化，发展的复杂系统。每一种技术都是依赖另一种或其他技术而存在的，随着社会的不断发展和进步，各种技术相互依存，紧密联系在一起推动着技术的不断创新，在相互关联的各种技术构成的体系中，某种技术的创新必然会引起相关技术的变化，从而使整个技术体系的变革。技术体系这种依存性和连锁性的特征必然促进技术向更高方向的不断演进，不断创新，构成了技术创新的理论基础。作为一个复杂的动态系统，技术体系还具有自组织特性，所谓技术体系的自组织性是指技术从低级到高级从不完善到完善的演化，上升和发展的趋向特征。随着社会的不断进步，人们为了满足生存发展的需要，必然要不断创新和发展技术，保持技术朝着能发挥最大功能的方向发展，这正是技术创新变化的内在依据。技术创新是技术不断向前发展的核心动力之一，技术的不断发展又促进和完善了技术体系。

技术创新实际上是一种技术经济概念，源于人们关于科学技术与经济发展的探求。从社会角度来看，技术创新是由创新主体（企业）所启动和实践，以成功的市场开拓为目标导向，以新技术设想的引入为起点，经过创新决策、研究与开发、技术转化和技术扩散等环节或阶段，从而在高层次上实现技术和各种生产要素的重新组合及其社会化和社会整合，并最终达到改变技术创新主体的经济地位和社会地位的社会行动或行动系统。信息科学与生命科学、物理学、材料科学等结合，将产生新兴交叉学科。这些新兴学科的兴起，对未来科学技术的发展，对经济与社会的发展将起着极其重要的作用。前沿科学的发展需要技术创新的支持，同时推进技术体系的完善。在一个完整的技术体系中，技术创新的环节要纳入整个技术体系考虑，如图 8-2 所示，此时技术创新的环节不仅仅是其创新过程的环节，更是整个技术体系的关节点。

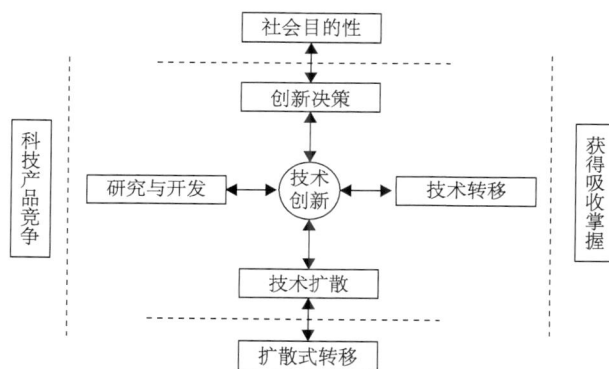

图 8-2 技术体系条件下的技术创新

美国哈佛大学教授熊彼特在 1928 年发表的《资本主义的非稳定性》中首次提出创新是一个过程的概念，认为这个过程包括发明、创新和创新扩散这三个相关联的环节。1939 年，熊彼特在《商业周期》（*Business Cycles*）一书中，比较全面地提出了创新理论，但并没有给定技术创新的定义。经过几十年的发展，著名教授索罗（Solo）于 20 世纪 50 年代提出技术创新的形成依赖于新思想及其以后阶段的实现与发展的理论，第一次就技术创新本身的问题开展研究，被称为技术创新研究上的第一个里程碑。美国国家科学基金会（National Science Foundation，NSF）于 20 世纪 60~70 年代逐渐展开对技术创新的解释，如它在 1976 年对技术创新的定义，技术创新是将新的或改进的产品、过程或服务引入市场，明确将模仿和不需要引入新技术知识的技术改进作为最低层次上的两类创新也划入技术创新定义范畴中。20 世纪 80 年代中期，经济学家缪尔塞（Mueser）在整理了 300 多篇关于技术创新研究的基础上，重新给出技术创新的定义：技术创新是以其构思新颖性和成功实现为特征的有意义的非连续性事件。这一定义包含了两个方面：一方面是技术创新的特征是构思新颖和成功实现；另一方面是指出了技术创新的属性是非连续性。

　　技术创新是一种技术经济概念，源于人们关于科学技术与经济发展的探求。技术创新是技术不断向前发展的核心动力之一，技术的不断发展又促进和完善了技术管理体系[4]。技术创新同样是一个复杂的系统工程，它包含的内容和因素是非常复杂的。从以上缪尔塞对技术创新的定义来看，技术创新是一个必须对技术有新突破、构思新颖，而且技术成果必须成功实现的过程，而这一过程对技术体系本身正是一个完善和发展的过程，因此从这个意义上说，技术体系是技术创新的基础，技术创新是技术体系得以不断完善和发展的动力和核心力量。技术创新就是在现有技术体系基础之上对现有技术的突破和变革，甚至从广义上它还可以包括对技术增量上的改变。无论是突破性创新还是渐进性创新，技术创新在时间上是一个复杂的动态变化过程，是一个从构想到实验开发，经过产品开发最终到成果商业化的过程，或者说是一个"研发—扩散—产业化—商业化"的过程。但无论如何，技术创新的特征规定了技术创新实现的标准是最终达到成果的成功实现。因此，技术创新自然推动了技术向更高的方向发展，是技术体系完善和发展的主要动力。从空间上看，技术体系是一个有内在联系的相关技术交叉综合而形成的网络系统，如图8-3所示，每个环节都是其逻辑生长点，而技术创新就是在寻找这些生长点的基础上实现对原有技术的再生。强调在现有技术基点之上，不拘泥于形式，不固化于传统，打破常规努力促进技术的繁殖与再生，这正是技术体系得以发展的动力源系统。通过技术的发展历史，我们可以发现这样的事实——即使最有革命性的新技术，也不会很快完全渗透到社会中去，只有通过断断续续的、不平衡的、千辛万苦的、缓慢的发展过程，以过去的组织为基础，不断实现组织的突破，建立起适合最有革命性的新技术渗透、发展、成长的技术建制(一种空间意义上的社会存在)，才能对社会产生深远的影响。

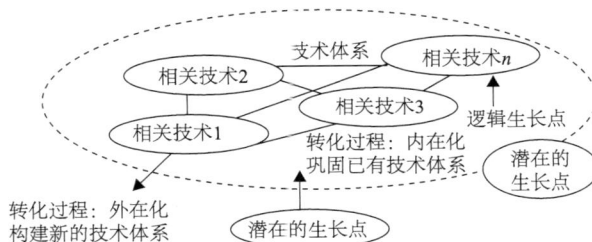

图 8-3　技术体系的动力源系统

　　技术创新是技术体系不断发展的先导[5]，技术创新是一种产业创新，某种主导技术的创新必将会带动相关技术、产业的发展创新，通过单一技术创新，进而扩散影响其他技术的改进，不断推动产业的发展。这种连锁、互动式的技术创新模式将不断推动技术体系的发展。

技术体系内部的矛盾运动是技术发展的内在动因，技术体系是技术创新的基础，技术创新是技术体系的核心动力，二者的相互依存、相互作用共同促成了技术不断向前发展的互动进化模式。由于技术体系各要素具有相互依存性和连锁性，技术体系某要素的微观结构的变化必然会引起宏观技术体系的变革，技术体系本身孕育了技术发展的生长节点，技术创新在不断地探索和寻找这些基点，在找到那些适合生产发展，有利于社会进步的合适生长点以后，便开始不断试验和探求，直到有利于一种人们发展需要的技术出现，从而使技术体系的革新，以适应人类社会不断发展的需要。随着人类社会的不断进步，落后的生产技术将不再适合人们发展的需要，这时新的技术体系便开始为技术的创新孕育新的技术生长点。一般来说，当主导技术更替创新时，必然带动原有技术体系内容、组成和方式等的一系列连锁反应。从技术发展历史来看，在原有技术体系的基础上，先导技术的创新会使得原来的主导技术向新的主导技术转换，因此产生了技术体系的不平衡性，当量的积累达到一定时就会引起技术体系的更替。技术创新既有横向的联系，也有纵向的联系，横向的比较是指把同一时期，不同空间的技术创新联系起来，从而形成一个比较完善的技术体系。纵向的联系是指在不同时代的技术创新的相互联系、相互影响，最终形成的技术体系。总的来说，无论横向联系还是纵向联系，技术体系与技术创新所能形成的互动进化模式，对于完善技术体系和加快技术创新都是有利的。

技术创新是技术体系发展的重要环节，技术体系是技术创新的基础，技术创新发生在一定的技术体系中，技术创新是技术体系得以发展的动力和核心力量。以技术创新为核心力量来讨论技术体系，某种意义上可以把技术体系看做是一个技术系统或者技术建制，技术体系的完善可以看做是技术创新在技术系统或技术建制中的发展过程。技术创新是已有的复杂的人与物和物与物之间网络连接的改善和新的连接方式的创造。技术创新是与科学密切相关的，它可以定义为人们对人与物、物与物和人与人的连接方式的认识，这种认识是以连接方式合理化为目标的，技术体系就是连接方式合理化的存在，而技术创新就是对新的连接方式的认知。在技术创新过程的各个阶段，都离不开技术体系的强有力的支持。技术体系与技术创新二者应当是同步互动的过程。但是，在现实中，二者有时表现为不同步，这就需要它们之间的互动模式来调节。关于技术体系与技术创新的研究，是对技术活动尤其是现代技术活动的宏观动态的考察。要使得科学技术成果转化成为现实的生产力，就必须不断提高技术创新的能力和水平。技术创新活动涉及由技术发明到技术产品市场化的全过程。技术创新活动主要是由企业来进行，是在企业这个场所完成的，因而企业是创新的主体。无论是技术创新的主体还是技术创新的过程都需要一个完善的技术创新体系，这种完善的创新体系能够消除阻碍技术创新的因素并且保持技术体系与技术创新的同步互动。

8.3 技术体系与外部环境共生演化

如果说技术起初只限于表明人和自然的关系，那么现在人们越来越深切地感受到技术的存在已经远远超出了它原先的传统领地，扩展到人类活动的一切领域。因而技术体系的演化也与外部环境相互交叉，互相影响。技术创新作为具汇集技术、生产经营、管理等方面一体的特殊社会实践过程，自然不能缺少一定物力、财力、人力资源的支持。从空间上来看，一个相对完整的技术体系是具有内在联系的相关技术交叉综合而形成的网络系统，每个环节都是潜在的生长点，而技术创新就是在寻找这些生长点的基础上实现对原有技术的再生。技术创新的发展需要技术体系，包括社会政治环境、经济环境、文化环境及科学技术进步的支持，也需要技术创新的不断自我完善，形成以技术创新为核心的技术体系。技术体系是由现实的各种相关技术组成的，所有的现实技术都要受到一定的社会政治环境、经济环境、科学技术进步及文化等因素的影响，如图 8-4 所示，这些条件构成了技术体系的外部环境，技术创新是整个技术进步的一个重要方面，很大程度上对于技术体系的外部环境会起到一定的优化作用，使得技术体系和技术创新的互动处于良性循环之中。我们也可以把一个完整的技术体系看做是技术系统，一般来说，技术系统是一个开放的动态结构，任何技术系统都不是孤立的、封闭的，都处于一定的自然、社会环境之中都要与外界环境进行一定的物质、能量、信息交换，这是系统实现自组织的首要条件。

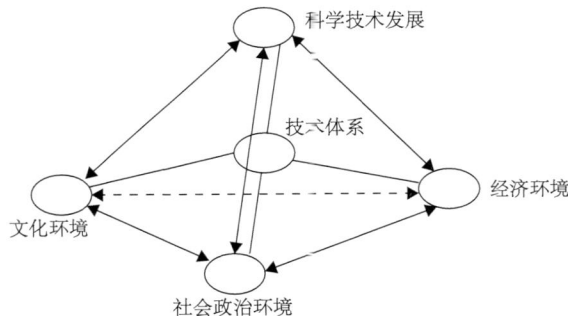

图 8-4　不同环境下的技术体系

技术体系与外部环境的共生演化中经济环境即市场发挥的作用尤其重要，对于新兴技术的技术体系的形成与完善起到了决定性作用。可以说市场拉动(market-pull)创新的概念被提出后，需求对技术创新及技术体系发展的作用就成为了一直以来学者的研究热点。一方面，满足市场需求是技术创新的最终目的，同时市场需求的变化会对技术发展趋势具有重要的导向作用，如消费者对手机性能要求的不断提高，就是智能手机产生及进行技术改进的一个重要方向；另一方面，技术性能的改进和功能的变化，会间接改变或是鼓励消费者的需求发生变化，如智能手机的出现就打破了功能手机的统治地位，同时引领者消费者形成了新的对于手机交互性能的需求。市场需求和技术进步之间的这种彼此联系和互相影响，让技术和市场的共生演化成为很多学者关注的问题[6]。例如，Clark、von Hipple、Christensen 研究了需求环境对技术演化的影响；Geels 提出，技术和消费者偏好之间存在共生演化；Ron Adner 和 Levinthal 对需求异质性对技术创新类型和演化趋势的影响进行了探讨；Sarach Kaplan 则利用模型分析说明了生产者和用户是相互影响的，而系统内主体的共生演化引起技术的变革。

总之，结合向前研究中新兴技术发展不确定性的结果可以判定，市场需求的不确定性是新兴技术高度不确定性的重要内涵之一，而衡量新兴技术是否成功实现商业化的最终标准是该技术能否建立强大的市场需求。从而对于新兴技术来说，市场需求是在其能否实现"创造性破坏"中起着决定作用的最为关键要素之一。市场需求与新兴技术的共生演化过程，从根本上讲是企业与消费者之间展开的技术供给与技术需求的双向试错过程，因此其未来的发展面临巨大的不确定性。要保证新兴技术不被市场淘汰，核心就是要打破消费者对原有技术的依赖，让新兴技术尽快被早期市场中的采用者接受，从而形成新兴技术得以进一步扩散的消费者基础。随着消费者对新兴技术接受度的提高，生产企业会将更多的资源和能力投入到新兴技术的性能改进中，而技术性能的不断改善，反之又会促进更多消费者采纳新兴技术。在不断的反馈过程中，以新兴技术为主导的新兴产业逐渐形成。

与技术轨道已经稳定的成熟技术比较，新兴技术的科学基础尚未稳定、技术轨道仍在流动中，其面临的是尚不稳定甚至不存在的市场，因而新兴技术与市场需求的共生演化和成熟技术与市场需求之间的共生演化模式、机理都是不同的。第一，成熟技术的技术轨道已经稳固，企业同消费者之间的技术-需求改进的反馈系统已经建立，因此不论是从技术环境还是市场环境来看，成熟技术所处的都是连续性环境，它的共生演化过程表现出来的是缓慢变化。而新兴技术与市场需求之间的共生演化过程与之完全不同了，技术和市场应用两方面环境的不连续性使得其共生演化过程表现出跳跃式特征。第二，两类共生演化过程中的主体作用不同。在成熟技术演化过程中，消费者在技术-市场的演化中发挥更大的主动性，企业技术变化方向更多关注的是如何满足消费者的需求；而在新兴技术的演化过程中，市场需求尚不稳定，消费者也不清楚新兴技术具有哪些功能，因此新兴技术企业是促进技术-市场演化的主体。企业对不同技术轨道的不断摸索，寻找新兴技术可能的市场用途，并持续向消费者发出信号，引导消费者朝着新兴技术的需求靠近。第三，两类共生演化过程中的信息传递渠道不同。成熟技术与市场需求的共生演化过程中，企业与消费者间的技术-需求改进的反馈系统已经建立，消费者可以通过销售商、售后服务等业已建立的渠道向企业传递新的需求信息，反之，企业可以通过这些渠道向消费者公布技术的新进展。而新兴技术的市场尚未明确，目标消费者也难以确定，更谈不上技术-市场的学习反馈系统，因此要在企业与消费者之间传递信息，更多的是通过探索性调研、基于文献的市场趋势分析以及领先用户等方法实现的。

技术体系与以市场为代表的外部环境的共生演化促成了新兴技术的持续发展，也最终让新兴技术得以发展成为新兴产业。战略性新兴技术作为新兴技术中具有战略性的部分，其技术体系的演化过程中更应重视以市场环境为代表的外部环境的共生演化，只有不断满足市场需求，才能真正促进战略性新兴技术发展，使其真正成为我国经济发展中的重要组成部分，推动我国在战略性新兴技术发展方面取得显著成就。

8.4 本 章 小 结

战略性新兴技术的演进需要系统内各要素间相互协调发展，在研究中，应当多加从系统的视角进行分析战略性新兴技术是由宏观、中观、微观层次互动的复杂动态系统，也包括了各层次间要素的相互交流，基于此构建了战略性新兴技术演进的模型，剖析了技术系统中的技术单元、技术体系及自组织理论的相关概念及其在战略性新兴技术演进中起到的作用。从技术发展轨迹的角度进行技术演化研究，主要借助 S 曲线这一基本分析工具建立起来的技术演化模型，创造性地提出了技术体系的动力源系统。最后从技术体系与外部环境共生演化为研究主题，认为战略性新兴技术体系的演化过程应当多增加以市场环境为主、社会政治环境、文化环境、科学技术发展为辅的外在环境的重视不断满足市场需求，使其成为我国经济发展的重要动力。

本章参考文献

[1] 宋刚, 侯剑华, 冯茹. 技术体系与技术创新的互动进化模式探析[J]. 技术与创新管理, 2008, (6): 555-558, 562
[2] 刘旌. 循环经济发展研究[D]. 天津: 天津大学硕士学位论文, 2012
[3] 毛荐其, 刘娜, 陈雷. 基于技术生态的技术自组织演化机理研究[J]. 科学学研究, 2011, (6): 819-824, 832
[4] 王燕玲. 基于专利分析的行业技术创新研究: 分析框架[J]. 科学学研究, 2009, 27(4): 622-628, 568
[5] 张宗庆. 技术创新研究的综合化趋势[J]. 国外社会科学, 2000, (6): 15-20
[6] 朝永进. 技术发展模式研究[J]. 科学学与科学技术管理, 2004, 25(3): 22-25

9 战略性新兴技术的协同创新

9.1 协同创新理论的相关概述

在中国工程院第十二次院士大会和中国科学院第十七次院士大会上，国家主席习近平都强调了创新的重要性，并明确指出要加快创新型国家建设步伐，成为创新型国家是未来几年我国发展的重要目标之一。战略性新兴技术是复杂的动态技术体系，实现创新发展必须考虑影响新兴技术发展的多方要素，实现其协同创新。

9.1.1 协同创新的理论根源

"协同"这一概念最早由物理学家哈肯于 1971 年提出，用于研究非平衡态的开放性系统在与外界进行物质或能量交换时，通过自身内部协同，自发地出现有序结构。作为系统科学的重要理论分支，协同论应用领域广泛，其要义适用于众多综合性学科，它以信息论、突变论、控制论、系统论为基础，描述了众多事物从无序至有序之间变化的普遍规律。

"创新理论"这一学术思想最早由熊彼特于 1912 年提出，他在《经济发展理论》中指出，"创新是经济发展的根本动力"，该理论在经济、管理、政治等领域产生了重要的学术影响。1982 年，美国学者 R. Nelson 和 S. Winter 提出了创新系统演进的观点，使创新集成化在科技管理领域越发受到重视，并引发了众多学者的大量研究。20 世纪 80～90 年代，创新开始趋于区域化，1992 年英国学者库克最早提出"区域创新"，并做了大量研究。进入 21 世纪，创新的概念更加多元化。在我国 2014 年政府工作报告中，将"以创新支撑和引领经济结构优化升级"列为一项重点工作。要实现"创新支撑"，离不开相关创新理论对创新机制进行解析。

创新是以满足社会需求为目的，更新、改变、创造知识和物质并能有所收益。相对于创新，协同的意义就更为多层次，它的英文释义有多种，具有代表性的为 synergy 和 collaborative，前者强调协同各个子系统相互配合的结果能加大每个子系统单独工作的效益；后者更加强调众多子系统协作后整体的效益，也就是 1+1>2，而非每个子系统的效益都大大提高。国内通常更注重后者，通过各个子系统之间的协调合作，力求母系统达到最高效、最优化的状态。

战略性新兴产业的发展离不开协同创新，且发展受政策、经济等众多社会因素影响颇深，如图 9-1 所示。

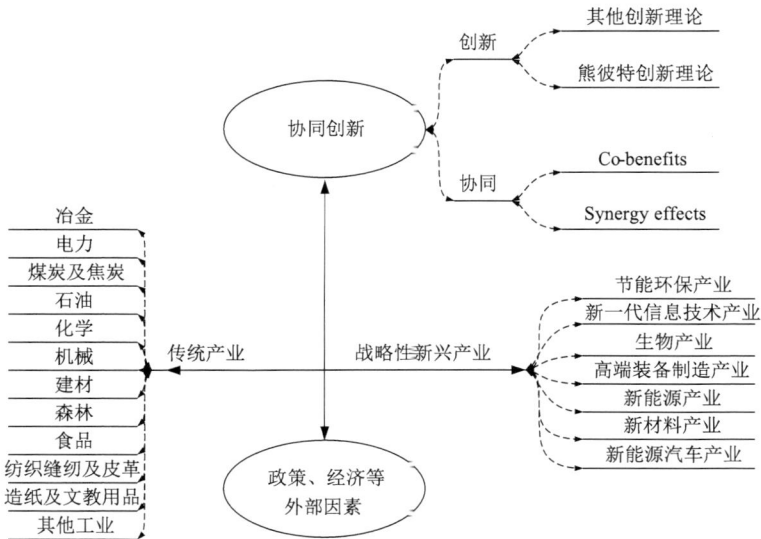

图 9-1　战略性新兴产业与协同创新的关系

9.1.2　协同创新的理论范式

协同创新是协同制造和开放式创新融合发展的产物[1]，它需要以国家和机制的引导安排为前提，促进高校、科研机构、政府、企业等多方面要素为实现科学技术创新目标，发挥各自优势进行整合互补的组织形式。协同创新并非简单加和，需要系统内部各个要素统一功能和目标，相互作用、相互影响、共同协作以实现和外界复杂系统进行物质、能量、信息的交流。

协同创新具有立体性，我国学者何郁水[2]将协同创新分为三个层面，分别是组织协同层面、知识协同层面、战略协同层面，组织协同包括组织网络化、协调机制、结构与过程；知识协同层面包括显性/隐性知识、知识界面、组织间学习；战略协同包括信任和交流、价值观或文化、风险或利益观念。三个层面的要素具有差异性和互补性，各自的利益兴趣点也均不相同，如高校和科研机构以科研结果为目的，企业更加注重经济效益，这就需要三个层面的要素相互协调，达成共同的利益分配点，实现长久的融洽合作，及时交流及时互助，避免过多干预或者过大脱节。

9.1.3　协同创新的驱动机制

协同创新理论框架旨在阐明各个机构如何高效合作互动，提高创新效率，其中组织协同、知识协同、战略协同三个要素的差异性导致整个创新网络系统所受的驱动面向多元化，大体可分为市场、科技、文化三个方面。

首先，产学研一体化已成为当今市场炙手可热的合作方式，产业、高校、科研机构三者合作各取所需。企业通过与高校和研究机构间的合作，可以得到巨大的技术支持，获得高校、科研机构"尘封"的科研成果，提高自身在市场上的竞争力，从而获得更大的经济收益。针对高校和科研机构来说，科研经费是一项重要的支撑力，与企业合作，通过代理研发、专利转让等方式，既能够获得急需的科研费用，又能提高自身科研成果的转化率。这种互赢的合作方式，快速带动了产学研各自的发展，也成为协同创新的重要驱动机制之一。

其次，科技作为全球各国发展的重中之重，已经成为众多领域的首要驱动力，不外乎协同创新。实际上，科学技术将产学研稳固地联系起来。产学研共同合作，以科学技术为基础的研发的科研结果可以更大程度地满足产学研三方。企业更需要不断突破创新，以领先的技术占领市场，降低成本，扩大效益。

最后，文化是社会发展的最大背景，以文化魅力为发展之本才是长久之计。文化作为协同创新的内在驱动，需要不断提高自身凝聚力，吸引众多精英人才，融合众多外来优良文化，才能壮大自身实力，从而无形地渗透到创新网络系统中的各个要素中。

9.2　战略性新兴技术的宏观协同机制

由于战略性新兴技术具有知识的高度密集性、技术的快速演进性、高风险性、时效性等特征，建立完备的战略性新兴技术协同机制就显出了高度的必要性。本章将产学研协同创新机制与"三螺旋理论"中相关知识结合，提出管产学研协同创新机制，并分别从宏观、中介、微观三个层面来介绍。

9.2.1　战略性新兴技术协同机制的复杂性

由于管产学研等协同主体内各要素之间各有优缺，于是产生一种资源互补现象。这种互补使得各要素之间出现了非平衡状态，进而通过不断地与外界进行信息、能量、物质、知识和技术等交换而产生内部的合作与竞争关系，这样就形成了战略性新兴技术协同机制系统的复杂性。通过现在已有的管产学研协作案例来看，他们相结合并没有外界的统一指令来领导，而是由于政治、经济、社会、技术发展和各自的利益要求等因素作用下，自发地聚集，主动寻找协同创新点，从而达到自身及社会经济的发展。因此，战略性新兴技术的协同机制系统和大多数开放系统一样，是一个具有自组织性质的系统，具备开放性、不确定性、动态性、涨落性等复杂的系统共性特征。

战略性新兴技术协同机制系统的复杂性特征主要表现在以下三方面。第一，构成要素的多元性。因为协同创新的主体、创新要素、实现手段都具有多元化、多样性[3]，这就在结构上决定了其复杂性。第二，非线性的相互作用[4]。系统内各子系统和子系统内的各要素之间不是直线单向的简单关系链接，它们之间的相互合作与竞争呈现网状的沟通，即管、产、学、研、科技中介机构之间彼此沟通联络，形成一个协同网络。第三，复杂多样的风险。协同机制的风险一方面来自与协同创新主体间的信任缺失，包括主观和客观上的问题冲突；另一方面来自协同结果的不确定性。

9.2.2　战略性新兴技术协同中的运作机制

管、产、学、研之间的关系一直是学者讨论的焦点。围绕着政府对产学研的干预程度，学术界目前的两种观点是：①政府是产学研结合技术创新系统的组成部分，政府起主导作用；②政府发挥对产学研结合技术创新的引导作用，企业起主导作用，主要针对国家重点战略产品的研发[5]。

政府在产学研技术协同机制系统中所处的地位不可轻视。若政府对产学研协同创新的引导、协调和服务力度不够，那么协同创新能力将不能提高和高效发展。而若政府对产学研协同创新干预过度，又将阻碍到产学研的合作积极性和创造性。关于政府对产学研的支持也常出现在协同前期高度重视，而在后期放任自流的问题。

传统产学研协同机制关于各个协同主体所处地位仍然没有一个统一完整的理论体系，这样就容易造成各主体职能不清，协同效率较低，难以适应知识经济时代的发展。

由美国学者亨利-埃茨科维兹提出的三螺旋理论则强调管、产、学研在创新过程中相互作用，密切合作，三者形成一股合力，每个主体在自己所处地位上发挥作用的同时，还表现着其他主体的一些特征。也就是每个主体在完成自身工作的同时，也履行其他主体的一些职能。这样管产学研的关系就像是齿齿相扣的齿轮，有着相互承接，相互渗透的过程，从而进一步提高协同效率。三螺旋理论还指出管、产、学研三者具有同等的地位，任何一个主体都不再是从属地位或主导地位。但三螺旋理论不仅强调政府、企业和学校研究所的作用，同时也强调中介机构等主体的地位。

相比而言，三螺旋理论的提出弥补了传统的产学研理论的一些缺陷。对于战略性新兴技术而言，它具备新兴技术的本质，即不确定性和创造性毁灭，同时又具有高技术的风险性、战略性和时效性等特征。加之，战略性新兴技术协同机制系统构成要素呈现多元性特征。因此，在协同过程中，协同主体地位的明确显得极为重要。我们认为，管产学研在战略性新兴技术协同机制中，应以三螺旋理论为基础，协同主体不分主次，各自发挥自己的作用，同时在相互协作中进行交流切磋，通过知识流动掌握其他主体的一些职能，具备其一些特点，从而提高协作效率，促进技术的平稳快速发展，实现战略性新兴技术向战略性新兴技术体系的转化。同时，我们强调是"管"，而不是"官"，意在强调"管-产-学-研"开发共同体是由政府管理部门、产业单位(企业)、高校、研究机构、所组成的联合开发主体，实施多中心、民主、参与、合作的治理模式，参与其中的政府管理部门行使职权范围内的管理责任，不是发号施令的官员或领导者。

9.3　战略性新兴技术的中介协同机制

中介层面的战略性新兴技术协同主要体现在科技中介机构的发展与作用发挥上，三螺旋理论在强调管、产、学、研主体作用的同时，也强调不可忽视中介机构的作用。同时，由于战略性新兴技术处于高技术与新技术的交叉领域，因而具备了高技术与新技术的双重特点——风险性极高，知识技术极密集、不确定性极高、时效性极强等。科技中介机构的参与，会使战略性新兴技术有着更大的几率朝我们所期预的方向发展。

9.3.1　政府在战略性新兴技术协同中的作用

政府的授权和支持是科技中介机构业务发展的前提[6]，因而要发挥科技中介结构的作用，首先是政府要"有所为而又有所不为"。

在我国，非营利性的科技中介结构占主体地位，这也就造成了我国科技中介机构的行政色彩浓厚，机构的创新及服务主动性不强。政府的有所不为，也就是授权，放宽科技中介机构的权限，给予科技中介更多自主权，不作科技中介机构的主宰者和包办者。转变政府职能，在产学研协同机制中承担服务者和管理者的角色。

政府的有所为就是支持，要支持科技中介机构的发展。制定与战略性新兴技术协同发展相配套的完善的相关政策和法律法规，为科技中介机构的作用发挥提供公平、公正、公开、稳定的政治环境。这种政治环境一方面使科技中介机构有法律保障，另一方面规范科技中介机构的行为，使之在产学研协同中更好地发挥积极作用。科技中介机构的微利性和风险性严重制约了科技中介机构在产学研协同中的良性循环和业务发展[4]。因此，政府要加大对中介机构的资金投入，通过财政和税收等手段给予更多的经济优惠政策，建立完善的投融资体系，增加其抗风险能力。同时政府还要规范市场秩序，为科技中介机构营造健康有序、诚信至上的市场环境。

政府的有所为还体现在鼓励、支持、引导民营科技中介机构的发展。同时拓宽科技中介机构资金的来源，使投资主体多元化，借鉴国外发达国家的科技中介机构发展经验，逐渐形成多种科技中介机构共同发展的格局和完善的中介机构网络体系，通过正常的市场竞争机制提高我国科技中介机构的整体实力。还需注意一点，即加强社会对中介机构的认识，建立良好的信任机制，促进科技中介机构的平稳发展，规避战略性新兴技术的协同风险。

9.3.2　自身建设在战略性新兴技术协同中的作用

科技中介机构作为一种服务于技术创新的组织，虽然在我国越来越得到重视，也有了一定的发展成果，但仍处于初级发展阶段[7]。一个重要的原因在于，我国科技中介机构自身建设不完善，自身服务内容及形式有待创新和发展。因此，要充分发挥中介机构的作用需要机构本身完善自身业务发展和服务体系。可以从以下三个方面入手。

(1)构建完善的网络信息服务平台。在此平台上，科技中介机构及时发布战略性新兴技术的相关政策及研究成果和关于战略性新兴技术的市场反馈情况，并作到及时更新。同时，网络信息服务平台不仅是一个发布消息的平台，更应该是一个交流和获取信息的平台，使产学研等相关主题借助此平台实现便捷有效的交流沟通。

(2)加强科技中介机构人才队伍建设，培养复合型人才。一支优秀合格的人才队伍是组织长期发展的关键。战略性新兴技术本身是一种知识密集型技术，作为协同发展中的一员，同样需要提高工作成员的科学知识素养，这样才能实现良好的合作。三螺旋理论认为，产学研间要相互渗透、相互作用，作为桥梁的科技中介同样需要提高团队知识素养以达到相互渗透和相互作用的目的。同时也要提高团队成员的职业道德素养，防止剽窃知识产权、骗取企业资金以及人员暗箱操作等问题的发生。

(3)建立合理的监督问责运行机制。因为科技中介机构受政府投资和优惠的经济政策较多，极易滋生贪污腐败现象，一个合理的监督问责运行机制便于战略性新兴技术协同机制的良好发展。这也便于树立科技中介机构的良好信誉，增强产、学、研对它的信任，降低协同风险。

9.4　战略性新兴技术的微观协同机制

随着经济全球化进程的加快，竞争环境复杂多变，技术创新对于国家的经济发展、产业结构升级，以及企业竞争力的提升越来越具有决定性。管产学研协同创新为我国建设国家创新体系提供了可行性。而协同创新的深入理解和研究，需要在管产学研影响因素的基础的上，对政府、高校、科研机构和企业之间的知识流动进行深入研究。协同创新主张基于各种创新资源的有效整合，最大限度地发挥创新资源合力，通过一系列有效机制，促进各方发挥各自能力，实现优势互补，加快技术创新和技术系统升级。近年来，我国政府不断强调"产学研"协同创新，形成国家型创新体系，到目前为止虽然取得一些成就，但也存在一些问题，最突出的是产学研产出知识不能最大限度地应用到企业中，知识停滞于书本，企业不能通过协同创新模式获取最大限度的技术利益，这种情况十分严重。同时企业之间存在的利益竞争和技术壁垒问题造成企业与高校、科研机构的合作也十分独立，企业内部的管理层如何能把内化能力、社会化能力、外化能力等隐性知识进行知识转移建立与创新绩效之间的联系目前也没有一套完整的系统。信息孤岛也阻碍着知识溢出，产学研协同创新过程中经常面临这些问题：创新成果不被市场认可、融资不畅和不确定性及高风险导致的合作交易成本过高，产学研合作模式难以适应新的创新体系。政府从辅助或者服务的角色转变为创新的主体，"产学研合作模式"演化为"管产学研模式"协同创新。管产学研协同创新已经成为国家创新体系实现的重要主要途径。它通过整合政府、企业、高校、科研机构等主体，在科学技术创新、新产品研发、科技人才培养、信息整合等方面比较知识的同时，还促进科技成果转化的制度安排。以企业为主体，充分发挥市场的资源配置作用，同时市场失灵，政府的导作用引导，趋利避害。在管产学研协同创新活动中，其创新绩效的提升，不仅依赖于政府、高校科研机构、企业组织充分发挥主体能动性，还要深入认识各主体之间的知识流动规律性，才能更好地为创新活动服务。

对政府、高校、科研机构和企业各主体内部与主体之间的知识流动进行分析，在管产学研协同创新体系、管学研内部体系及企业内部三个知识流动层面，深入研究了管产学研协同创新中知识流动情况、存在的问题及影响因素，一方面，在理论上拓展了管产学研、知识流动认识；另一方面，为政府、高校科研机构、企业组织提供了改善利用的知识流动的建议。

本节研究思路的两个基本点：一是对管产学研协同创新体系的影响因素进行分析；二是对管产学研协同创新体系、学研内部、企业内部体系中的知识流进行分析。最后将二者有机地结合起来，对管产学研协同创新体系中知识的创造、转移、扩散等问题的影响因素进行探究并提出相应的对策。

9.4.1　微观层面的知识流动

知识流动是指不同关键点（企业或组织）之间经过大量的互动及沟通，各行为主体能够从知识流动中获得自己所需要的知识，并加以吸收、利用，从而实现知识创新扩大利益的过程。本部分主要研究企业、高校及科研机构、管产学研协同体系构成网络节点之间的知识转移。

协同创新贯穿在管产学研运作的整个过程，在管产学研合作中，各主体知识在流动中不断增值，通过知识转移和资源共享实现资源互补、协同发展。知识转移是管产学研协同创新活动的必要过程，也是必经过程。知识的有效流动能提升企业创新能力，带动经济的飞速发展，对国家创新系统的形成和完善具有重大意义。

对于企业而言，知识流动的目的是通过管产学研创新链条（如技术层）促进科技成果产业化，企业创新思维沟通、促进产业的创新速度加快与产业技术生命周期的改变，从而最大可能地通过协同使现有理论转化为实际技术、缩短创新成本并提高创新能力。在协同创新的整体中，企业作为链条中的一节，起着转化的角色，企业接受高校与科研机构的技术创新知识理论，将其应用在实际情况中。企业内部的知识流动主要指企业内部隐性知识的流动，企业领导者在其领导过程中，发挥其领导能力、统筹能力、企业理念等隐性知识提高企业创新能力、创新意识与竞争能力。同时在企业内部，企业人员尤其是技术部门人员间的知识交流与知识转移能够在技术方面实现创新，同时企业内部各部门之间的知识转移能过是企业利益达到最大化，这是企业内部隐性知识流动的典型。

对于高校、科研院所而言，作为知识产出者，其自身具有较强的创新能力，弥补了政府与企业自身创新的不足。同时，通过管产学研协同创新合作模式获得科研经费比传统模式更加科学，也利于合作伙伴目标的协同与互补性资产的共享，加强知识转移，形成长期可持续的知识产出，即高校产出技术和知识、企业有效吸收，实现创新知识成果从大学向企业流动。高校与科研机构组织内知识流是一个由隐性知识向显性知识转化的过程。这是隐性知识初次转化为显性知识过程，高校科研机构利用其人才高度集中优势、科研设备先进优势，将隐性知识转化为显性知识，然后根据这些显性知识进行理论科学研究，为下一个知识流动的研究作准备。但同时我们不能忽略的是，知识壁垒现象、信息孤岛现象在很大程度上都阻碍着高校、科研机构内部间的资源共享与知识流动，要打破这种僵局，使知识能够最快运转，提高创新能力。

9.4.2 战略性新兴技术微观协同的相关建议

产学研协同创新是国家创新体系有效运作的重要环节，不仅为实现产学研之间更为有效、合理、快速的有机结合和良性互动提供了更为有利的创新平台，而且有利于充分实现产学研之间的资源共享和优势互补，促进技术转让或成果转化，以便提升各方整体竞争力。目前，我国在管产学研协同创新体系在知识流动的过程中，各个节点都存在或多或少的问题，为此，在这里提出以下建议以供参考。

1. 高校科研机构方面

(1)紧密联合,打破信息孤岛。在协同体系中,"学研"二者是相比其他二者更贴近对方的存在,高校、科研机构处在一个相互依赖的环境中,他们应该建立一种资源合理分配,优势互补的紧密联合的状态。在这种状态下,能更好地将信息、知识和其他资源进行优化整合,不仅能够转化成知识生产力,还能够提高本身的创新能力。

(2)提高知识储存,完善智库体系。高校科研机构在政产学研协同创新系统中处于信息链的中间环节,即隐性知识向显性知识转化的重要环节。作为中国智库体系的重要组成部分,高校与科研机构应不断提高自身的知识储存量。高校科研机构的知识存量包括自身知识技能、专利数目、人才数目等。高校科研机构的知识存量越丰富,对知识的认识和研究就越有成效,也就能够创造出更大的价值。丰富的知识存量、优秀的科研人才为知识转化提供了重要条件。

(3)举行研发活动,突破知识壁垒。高校与科研机构实现信息的畅通交流是需要较强的关系管理能力,高校与科研机构只有建立彼此了解和信任,才能实现资源的共享、知识进步、科技的发展。这样高校科研机构可以利用自身的优势,经常举行一些学术报告、学术研讨会议等,在这种情况下能够促进产生新的知识理论和成果,不仅能够提高知识研究的进程,还会增加知识储备量,还能够提升技术的创新能力。

(4)增强国内外信息交流。高校科研机构除了内部信息交流以外,还要增强与国外交流,增加学术成果。在当今信息时代背景下,经济全球化趋势不断加强,各国间的联系沟通日益频繁,在科技领域同样应该加强与其他国家交流,分享知识,借鉴他国的成功经验。

2. 企业组织方面

(1)完善组织战略与领导者转化能力。领导者完善企业战略,通过企业战略和市场方向,对资源进行有效分配。高层领导者的管理知识转化为企业发展能力,如使用美国心理学家弗雷德里克的"双因素理论"对员工的进步进行激励,或者通过采取不同的创新形式来影响企业组织的创新的产品或者创新技术。

(2)优化组织结构,促进知识交流。企业组织是一个供企业员工进行知识交流、知识共享和知识转移的平台。企业人员为企业技术发展的中坚力量,对技术创新有着不可忽视的作用,员工的发展能够影响知识的利用速度和程度。

(3)企业应当将创新的眼光放远,高校科研机构作为企业技术创新理论的直接来源,与其合作的意识应当加强,积极参与到其研发活动,为其知识储备提供资金支持,不要只看眼前的利益,而要充分利用高校科研机构的创新理论。另外,不忽略政府对创新的指导，积极关注政府动向、政府政策等。

(4)注重区域集群的作用，靠近政府和高校科研机构，能够在第一时间获得创新知识，转化成创新成果的力度就会加大。

3. 政府方面

(1)加强对信息的挖掘，促进知识的快速流动。政府在管产学研协同创新系统中处于信息链的最前端，是隐性知识转化为显性知识重要环节，政府加强信息的挖掘，能够从源头上提高知识的转化效率，促进知识的快速流动。

(2)加强支持和引导作用。政府要充分利用政策、资金、技术的优势对高校科研机构和企业组织进行支持。

9.5　本章小结

战略性新兴技术是复杂的动态技术体系，在创新发展的过程中必须要实现多种要素的协同创新。本章首先从协同创新的理论根源、理论范式、驱动机制三个方面构建了战略性新兴技术协同创新的理论分析框架。并从宏观、中观和微观三个层面分别揭示了战略性新兴技术协同创新的运行机制。宏观层面主要强调管产学研协同创新机制，中观层面发挥政府和中介机构的重要作用，微观层面应促进技术知识在协同主体之间的流动。

本章参考文献

[1] 陈劲, 阳银娟. 协同创新的理论基础与内涵[J] 科学学研究, 2012, 2: 161-164
[2] 何郁冰. 产学研协同创新的理论模式[J]. 科学学研究, 2012, 2: 165-174
[3] Kwake A G, Anthony K. An empirical investigation of the effect of market orientation and entrepreneur-ship orientation alignment on product innovation[J]. Organization Science, 2001, 12(1): 54-74
[4] 郑刚. 基于TIM视角的企业技术创新过程中各要素全面协同机制研究[D]. 杭州: 浙江大学博士学位论文, 2004
[5] 胡寅龙. 产学研结合技术创新协同机制研究[C]. 西安: 西安工程大学硕士学位论文, 2012
[6] 章梅. 科技中介机构应充分发挥产学研合作"粘合剂"作用[J]. 中国科技信息, 2007, 23: 183-185, 189
[7] 孙芃. 科技中介机构现状、生存与发展[J]. 江苏科技信息, 2009, 3: 33-34

10 风力发电机技术体系的演进研究

探测战略性新兴技术的创生及其发展演化规律是当前技术创新管理与战略性新兴产业研究亟待解决的重要课题。以新兴能源技术中的风力发电机技术为例,基于科学-技术互动视角对战略性新兴技术的演进机制进行实证分析。

10.1 数据来源与研究方法

分析使用的数据主要包括风力发电机技术的科学文献数据和专利文献数据。数据检索分别来源于 Web of Science 的科学文献数据库和德温特创新索引数据库的专利文献数据库。研究方法主要是科学计量和信息可视化技术。具体使用 CiteSpace 对检索的科学和专利数据绘制科学知识图谱,结合定量与定性的研究方法,对科学文献和专利文献的共现网络进行挖掘和比较分析,探究科学和技术互动的演进关系及其一般规律。

10.1.1 数据检索与分析

经过多次的对比和反复验证,确定科学文献的检索式为主题="wind* turbine*",时间设定为 1980~2013 年。在 Web of Science 中共检索到 9604 篇科学文献。通过对科学文献的计量和可视化分析,探测技术的核心理论基础和关键技术的演进情况,判定技术发展的周期。对专利文献的检索,在 Derwent 中以 MC="X15-B01A"作为检索式,共检索到 11 797 条风力发电机技术相关的专利数据(数据于 2014 年 12 月检索)。将检索的科学和专利文献逐年分布情况绘制成图 10-1。结合对科学和专利文献的计量和可视化探测,展现风力发电机技术的演进路径,预测技术发展趋势。

从图 10-1 科学文献与专利文献产出的逐年分布情况来看,1980~2000 年这段时期,风力发电机技术的科学文献与专利文献发展状况大体相当。2001 年以后,风力发电机技术研究的科学文献数量开始增多,呈现迅猛发展的趋势,而在此期间的专利则仍处于积累阶段。2005 年以后,专利数据陡然增多,在科学基础理论研究的基础上,专利技术得到了快速发展,并推动整个技术领域的发展。使科学文献量和专利文献量迅猛增多的因素主要有以下三个方面:一是世界各国意识到能源危机,激发世界各国寻找与研发新的清洁能源,需要创新性的技术与材料;二是世界各国风能协会的成立,推动了风能产业的发展,美国是最早建立风能协会的国家(1974 年),

进而有丹麦风力发电机制造协会(1981 年)、全球风能协会(2005 年)等[1]，推动专家学者对风力发电机技术的理论研究、发明创造与实践等；三是世界各国纷纷制定支持风能、风力发电机制造及风力发电机机组方面的发展政策与规划，并对有限能源的利用进行限制与规定，这都对风力发电机技术的发展具有重要的推动作用。

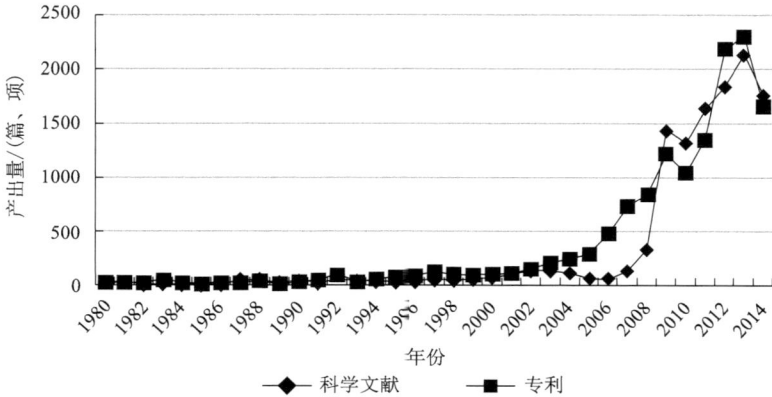

图 10-1　风力发电机技术研究的科学文献与专利分布图

10.1.2　研究工具与方法

将检索到的数据进行统计分析，展现风力发电机技术发展的整体趋势。运用定性与定量相结合的研究方法，对研究对象进行归纳、概括、总结，探寻其发展的一般规律性。在研究方法和处理工具方面，使用 CiteSpace 软件工具对检索的专利数据进行计量和信息可视化分析。美国 Drexel 大学的陈超美在引文分析理论的基础上，应用 JAVA 计算机编程语言开发了 Information Visualization–CiteSpace 信息可视化软件，它是一种专门对各种文献数据进行可视化分析、揭示知识的演化趋势和热点前沿的应用程序。本章运用该软件对检索的科学文献与专利文献进行共现(共类)网络分析，通过科学知识图谱可以展现当前风力发电机技术领域研究的技术演进情况。在共现网络图谱中，关键词共现频次是指某一关键词在两篇或两篇以上的文章中共同出现的次数，关键词共现频次越高，表明这一技术是当时学者专家所关注的研究热点与重要性问题。突现率代表着某一时期内该关键词出现频次的陡然变化情况，突现率越大，意味着该专利技术在此时段作为关键性技术，对此后技术的发展方向与趋势具有重要的导向性作用。

10.2　风力发电机技术在科学研究中的演进

科学文献对于技术的研究既有理论基础，又有对技术本身的创新研究。通过对大量科学文献数据的计量与信息可视化分析，可以梳理技术演进的整体脉络，挖掘关键节点技术的演化轨迹，特别是从科学理论基础的视角展现风力发电机技术的发展历程。

10.2.1 科学文献中风力发电机技术演进的整体情况

运用 CiteSpace 可视化软件对风力发电机技术在科学文献中的演进情况进行分析，结合 PathFinder 算法，绘制关键词共现网络知识图谱。为进一步展现风力发电机技术研究主题的演进脉络，对关键词共现网络进行聚类分析，并按照时间维度展现技术主题的整体发展情况(图 10-2)。

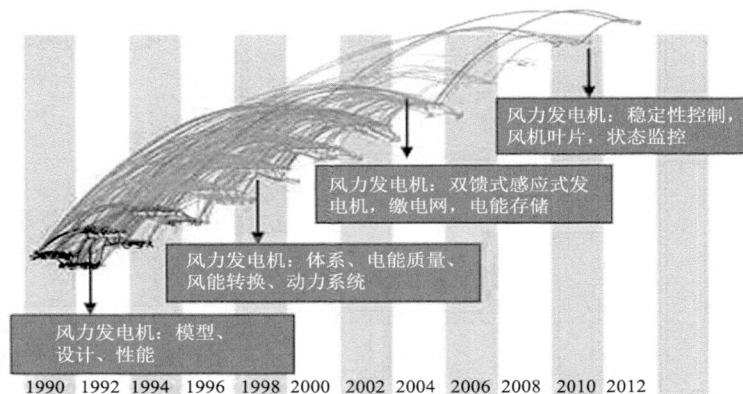

图 10-2　科学文献中风力发电机技术关键词共现网络的聚类分析图谱

图 10-2 是 CiteSpace 软件生成的科学文献中风力发电机技术的关键词共现网络聚类分析图谱。从时间维度上看，清晰直观地展示了风力发电机技术的动态发展过程，反映风力发电机技术发展的一般规律和学者广泛关注的研究热点问题等，如风力发电机模型与设计、动力体系、双馈式感应发电机、智能电网等技术研究。20 世纪 90 年代初，主要是集中在风力发电机模型、设计到整体系统性的广泛研究；21 世纪以来，多关注风能存储、微电网和智能化监控等具体技术问题的研究。从整体上看，展现了风力发电机技术研究的循序渐进和不断深入，整机研究—部件改进—材料革新—性能与效率—安全性等，体现了研究者从关注技术本身到技术与环境、技术与人关系的演化进程。

在聚类分析的基础上，整理出聚类最大的前 10 项聚类结果信息(表 10-1)。这些聚类结果展现了风力发电机技术领域最为关注的研究主题。从时间维度上体现风力发电机技术的演进路径，主要包括两个阶段：20 世纪 90

年代，以风力发电机的可操控性、材料、性能等为主要研究对象；而 21 世纪以来，随着电子信息的快速发展，则将电子信息计算应用到风力发电机的控制、风速检测与测试，电池存储型、风机叶片、混合材料等成为研究的主轴。从研究的进程来看，风力发电机技术经历了从实用性到内部驱动与系统的深入研究，特别是电子信息技术的引入，在操作和控制技术研究上变得更加高效化和智能化。

表 10-1　科学文献中关键词共现网络的聚类分析结果列表

聚类号	纯度	年份	聚类标识词	研究主题
68	0.862	1994	(13.29) capacity factor；(12.57) fixed-pitch；(12.50) harmonics；(10.51) capacity；(10.29) harmonic	功率、定距螺旋桨
126	0.852	1992	(15.75) hazard；(13.93) wind-turbine generator；(11.48) safety；(10.99) availability	风力发电机的风险与安全性
53	0.668	2000	(11.84) dynamic stall；(11.25) lifting line theory；(11.26) blade aerodynamics；(10.56) unsteady flow；(10.35) flow visualization	动力拖延、叶片动力、非恒定流
7	0.616	2002	(10.08) harmonics；(9.05) variable-speed wind turbines；(8.85) vector control；(8.55) variable-speed wind turbine；(8.51) battery storage system	变速风力发电机、矢量控制、电池存储系统
62	0.694	1996	(12.67) damage assessment；(12.36) blades；(10.22) fiber-reinforced polymers；(10.22) mach number；(10.22) miners rule	损坏评估、风机叶片、增强纤维材料
96	0.648	1993	(10.57) resonant controller；(10.01) unbalance；(9.87) operation；(9.72) wind power smoothing；(9.72) micro-grid	共振控制器、不稳定性、操控
18	0.555	2006	(20.76) mortality；(20.15) collision；(18.39) bird；(18.26) collision risk；(17.78) migration	损毁与碰撞风险
8	0.631	1998	(11.2) composite；(11.05) waves；(9.24) rotations；(9.04) lamb waves；(9.04) guided waves	混合物、旋转、导播
22	0.769	2008	(11.27) electricity-generation；(8.12) resource assessment；(7.72) Weibull parameters；(7.71) taiwan；(7.71) wind turbine efficiency parameter	新一代电力、风力发电机效力参数
23	0.672	2010	(9.61) economic load dispatch；(9.3) smart grid；(8.12) dispatch；(7.13) weibull distribution；(6.79) emission control	经济负荷分配、智能电网

10.2.2 科学文献中风力发电机关键技术的演进

在关键词共现网络中，突现率较高的节点也就是在突现时间段内共现频次出现急剧变化的节点。一般是共现频次出现急剧增加的突现变化，代表着在突现时间段内被关注的程度。在对科学文献关键词共现网络分析的基础上，根据突现率较高的关键词节点相关信息探测关键技术随时间的演进情况。选取突现率高于 3 的关键词(表 10-2)，结合原文献分析，展现科学文献中展现的风力发电机领域关键技术随时间演进的轨迹(图 10-3)。

表 10-2　科学文献的关键词共现网络中突现率大于 3 的节点信息列表

序号	频次/次	突现率	关键词	年份	序号	频次/次	突现率	关键词	年份
1	45	8.40	modeling	1996	9	11	3.70	Static var compensator	2003
2	19	14.38	power quality	1998	10	49	5.08	doubly-fed induction generator（DFIG）	2008
3	53	8.69	induction generators	1995	11	281	5.15	wind power generation	2000
4	17	7.10	steady-state analysis	2002	12	33	4.39	tunnel	2012
5	34	6.41	neural networks	2001	13	718	5.71	wind energy	1990
6	657	6.18	wind turbines	1992	14	69	5.28	fatigue	1994
7	31	5.35	complex terrain	1997	15	19	3.87	load reduction	2010
8	23	3.96	dynamic model	2006	16	69	8.32	doubly fed induction generator	2004

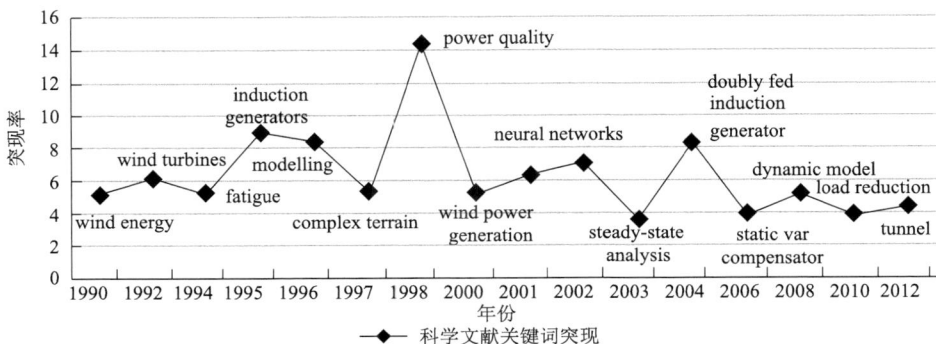

图 10-3　科学文献中的风力发电技术演进路径

从图 10-3 的风力发电机关键技术的演进轨迹来看，自 20 世纪 90 年代开始，研究者从对风能的研究入手，逐步到风力涡轮机[2]、感应发电机[3]、模型设计等研究而21世纪则转向对风力发电机内部核心零部件、动力模型、稳定性等深入的研究。通过演进轨迹的研究,可知晓风力发电机技术的核心理论基础在不断发展与变化,具体表现在:能量转换理论—电磁感应理论—材料科学理论—动力系统理论等,为风力发电机技术的创新发展提供理论支撑。

10.3　风力发电机技术在专利文献中的演进

专利文献可以更好地展现风力发电机技术自身的演进路径和发展脉络,专利数据是世界各国技术发现创新研究的最重要的信息源。通过对风力发电机技术专利文献的计量和可视化分析,可以更加全面、具体地展现风力发电机技术从无到有、由一般到具体的技术演进轨迹。

10.3.1　专利文献中风力发电机技术演进的整体情况

运用CiteSpace信息可视化软件对风力发电机技术的专利数据进行共类分析,结合PathFinder算法构建可视化知识图谱(图10-4)。专利共类网络的知识图谱展现了风力发电机技术的创新主题随时间发展变化的一般情况。

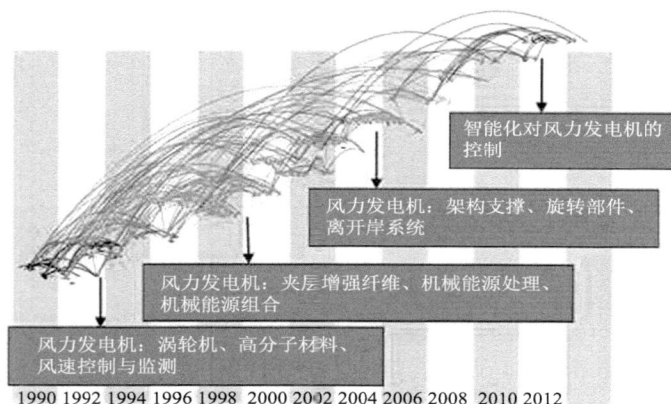

图 10-4　专利文献中风力发电机技术关键词共现网络聚类分析图谱

根据专利文献中风力发电机技术的聚类分析图谱和原文献分析,可以将专利文献中风力发电机技术的演进主要分为匹个阶段。从起初的涡轮机、高分子材料的研究到增强纤维材料,再到风力发电机结构支撑和在海洋上的发展和智能化电网发电。随着环境和需求的变化,技术在不断提升和智能化。

在聚类分析的基础上，对聚类结果按大小排名的前 10 项进行深入分析，展现专利文献中风力发电机技术集中关注的热点主题(表 10-3)。从表 10-3 可知，风力发电机专利技术在 20 世纪 90 年代，研究的范围较宽泛；而 21 世纪以来，多是关于混合材料、电子设备在风力发电机技术中的应用。图 10-4 和表 10-3 反映出，风力发电机专利技术是自外向内、由表及里不断向着核心技术深化的发展历程。

表 10-3　专利共现网络的聚类分析结果列表

聚类号	节点	纯度	年份	聚类标识词	研究主题
45	29	0.241	1999	(11.48) V07-G10C；(11.48) V07-F01A1B；(11.48) S03-A01A；(10.63) S01-G07；(10.39) V07-F01A1	探测器耦合、光纤束、光纤维
3	10	0.495	2003	(16.83) M27-B04；(16.83) M27-A04；(11.48) E06-H；(10.79) X15-C01B2；(10.73) A04-D08	合金钢、离岸系统、混合聚合物
14	9	0.679	1997	(9.42) X21-B01A1A；(7.96) X21-B01A1；(7.01) X21-B；(6.73) X21-B04A；(6.17) X11-U02	海上风机装料、电源相关
2	8	0.748	2004	(10.73) A04-D08；(10.73) A12-E04；(10.73) A05-J01B；(10.73) E05-E01B；(10.73) U11-E02A2	灌封化合物、混合物黏剂、外壳材料
1	6	0.61	2001	(11.34) A12-S08；(10.51) A08-R03；(10.35) A12-S08C；(10.35) A08-R03A；(9.94) A11-B06A	纤维材料与增强剂
39	4	0.634	2010	(10.51) U24-D03；(10) X12-J03；(9.2) X12-J05；(8.7) U24-D05；(8.53) X12-J02B	电能转换器
40	3	0.649	2012	(9.78) T01-J08A2；(9.65) U22-G03；(8.18) X12-J01A1A；(7.38) X12-H01A2；(7.19) X13-G10	数字化信号处理器、绝缘电晶体
5	2	0.701	1999	(11.68) A12-H03；(7.2) A12-E08；(7.08) A12-E05；(6.94) A12-E08B；(6.81) A12-E	零部件、磁性设备

10.3.2　专利文献中风力发电机的关键技术演进

在专利共类网络的可视化知识图谱中，结合专利代码的高共类频次与高突现率，探析风力发电机技术在近 20 年间关键技术的演进与发展。选取专利共类网络中节点突现率高于 3 的专利代码(表 10-4)，结合原文献分析，绘制专利文献折线图体现风力发电机领域关键技术随时间变化的演进轨迹(图 10-5)。

表 10-4　1990～2013 年专利高频关键词共现数据分析

频次	突现率	关键词(专利德温特手工代码)	年份
145	34.16	发电机(X11-B01)	1990
13	7.77	控制细节(X13-G02X)	1999
53	7.29	控制、监测与测试(X15-A08)	2010
140	7.87	小型涡轮机(X15-B04)	2004

续表

频次	突现率	关键词(专利德温特手工代码)	年份
28	9.58	电力的产生与分配(W06-C01C3)	1993
400	12.8	离岸系统(X15-B03)	2002
37	6.01	解决方程(T01-J04A)	2005
21	3.22	数字信号处理器(T01-J08A2)	2012
11	4.85	电力生产、分配与控制(W06-B01C3)	1997
40	10.56	机械能源处理安排(X11-J05X)	1996
16	8.23	水力发电细节信息(X11-B09)	1992
39	3.35	成形过程(A11-B01)	2000

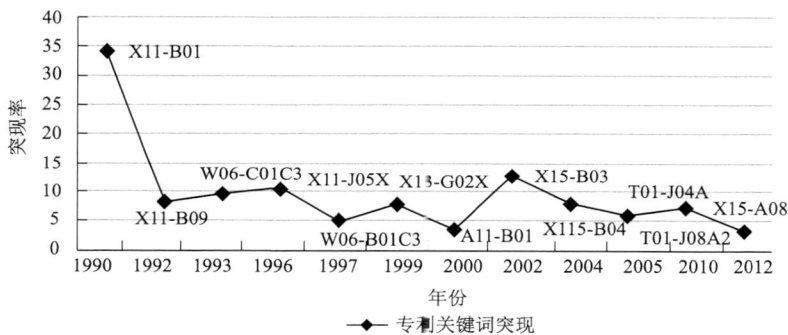

图 10-5　专利文献中风力发电机关键技术演进折线图

从专利文献风力发电机的关键技术的演进轨迹来看，20 世纪 90 年代主要是探究涡轮机、风力发电机电力的产生与分配，以及风力发电机有关细节操作的控制等基础性技术；21 世纪以来，研究者对风力发电机的关键技术进一步深入挖掘，从离岸系统技术到风力发电机技术风速的测定与测试，再到数字信息化技术的引入，展现了风力发电机的关键技术在不断地向高效率、智能化等方向不断提升。关键技术演进的轨迹表现为：风能发电技术—材料成形技术—动力系统的检测与控制技术—智能信息技术等，这与对应的科学文献研究中体现出来的关键技术和核心理论基础有较高的正相关性。

10.4　风力发电机技术的科学文献与专利互动演化规律

科学与技术作为推动产业和经济社会发展的两个重要方面是相互促进、协同发展的。科学为技术的发展奠定坚实的理论基础，而技术的应用又为科学发现提供实践来源。将科学文献与专利文献共现网络中高突现率节点技术，基于时间维度绘制出科学-技术互动的风力发电机技术演进路径的折线图(图 10-6),探析这一技术领域的科学与技术间的互动与演进规律。

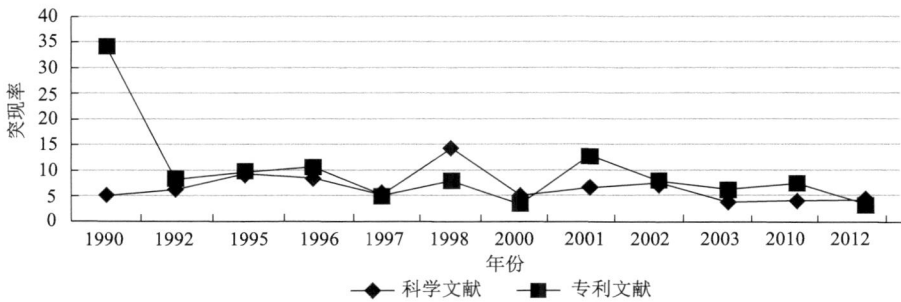

图 10-6　科学与技术发展的联系

　　从图 10-6 可以看出,20 世纪 90 年代初期以前,风力发电机关键性技术的专利技术发展较科学文献的技术研究有较明显的优势。1992 年以后,二者的发展基本趋于一致化。但 1998 年科学文献中的关键技术明显高于专利技术,在对数据和文献资料的分析来看,科学文献在此期间出现较高的技术突现主要源于科学文献的产出数量在 1998 年后开始逐渐增多,世界各国开始加强对新兴技术、风电能的研究,以及风能开发政策与规划的制定快速兴起。科学文献中的关键性技术开始出现高于专利的关键性技术。2000 年专利关键技术的起伏高于科学文献,主要原因是这一时期在专利领域,出现了新的关键性技术,如成型过程技术[4]、离岸系统技术[5]、纤维材料的改变等,这些技术动态的变化,对此后风力发电机技术的发展具有导向作用。一方面,科学与专利文献中的风力发电机技术的演化具有高度的耦合性。自 20 世纪 90 年代初期以来,二者皆致力于风力发电机、零部件、表面材料、机械能源的转换等宽泛而基础性的研究;2000 年以后,二者则是关注感应式发电机、海上风能存储发电[6]、数字信息化的智能型电网技术等。另一方面,科学与技术二者互动演进的规律体现出非线性特征。在历史维度中的科学与技术的发展关系,并非是简单的各自发展到技术重叠,再到紧密联系的线性增长趋势。在具体的历史时期和社会环境下,科学对技术的发展具有重要的导向作用,而技术的创新与开发为科学研究提供重要的实践来源。

10.5　本 章 小 结

　　科学文献不仅体现研究的理论基础,还揭示相关技术领域的创新成果;专利文献则集中反映了技术创新发展的最新成果。以新能源技术领域的风力发电机技术为例,通过对科学和专利文献的共现(类)网络分析,展现了风力发电机技术领域科学与技术的互动演进规律，科学文献展现了能量转换理论—电磁感应理论—材料科学理论—动力系统理论等的演进路径，对应的专利文献揭示了风能发电技术—材料成形技术—动力系统检测与控制技术—智能信息技术等的发展过程。二者之间体现了明显的互动演化规律。结合技术成长生命周期理论进一步分析，对于战略性新兴技术的演进，新兴技术的创生通常先是专利技术的兴起带动科学理论研究的发展，此时技术的发展处于萌芽阶段。随着政策环境等因素的影响，科学理论逐步赶超专利技术的发展，形成科学理论研究的高峰期，拉动专利技术的进一步深化，推动技术不断深化成长。专利技术再次出现快速发展，甚至超过科学文献的产出，这一阶段是技术的成长期。此后，科学研究文献和专利文献逐渐进入平缓发展期，即技术的发展进入成熟期。科学与专利文献的产出数量保持一致水平。随着再一次新兴技术的出现，原有技术将进入衰落期，完成一个技术生命周期的发展演化。

本章参考文献

[1] 包耳. 风力发电技术的发展现状[J]. 可再生能源, 2004, 22(2): 53-55

[2] 贡金涛, 杨帅, 魏晓峰. 基于专利词频和信息可视化的特定竞争对手分析——以通用风力发电技术为例[J]. 现代情报, 2013, 33(4): 109-114

[3] 姚兴佳. 风力发电技术的研究现状[J]. 太阳能, 2006, 1: 47-51

[4] 张华, 李德群. 气辅注塑成型工艺过程及其关键技术[J]. 塑料科技, 1998, 26(3): 11-17

[5] 舒默. 杭州水处理技术研究开发中心建设完成全国首个离岸海岛大型燃煤火电厂海淡系统[J]. 水处理技术, 2015, 41(2): 126

[6] 王小曼, 王仁祥. 新能源并网发电监控系统的设计[J]. 信息系统工程, 2010, 11: 65-68, 125

11 基于技术熵的碳捕集技术演进研究

碳捕集与封存(carbon capture and storage，CCS)技术是指将二氧化碳从相关排放燃烧源捕获、分离，并进行长期封存的技术手段[1]，可以划分为碳捕集、运输和封存三大技术领域。其中，碳捕集能够显著减少二氧化碳的直接排放、减轻其对全球气候的威胁，被认为是温室气体深度减排的重要技术路径之一[2, 3]。近年来，美国、欧洲联盟、澳大利亚、日本等国家或地区都已开展了相关的基础研究和可行性技术试验[4]，然而一系列技术瓶颈仍制约着碳捕集技术的发展。我国是世界上最大的二氧化碳排放国，减排压力巨大。虽然我国正积极进行能源结构调整，但普遍认为以煤炭为代表的化石能源在短期内仍将占据能源消费的主导地位。基于此，碳捕集技术或可成为我国减少碳排放的重要途径之一[5]。事实上，早在2003年我国便已经开始碳捕集技术的研究，不仅在理论研究上取得了重大进展，还支持建设了若干示范工程[6-8]，虽仍待完善，却受到社会各界广泛关注。当前碳捕集技术在我国处于快速发展时期，核心技术尚未成熟、各相关技术发展不均衡，是典型的新兴技术。本章基于技术熵理论和分析方法，构建一维和二维专利模型，对下载于国家知识产权局的专利文献信息进行分析，对比相关技术领域的发展现状，对碳捕集技术进行监测，并根据分析结果对我国碳捕集技术整体的发展水平进行评价，从而为全面推进我国碳捕集技术工业化提出发展对策和预测性建议。

11.1 技术熵理论及其专利模型构建研究

"熵"的演化历经热力熵、统计熵、信息熵、管理熵等，现已在众多学科领域得到广泛的发展，在自然科学和社会科学领域有着较为广泛的应用。技术系统是熵理论存在环境之一。技术熵可以用来描述、表征技术演化过程中系统内部关系的无序程度。通过对熵理论的演化和适用环境的分析，基于热力熵、玻尔兹曼熵及技术系统的相关属性，得出技术熵的定义式、计算式及技术熵增量趋势指标 h，并用 dS、h 值判定技术系统的变化趋势和成熟程度。以专利信息为基础，构建了技术熵的专利模型，通过对碳捕集专利技术的分析，验证了技术熵专利模型的有效性和科学性。

11.1.1　从热力熵到技术熵

"熵"的概念由德国物理学家克劳修斯于 1865 年在热力学领域中首次提出。1872 年，玻尔兹曼从分子运动角度引入了"统计熵"的概念，以此反映系统微观状态分布的复杂程度。在参照统计熵的基础上，薛定谔在生物学领域引入了"负熵"的概念。同样是对玻尔兹曼熵的继承发展，申农在 1948 年 10 月发表的论文 *A Mathematical Theory of Communication*（《通信的数学理论》）中提出了"信息熵"[1]，标志着现代信息论研究的发轫。熵概念在热力学领域提出后，经过统计学、生物学、信息论，以及越来越多的学科领域的丰富和发展，在自然科学和社会科学领域都得到了较为广泛的应用。由于各学科领域研究视角的差异性，对熵的内涵界定也有所不同，如在天文学领域中的"黑洞熵"是黑洞内部状态（可在其内部结构的方式）的数目的度量[2]；在管理学领域中的"管理熵"表示管理效率递减规律[3]。

维纳认为，"一个系统的熵就是它的无组织程度的度量"[4]。熵作为系统状态的重要表征之一，是事物演化进程中无序和有序、退化与进化的辩证统一，而自然系统和社会系统是众多事物的大集合，是事物演化辩证统一的母系统，因此熵广泛地应用于自然系统和社会系统中。技术系统作为社会系统的子系统，其协同性、自组织性、突变性等特征与社会发展的特性呈现个性与共性的关系，这就使得"熵"——这个具有普适性的量度同样适用于技术系统。进而言之，技术系统是熵理论存在环境之一。技术系统中存在其特有的熵，可以用其来描述、表征技术演化过程中系统内部关系的无序程度，因而具有丰富的理论研究和广阔的应用空间。研究人员可以针对不同领域构造适用的算法，根据技术熵判据辨识技术的成果产出现状，依照技术熵增量和熵增量趋势指标判定技术发展的阶段，通过计算边际值量化研究不同因素对技术发展的作用，从而得出优化技术发展路径的最佳方案。

11.1.2　技术熵与技术系统的演化

技术系统包含于社会系统之中，既会受系统外部因素的影响，又有系统自身固有的属性。技术系统从创生、发展、成熟、衰落再到消亡，由于外界环境的变迁和系统自身的固有属性，技术系统内部因素在不同阶段会显现出不同状态。针对这种状态，我们提出"技术熵"这一概念，来描述、表征特定的技术系统在某一特定时间其内部关系的无序程度，进而推导出技术系统演进的变化趋势或成熟程度。

经典热力熵是一切熵理论的源泉，后续的熵大多以此为依据逐步演化并从自然科学拓展至社会科学。本章将热力熵的定义式引入技术熵，具体过程如下。

1865 年，德国物理学家鲁道夫·克劳修斯将熵定义为

$$dS = \frac{dQ}{T}$$

其中，dS 为熵增量；dQ 为吸收的热量；T 为吸收热量时的绝对温度。

对应技术熵，我们将其定义为

$$dS = \frac{dQ}{T}$$

其中，dS 为技术熵增量；dQ 为技术系统所接收的能量；T 为对该技术的研究热度。

在此需要说明的两点：一是每项含义均具有一般性。具体到某类技术，可根据其技术的特征与研究方向、角度的不同(如专利、经济、产学研等)来引申相应的项目；二是每项含义均具有时间属性。此定义式的提出是基于线性的时间维度，时间单位与不同时段接收的能量可根据研究的需要而定。当 dS<0，即熵增为负时，技术系统趋于有序成长；当 dS=0 时，技术系统达到相对平衡，呈现成熟状态；当 dS>0，即熵增为正时，技术系统趋于混乱，开始走向衰亡。

11.2　技术熵增量的判据

技术系统的演化可以分为创生、成长、成熟、衰亡等阶段，将这些阶段线性排列则会构建起技术的生命周期[5]。从创生到消亡，技术系统从无序至有序再归于无序，这一系列的演变伴随着能量补充和不断衰减，同时技术系统的熵增量也发生会相应的变化。

根据耗散结构理论可知：一个不可逆的开放系统，熵增量分为两部分：一部分为系统和外界交换能量所产生的熵增量 $d_e S$，其值可正可负；另一部分是系统内部产生的熵增量，即熵产 $d_i S$，其值为正。技术系统是典型的耗散结构，需要与外界交换能量才能维持自身的有序状态。还未创生的技术可看做一个孤立封闭的稳定平衡系统，具有不可逆性和开放性，系统内部极度混乱，熵值最大。当社会需求赋予技术新生命时，也决定了技术系统的开放性。技术在初创时期，政治、经济、文化、伦理、生态环境等众多外部环境因素构成了技术系统的生存条件，在此环境下技术系统一方面与外部环境进行能量、物质、信息的交流，形成熵增量，其中积极影响因素形成负熵流，消极影响因素形成正熵流进入技术系统；另一方面系统内部因素之间产生非线性的辩证的相互作用，并因其不可逆性形成熵产。综上表示如下：

$$dS = d_e S + d_i S$$

11.2.1 技术系统成长阶段

在技术成长阶段，外界因素多表现为积极状态，如政策的扶持、资金与资源充足等，它们以负熵流的形式进入技术系统，即 $d_eS<0$。正因如此，技术系统内部因素相互竞争、协同，成为技术系统自组织的原动力。随着负熵流的不断增大，系统内部各因素间的协同作用逐渐增强，技术系统的自组织能力也迅速提升，从而推动系统往有序方向演化。然而这种作用并非单向度的，技术系统内部因素由于自身不可逆所产生的混乱，形成了技术系统的熵产，如技术结构的松散、理论与实践相悖等，熵产使系统具备向无序方向发展的能力，即 $d_iS>0$。由于熵具有可加性，当输入系统的负熵大于自身的熵产时，二者当量相同的部分将相互抵消，负熵多出的部分作用于系统，最终表现为系统总熵减少，即 $dS<0$。

综上，在技术成长阶段，由于外界负熵流的输入占据主导地位，系统内部的熵产相对较小，则有 $d_eS<0$，$d_iS>0$，又 $|d_eS|>|d_iS|$，所以 $dS<0$，即技术系统向有序方向演化。

11.2.2 技术系统成熟阶段

技术系统在正常成长时外界多为支持、管理状态，技术系统内部不可逆因素较少，即熵产较小，使得输入的负熵能够在很大程度上从总熵中得以体现。当技术系统趋于成熟，系统相对完善、稳定，不可逆性加强，其熵产也会随之增大，抵消一部分新输入的负熵，导致外界因素对系统的作用减小。另一方面，随着技术逐渐成熟，能够形成负熵流的外界动力也会随之减弱，如政府将注意力转向技术推广、科研人员结束实验室研究走向中试、投资者驱使资金流向技术的产业化等。简言之，当技术系统演化到一定程度时，系统内部熵产呈上升趋势，负熵流呈下降趋势，最终二者达到平衡状态，此状态所维持的时间段，即为技术系统的成熟阶段。需要强调的是，考虑到技术系统的涨落，此时的平衡是一种动态的非稳定的平衡状态。在理想条件下，则有 $|d_eS|>|d_iS|$，$dS=d_eS+d_iS=0$。

11.2.3 技术系统衰亡阶段

技术系统的发展潜力与速度远远不及社会需求的发展。当某一技术系统达到自身的容纳极限还无法满足社会需求时，它的地位将从主到次，甚至被驱逐出境，取而代之的是能更适合社会发展需求的新技术系统[6]。在此阶段，外界因素将更多的有利因素如投资、扶持等转向新兴技术，对旧技术系统的关注则会逐渐减小甚至消失。同时，资金短缺、资源匮乏等不利因素作为正熵流输入系统，即 $d_eS>0$，增加了系统的混乱程度。针对旧技术系统而言，失去和外界的联系等同一个孤立封闭的系统，其内部混乱程度不断增大，直到技术体系全部瓦解，这是一种建立在被社会遗弃基础上的消亡。

总而言之，技术系统的消亡是其衰落的质的变化。在此阶段，外界输入的正熵流和内部的熵产促使系统混乱，熵值增大，具体表现为技术的衰落。当熵达到最大值，技术系统消亡，即 $dS = d_eS + d_iS > 0$ $(d_eS > 0, d_iS > 0)$。

11.3　技术熵增量趋势值的判据

如何将技术系统中不同阶段的熵增量归纳并统一表示，需要寻求一个具有普适性的态函数公式，这里引出结合玻尔兹曼熵得出的技术熵计算式：$dS = -k \times \ln h$，具体推导如下。

根据玻尔兹曼熵公式 $S = k \times \ln H$，可得熵增量为

$$dS = S_1 - S_2 = k \times \ln H_1 - k \times \ln H_2 = -k \times \ln \frac{H_2}{H_1}$$

令 $\dfrac{H_2}{H_1} = h$，则有

$$dS = -k \times \ln h$$

其中，dS 为技术熵增量；k 为常数；h 为技术系统无序性的定量量度，即熵增量的趋势值。

当处在成长阶段时，技术系统向有序方向演化即 $dS<0$，则 $h>1$；在成熟阶段，技术系统达到了非稳定的平衡状态，$dS=0$，$h=1$；在衰亡阶段，正熵流打破成熟期的平衡，使技术系统愈发无序，$dS>0$，$0<h<1$。通过不同阶段 h 值的区间变化，简略地绘制出技术熵增量趋势值对于时间的图像（图 11-1）。

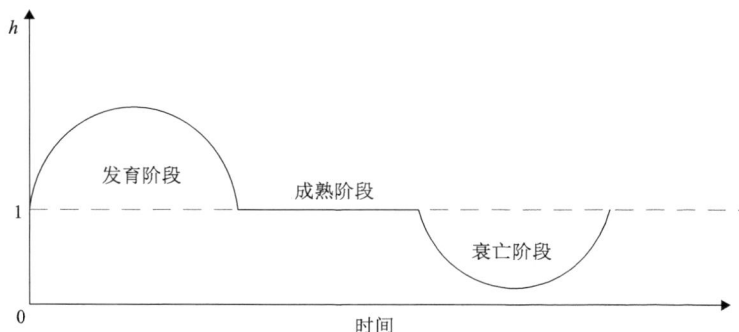

图 11-1　技术熵增量趋势值与时间的函数曲线

由图 11-1 可知，图像围绕直线 $h=1$ 上下波动，技术系统处在成长阶段和衰亡阶段时，h 的区间自然可以明确。值得注意的是，在成熟阶段的标准并非严格精确为 dS=0，$h=1$，比起确定的值，此时更强调的是表达一种处于平衡的状态。事实上，在成熟阶段系统达到的是一种非稳定的动态的平衡，允许系统要素或多或少的偏离。所以更为贴切地说，h 的值越趋近于 1，技术的成熟度就越高。

通过引入技术熵的两个变量来描述技术系统的成长阶段。即通过熵增量 dS 和熵增量趋势值 h 来分析技术系统的演化过程(图 11-2)，尝试以此实现对某个确定的技术熵增量的值来判断技术所处的成长阶段。当 dS<0 时，$h>1$，这时技术系统正处在成长期；当 dS=0(dS≈0)时，$h=1$($h≈1$)，这时技术系统已趋于成熟或完全成熟；当 dS>0 时，$0<h<1$，此时的技术系统已走向衰亡。

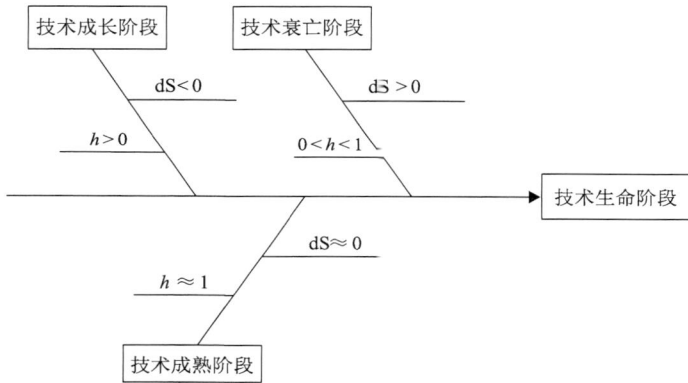

图 11-2　技术熵与技术发展阶段鱼骨图

11.4　技术熵的多维度专利模型构建

据世界知识产权组织报告，专利包含了全球 R&D 产出的 90%以上，是最大的技术信息源[7]。本章以专利作为技术系统和外部因素能量交换的媒介，基于专利信息确立相关参数，并通过对相关技术专利统计数据构建模型进行分析。

根据技术熵理论：

$$dS=d_eS+d_iS \tag{11-1}$$

其中，dS 为系统的总熵变；d_eS 为系统与外界作用而引起的熵增量，即熵流，其值可正可负；d_iS 为系统内部不可逆因素产生的熵增量，即熵产，这一项始终为正值。为研究方便，提出以下假设条件。

　　假设：①所有外部因素均通过专利作用于技术系统，即存在映射关系，理想状态下使专利成为系统与外界进行技术交换的唯一途径；②当且仅当专利失效时，专利将以熵产的形式自动退出技术系统；③不同来源、不同类型的专利对技术系统的贡献率不同，且其贡献率可计量；④专利申请量可作为研究密集程度的度量。

　　基于以上假设，可识别出某一技术系统的序参量为：某一时间范围内第一类专利的申请量 dN_1，第一类专利的公开量 dn_1；某一时间范围内第二类专利的申请量 dN_2，第二类专利的公开量 dn_2；…；某一时间范围内第 i 类专利的申请量 dN_i，第 i 类专利的公开量 dn_i。专利的分类方法可按专利来源或专利类型。

　　根据熵的定义式，可类比得出 d_eS 的表达式为

$$d_eS = d_eS_A \times d_eS_B \tag{11-2}$$

其中，d_eS_A 为授权专利引入系统的熵，由于其使系统变得"有序"并产生积极的影响，因此这一部分熵为负熵，数量上均为负值；d_eS_B 为未公开专利使系统产生的熵变，这部分专利在申请时进入了技术系统，但很快就退出了技术系统，综合来看使技术系统的混乱度增加，数量上应为正值。将二者并列可以看出，当授权专利引入的负熵大于未公开专利导致的熵增时，熵流整体表现为熵减，系统趋于有序；当授权专利引入的负熵小于未公开专利导致的熵增时，熵流整体表现为熵增，系统趋于混乱；当授权专利引入的负熵等于未公开专利导致的熵增时，熵流对系统的作用为零。

　　定义单位统计时间内各类专利的申请量和公开量分别为 $dN_{1-0}, dN_{2-0}, \cdots, dN_{i-0}$ 和 $dn_{1-0}, dn_{2-0}, \cdots, dn_{i-0}$。令 T_0 为基准年某一技术来源的研究密集程度，则

$$T_0 = 1 + \sum_{k=1}^{i} x_k dn_{k-0} \tag{11-3}$$

其中，x_1，x_2，…，x_i 为各类专利的密集系数。本章定义 dn_{1-0}，dn_{2-0}，…，dn_{i-0} 输入均为 0 时 T_0 值为 1，则 T_0 始终为不小于 1 的实数。根据熵的定义式 $dS = \dfrac{dQ}{T}$，有

$$d_eS_A = -\frac{\sum\limits_{k=1}^{i} \alpha_k dN_{k-0}}{T_0} \tag{11-4}$$

其中，α_1，α_2，…，α_i 分别为基准年对应种类专利对技术发展的贡献率，是一种权系数。水平普遍较高的专利类型对技术发展的贡献较大，α 值就越大；反之，则 α 值较小。

同理可计算

$$d_e S_B = \frac{\sum_{k=1}^{i} (1-\varepsilon_k)\alpha_k dn_{k-(0-\tau_k)}}{T_0} \tag{11-5}$$

其中，ε_1，ε_2，$\cdots$，ε_i 分别为对应种类专利的平均授权率；τ_1，τ_2，$\cdots$，τ_i 分别为对应种类专利的平均申请周期；$dn_{1-(0-\tau_1)}$，$dr_{2-(0-\tau_2)}$，$\cdots$，$dn_{i-(0-\tau_i)}$ 分别为对应种类专利在基准年前第 τ_1，τ_2，$\cdots$，τ_i 年的申请量。这是因为专利从申请、受理到授权存在审查周期，专利自受理之日起便可认为进入了技术系统，经过审查之后未予授权的将退出技术系统，所以基准年中退出的专利应该是平均审查周期前申请的，此处使用基准年的申请量进行计量是不合理的。这种处理方法不仅提高了专利计量的准确性，更强化了相邻时间节点间的逻辑联系，从而提升了研究的整体性。

除了与系统外部存在熵流作用，系统为部也会因其不可逆因素产生熵产。不同条件下熵产的计算方法并不统一，但其基本思路都在于计算系统内部的不可逆损失。具体到以专利为代表的技术系统中，导致熵产的原因可简化为专利的失效。一方面，失效的专利仍然属于原来的技术系统，是在系统的内部产生影响，同时专利"失效"的过程具有极强的不可逆性；另一方面，专利失效与专利未授权有本质的区别，前者在其有效期内已经完全成为系统的组分并长期发挥着实质性作用，但后者仅仅以熵流的形式进出系统而没有在系统内部起到实质性作用，所以只有前者是系统产生熵产的驱动势，后者不是。基于以上分析和本节开头的假设，以专利为代表的技术系统的熵产可按式(11-6)计算：

$$d_i S = \frac{\sum_{k=1}^{i} \alpha_k dN_{k-(0-t_k)}}{T_0} \tag{11-6}$$

其中，t_1，t_2，$\cdots$，t_i 分别为对应种类专利的有效期。

综合式(11-1)～式(11-5)，可得技术系统总熵变的表达式为

$$dS = d_e S + d_i S = \left(-\frac{\sum_{k=1}^{i} \alpha_k dN_{k-0}}{1+\sum_{k=1}^{i} x_k dn_{k-0}} + \frac{\sum_{k=1}^{i} \alpha_k dn_{k-(0-\tau_k)}}{1+\sum_{k=1}^{i} z_k dn_{k-0}} \right) + \frac{\sum_{k=1}^{i} \alpha_k dN_{k-(0-t_k)}}{1+\sum_{k=1}^{i} x_k dn_{k-0}} \tag{11-7}$$

当 dS<0 时，技术系统向有序方向演化即处于成长期；当 dS=0 时，技术系统达到了非稳定的平衡状态，即成熟期；当 dS>0 时，正熵流打破成熟期的平衡，使技术系统愈发无序，即衰亡期。

根据玻尔兹曼熵的定义式 $S=k\ln H$，当处在成长阶段时，技术系统向有序方

向演化即 dS<0，则 $h>1$；在成熟阶段，技术系统达到了非稳定的平衡状态，dS=0，$h=1$；在衰亡阶段，正熵流打破成熟期的平衡，使技术系统越发无序，dS>0，0<h<1。

11.5 碳捕集技术的技术监测与评价

依托国家知识产权局国家重点产业专利信息服务平台，以"二氧化碳 and（吸附 or 吸收 or 捕集）"为要素在专利摘要中进行检索，共获得数据 2861 条（图 11-3），并对 1985～2013 年申请的 2716 条专利信息进行技术熵分析，从而对碳捕集技术进行准确客观的监测分析。

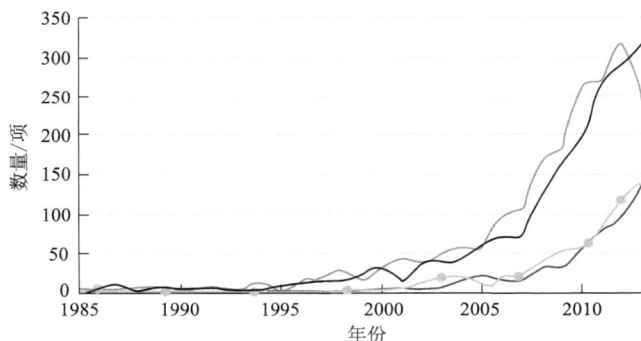

图 11-3 历年碳捕集相关专利申请量及公开量

11.5.1 碳捕集的一维技术熵分析

基于技术熵的专利模型具有较强的应用性，为了从宏观上梳理我国碳捕集技术的发展脉络，此处采用该模型的一维形式进行技术熵分析。

由于仅采用一维形式，原模型可简化为

$$T_0 = 1 + x\mathrm{dn}_{1-0} \tag{11-8}$$

$$\mathrm{dS} = \mathrm{d_e}S + \mathrm{d_i}S = \frac{-\alpha\mathrm{dN} + (1-\varepsilon)\alpha\mathrm{dn}_{1-(0-\tau_1)}}{T_0} + \frac{\alpha\mathrm{dN}_{1-(0-t_1)}}{T_0} \tag{11-9}$$

其中，x 为专利的密集系数，此处为 1；α 为基准年专利对技术发展的贡献率，由于不存在比较对象，此处也为 1；ε 为专利的平均授权率，τ_1 为专利的平均申请周期，均由国家知识产权局公开的专利申请、受理数据计算得到。

图 11-4 为 1985～2013 年我国碳捕集技术的研究密集程度的分析结果。由此可知，我国碳捕集技术的研究可分为三个阶段：阶段一为 1985～1995 年，技术萌

芽阶段；阶段二为 1996～2005 年，技术起步阶段；阶段三为 2006～2013 年，技术高速跃升阶段。

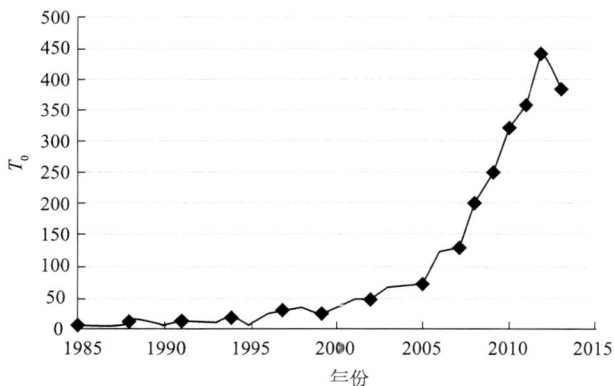

图 11-4　研究密集程度 T_0

基于 T_0 的计算结果，本章进而针对低速发展阶段和高速跃升阶段进行了技术熵分析（图 11-5）。

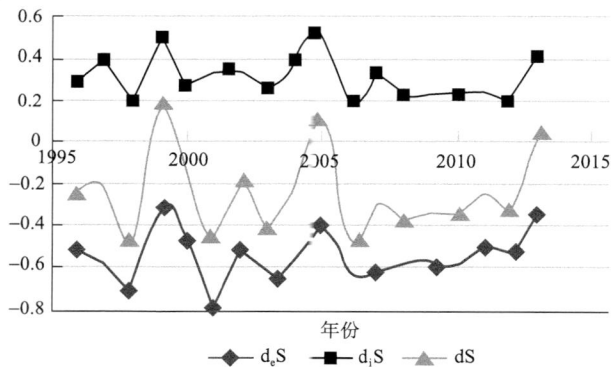

图 11-5　一维碳捕集技术熵走势

由图 11-5 可以看出，虽然碳捕集技术经历的低速发展期（1996～2005 年）整体表现为专利量的明显增加和研究密集程度的近似线性增长，但事实上，该阶段发生了技术系统的内部震荡。1996 年，高于往年的专利输入为碳捕集技术系统提供了过量的负熵，引入了促使技术系统有序化的扰动。但由于开始时负熵输入量仍然较小，不足以产生宏观运动，技术系统又固有一定的自组织性，表现为抵消外界影响，因此巨大的熵产在 1999 年前后开始显现，缓慢增强的负熵流却不足以抵消其影响，导致技术系统趋于稳定平衡，表现为系统的退化。

在这种波动发展中，不断输入的负熵流持续作用于整个技术，逐渐使系统处于一种近似临界状态。所以，在经历了 2005 年的波动后，2006 年发生的扰动导致技术系统发生质变，一跃进入高速的跃升发展阶段(2006～2013年)。这一时期内，负熵流持续输入，并且在数量上始终大于系统内部的熵产，系统向着技术成熟的不稳定平衡状态发展。但是我们应该注意到，2013年，流入技术系统的负熵减少，而熵产突然增加，将系统重新拉回到相对平衡的临界状态。为了辨识碳捕集技术的未来发展方向，本章开展了进一步研究。

11.5.2 二维体系下的碳捕集技术熵

考虑到本章模型的一维形式在微观细节波动体现不足，多用于趋势分析，此处引入基于技术熵的专利模型的二维形式，分别以发明专利、实用新型专利为第一类、第二类专利进行分析。那么，原模型为

$$T_0 = 1 + \sum_{i=1}^{2} x_i \mathrm{d}n_{i-0} \tag{11-10}$$

$$\mathrm{d}S = \mathrm{d}_e S + \mathrm{d}_i S = \frac{-\sum_{i=1}^{2} \alpha_i \mathrm{d}N_i + \sum_{i=1}^{2}(1-\varepsilon_i)\alpha_i \mathrm{d}n_{i-(0-\tau_1)}}{T_0} + \frac{\sum_{i=1}^{2} \alpha_i \mathrm{d}N_{i-(0-t_1)}}{T_0} \tag{11-11}$$

图11-4为二维体系下1985～2013年我国碳捕集技术的研究密集程度的分析结果。通过对比图11-4和图11-6可知，两种形式的模型对研究密集程度的解析结果基本相同，相比之下，二维模型展现的结果在低速发展阶段曲折上升的趋势更加明显，高速跃升阶段也开始展现出不同于一维情况的特征，特别是2013年出现的研究密集程度波动更加值得注意。

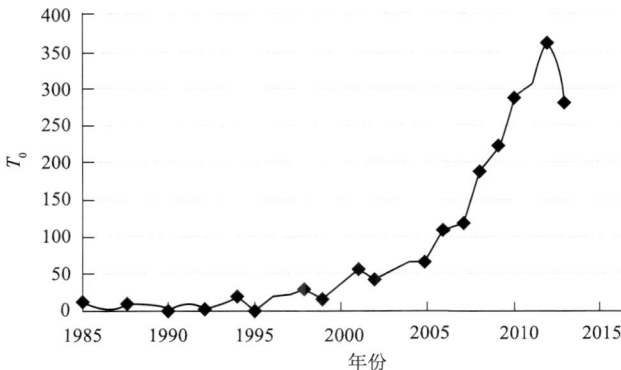

图11-6 研究密集程度 T_0

采用二维技术熵模型对低速发展阶段和高速跃升阶段进行技术熵分析(图11-7)，从 $\mathrm{d}_e S$、$\mathrm{d}_i S$ 和 $\mathrm{d}S$ 三个角度解析我国碳捕集技术发展历程。

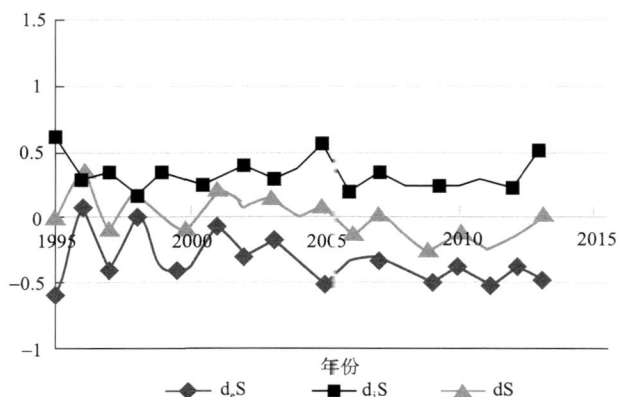

图 11-7　　二维碳捕集技术熵发展态势

从 d_eS 来看，自 1996 年以来，我国新增专利向技术系统引入的熵流基本表现为负熵，其增长量逐年变大。在低速发展阶段，由于研究密集程度还相对较低，少量的专利输入就能给系统带来较大的熵变，因此某些年份(如 1997 年)负熵流很大；同时，该阶段尚未形成稳定的专利输入，因此某些年份(如 1998 年)表现出的负熵流很小，甚至为正。这很好地体现了低速发展阶段曲折上升的特点。在高速跃升阶段，每年输入到技术系统的专利量稳定增长，研究密集程度也逐年提高，除个别年份外总体表现为 d_eS 的逐年上升，揭示了该时期内，碳捕集不仅成为新的研究热点，而且我国的相关研究确实取得了一定成果。

从 d_iS 来看，不论是在低速发展阶段还是高速跃升阶段，我国碳捕集技术系统都保持着基本稳定的水平，不同年份变化不大，数值上与 d_eS 相当，体现了该技术系统内部的作用还不够强烈，这是未达到成熟期的典型特点。

从 dS 来看，我国碳捕集技术的低速发展阶段和高速跃升阶段界限明显，情况与 3.1 节中所述相同。值得注意的是：根据技术熵理论，高速跃升阶段的碳捕集技术经历了完整的发展、成熟阶段，取得重要发展(图 11-7、图 11-8)；然而综合 d_eS、特别是 d_iS，又得出碳捕集技术尚未成熟的结论。

综上，本章认为：我国的碳捕集技术尚未成熟，高速跃升阶段取得的重要进展为技术成熟做了必需的基础研究和技术储备；之所以 2013 年 dS 趋于 0，是因为虽然投入了大量的研究精力却没有收获与之前水平相当的高水平成果产出，这说明我国碳捕集技术的发展已经进入重要阶段，关键技术有待攻关、技术推广有待加强、产业化能力有待提升。

通过进一步细化碳捕集技术相关专利可以发现，其技术领域主要涉及分类为 B01D、C01B、B01J、C07C、C10L，专利数的总和占专利总数的 87%，具有代表性。这 5 个领域分别对应如下。①B01D：B——作业、运输，01——一般的物理或化学，D——分离。②C01B：C——化学、冶金，01——无机化学，B——非金属元素、其化合物。③B01J：B——作业、运输，01——一般的物理或化学，J——化学或物理方法，如催化作用、胶体化学，及其有关设备。④C07C：C——化学、冶金，07——有机化学，C——无环或碳环化合物。⑤C10L：C——化学、冶金，10——石油、煤气及炼焦工业，含一氧化碳的工业气体，燃料，润滑剂，泥煤，L——不包含在其他类目中的燃料、天然气、不包含在 C10G 或 C10K 小类中的方法得到的合成天然气、液化石油气、在燃料或火中使用添加剂、引火物。经查阅相关文献发现，以上 5 个领域都直接与碳捕集材料有关，与碳捕集工艺相关但关联不多。在申请人单位构成方面，浙江大学、中国石油化工股份有限公司、东南大学、株式会社东芝、清华大学、阿尔斯通技术有限公司、华东理工大学和大连理工大学申请的专利量占专利总量的 86%，国内的研究机构多为高等院校，仅有一家为国内企业。以上两点说明：我国的碳捕集研究大多集中于吸收和吸附材料等初级阶段，研究机构还以高等院校为主，尚不具备大规模产业化的能力。

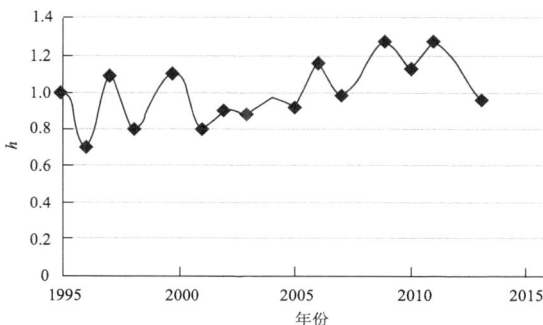

图 11-8　碳捕集技术的 h 值走势

11.5.3　碳捕集技术发展的动态评价

根据技术熵理论，技术的发展受政策、经济、市场等众多因素影响，其真实发展路径几乎无法预测。因此，本章从技术熵出发，依托现有数据，通过单一变量对我国碳捕集技术的发展进行了动态评价。

(1)基于本书 11.4 节中构建的技术熵专利模型，假设到 2020 年，我国碳捕集技术相关专利的申请量、公开量均保持在 2011～2013 年的平均水平，其 dS 发展情况如图 11-9 (a) 所示。在这种情况下，2014 年起 d_eS 将达到稳定水平，但 d_iS 将迅速增大，dS 始终为正值，导致技术系统严重退化，最终衰亡。

(2)利用本书 11.4 节中构建的技术熵专利模型，解除假设④中研究密集程度 T 与专利量之间的数量联系，即对碳捕集保持高关注度而技术成果不完全体现为专利增长。那么，假设 2014～2020 年，T 以 2009～2013 年 T 的平均增长率增长，其 dS 发展情况如图 11-9 (b) 所示。这种情况下，d_eS、d_iS 都将逐年减小，但 d_eS

的减小速度大于 d_iS，dS 始终为正，系统将迅速走向衰亡。

(3) 基于本书 11.4 节中构建的技术熵专利模型，假设到 2020 年，我国碳捕集技术相关专利的申请量、公开量均以 2009~2013 年的平均增长量线性增长，其 dS 发展情况如图 11-9(c) 所示。这种情况下，d_eS、d_iS 均将加速增长，且 d_eS 与 d_iS 增长速率基本持平，dS 在 0 附近波动，技术系统重新进入类似 1996~2005 年的低速发展阶段，难以取得实质性进展。

(4) 基于本书 11.4 节中构建的技术熵专利模型，假设到 2020 年，我国碳捕集技术相关专利的申请量、公开量均以 2009~2013 年的平均增长率指数增长，其 dS 发展情况如图 11-9(d) 所示。在这种情况下，d_eS、d_iS 均将加速增长，但 d_eS 的增长速率明显高于 d_iS，dS 表现为负值，将有效推动技术走向成熟。

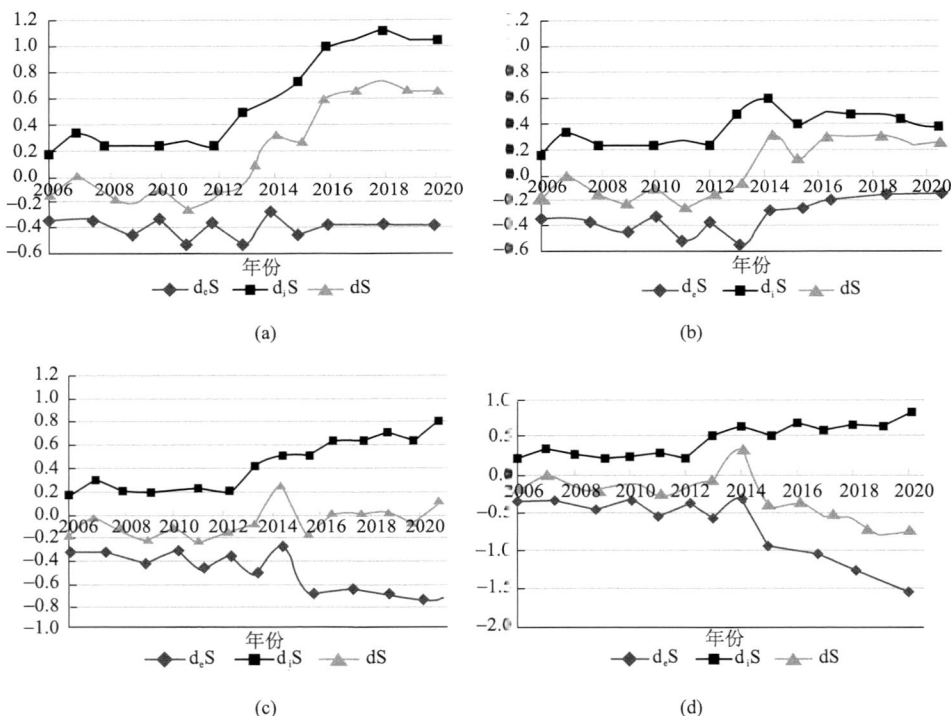

图 11-9 不同动态条件下的 dS 走势

通过单一变量分析可知，我国碳捕集技术正处于发展的关键时期，未来几年内的发展情况将直接影响到整个技术系统的发育：由于技术系统本身尚处于发展期，如果负熵输入量低于系统内部熵产，技术系统将迅速退化、直至衰亡，之前十几年积累的技术将离散到不同的技术领域中，而无法形成碳捕集技术系统；如果负熵输入量与系统内部熵产水平相当，系统将维持一种不稳定平衡状态，但无法达到成熟，此时需要输入越来越多的负熵来维持系统自身的耗散，付出的代价也越来越高，一旦负熵流减少，系统还面临着迅速退化的危险，处于一种高投入低收益的境况；如果负熵输入量高于系统内部熵产，系统便将进入新的发展过程，这有赖于由核心技术突破带来的一系列技术革新，推动技术向着成熟的方向进化，而其进化程度将直接决定我国碳捕集技术产业化的可能性。

基于以上分析，提出以下建议：①我国碳捕集技术已经具备必要的科研基础，正处于发展的关键时期，科研管理部门应更加注重汇聚力量主攻亟待解决的关键技术，为技术的全面发展打开局面；②当前我国研究重点主要集中在吸收吸附材料等前端，对碳捕集设备、工艺研究尚存不足，科研人员或可尝试开展设备、工艺研究，消除技术短板，为碳捕集的工业实现做好技术准备；③当前我国碳捕集相关专利申请单位多为高校，而碳捕集技术最终却将应用到工业企业中，因此，企业不仅需要密切关注相关研究动向，还应该适当增加研发投入，开发出与企业需求联系更加紧密的技术，提高专利技术的应用性。

11.6　本章小结

熵理论广泛适用于自然科学和社会科学研究领域。在技术系统中，技术熵可以描述、表征特定的技术系统在某一特定时间其内部关系的无序程度。本章首先通过对熵理论演化的梳理和熵理论适用环境的剖析，印证了技术熵存在的合理性和客观性；其次，根据热力熵的定义式，结合技术系统的属性得出技术熵的定义式。结合玻尔兹曼熵，推导出具有技术系统特色的技术熵增量趋势指标 h，从而得出技术熵的计算式；最后，通过相关参数与变量，根据 dS、h 值判定技术系统的变化趋势和成熟程度。以专利信息为基础，构建了技术熵的专利模型，通过对典型的碳捕集技术进行分析，验证了技术熵专利模型的有效性和科学性。同时，由于技术发展本身受到市场、政策、调控等各种因素影响较大，本章对技术熵的初步探索尚存在许多不足，个别专利数据也存在一定偏差。进一步完善、扩充技术熵理论体系和应用研究是未来研究的重点。

(1) 1985～2013 年，我国碳捕集技术的研究经历了技术萌芽阶段、低速发展阶段、高速跃升阶段。虽然在低速发展期(1996～2005 年)整体表现为专利量的明显增加和研究密集程度的近线性增长，但事实上发生了技术系统的内部震荡，是一种曲折上升。2006 年前后碳捕集技术在前期的基础上开始快速发展，到 2013 年业已进入发展的关键期。

(2) 从 d_eS 来看，碳捕集技术不仅已经成为新的研究热点，还取得了一定成果；从 d_iS 来看，该技术系统仍表现出未达到成熟期的典型特点。因此，我国的碳捕集技术尚未成熟，高速跃升阶段取得的重要进展为技术成熟做了必需的基础研究和技术储备,但近年投入的大量研究尚未收获与之前水平相当的高水平成果产出,这印证了我国碳捕集技术的发展已经进入重要阶段,关键技术有待攻关、技术推广有待加强、产业化能力有待提升。

(3)经分析发现,我国碳捕集技术相关专利中的 87% 主要与碳捕集材料有关,86% 的申请机构中仅有一家为国内企业,说明我国的碳捕集研究大多集中于吸收和吸附材料等初级阶段,研究机构还以高等院校为主,国内企业介入不足,尚不具备大规模产业化的能力。

(4)通过单一变量分析可知,未来几年为的发展情况将直接影响到整个碳捕集技术系统的发育,核心技术突破并带来的一系列技术革新能够有力推动技术向着成熟的方向进化,而其进化程度将直接决定我国碳捕集技术产业化的可能性。

(5)为全面推动我国碳捕集技术发展,科研管理部门应更加注重汇聚力量主攻亟待解决的关键技术,打开局面;科研人员或可尝试开展设备、工艺研究,消除技术短板,为碳捕集的工业实现做好技术准备;企业不仅需要密切关注相关研究动向,还应该适当增加研发投入,开发出与企业需求联系更加紧密的技术,提高专利技术的应用性。

本章参考文献

[1] Shannon C E. A mathematical theory of communication[J]. Bell System Technology Journal, 1948, (27): 379-423, 623-656

[2] Bekenstein J. Black holes and entropy[J]. Physical Review D, 1973, 7(8): 2333-2346

[3] 任佩瑜, 张莉, 宋勇. 基于复杂性科学的管理熵、管理耗散结构理论及其在企业组织与决策中的作用[J]. 管理世界, 2001, (6): 142-147

[4] 维纳 N.控制论[M]. 郝季仁译 北京: 科学出版社, 1963

[5] 吴贵生, 王毅. 技术创新管理[M]. 北京: 清华大学出版社, 2009

[6] 陈凡. 自然辩证法概论[M]. 北京: 人民教育出版社, 2010

[7] 王贤文, 刘则渊, 侯海燕. 基于专利共被引的企业技术发展与技术竞争分析: 以世界 500 强中的工业企业为例[J]. 科研管理, 2010(4): 127-138

[8] 李晓非. 寻呼机产品生命周期分析[J]. 消费导刊, 2010, (5): 178

第三篇　战略性新兴技术的实证研究
（应用篇）

12 美国风力涡轮机技术监测与分析

运用专利计量学方法和 VOSviewer 信息可视化软件工具,对通过对美国专利商标局专利数据库中的风力涡轮机技术专利进行计量分析,从而实现对对美国风力涡轮机领域的技术进行监测。结果显示:美国风力涡轮机技术专利授权量在 2005 年后快速增加,涡轮机技术发展前景较好;美国、丹麦和日本在该领域具有较强的技术优势,其中丹麦对风力涡轮机技术最为重视;美国通用电气公司、维斯塔斯风力系统公司和日本三菱公司是美国风电产业中的领导者;风力涡轮机自身结构等、风电控制系统与方法、垂直涡轮机是该领域的技术热点;IEEE 的会议论文是美国风力涡轮机技术发展的重要科学基础,太阳能光伏发电与风力发电"融合"现象初现端倪,具有较大的发展潜力。

12.1 研究的背景

12.1.1 风机技术及相关研究简介

风能作为一种新型的可再生能源,它具有环境友好、技术成熟、全球可行的特点,并存有超过 20 年的良好运行记录,被人们普遍认可。现代风力发电产业在 20 世纪 80 年代始发于美国加利福尼亚州[1],并于近些年在世界范围内被广泛使用。以 2011 年为例,2011 年新增风电装机便达到 40 564 兆瓦,比 2010 年有所增加,而全球累计装机达到 238 吉瓦,实现了超过 20% 的年增长[2]。据 Cullen 统计,近几年美国的风电产业与其太阳能产业相比,出现了明显的增长趋势[3]。日本的清洁研究重点也从太阳能转向了风能。对中国而言,2010 年中国贡献了全球风电年新增装机市场的 49%、2011 年的 43%。四家中国风电企业跻身全球风电装机前十位的排行榜,中国的第一个海外项目目前已经全面运转[2]。伴随着风电产业的迅速发展,风电产业的核心部件风力涡轮机,因其直接决定了到风能的捕捉效率,而被各国政府与风电行业的从业者所关注,研发经费得到持续投入。虽然我国贡献者超过世界范围了 40% 的装机,但是我国风电产业的涡轮机功率较世界先进国家仍有较大差距,因此适时地监测风力涡轮机领域先进国家的技术情况对我国风力涡轮机领域的发展具有重要意义。

12.1.2　相关研究综述

专利是创新的源泉，技术的表征，因其蕴含丰富而有价值的信息，被作为一项重要的指标，被广泛地应用于技术发展和演进的测度领域[4]，并取得了良好的口碑。已有经验表明，有效运用专利情报，则可平均缩短研发时间 60%，节省研发费用40%[5]。因此，以监测专利为手段的技术分析已被国内外学者所关注，贡金涛等全面地考察了通用在华风电领域技术研发与竞争状况，并对该竞争对手在某一特定领域的专利主题进行初步探测与信息可视化分析[6]。雷孝平等对美国的风电产业的专利进行了分析，发现美国风电产业的核心技术是发电机和发电机控制等技术[7]。杨中凯和刘佳借助风力涡轮机的专利，识别了风力涡轮机的技术轨道图谱，诠释了风力涡轮机技术的发展脉络[8]。Benson 和 Magee 为风力涡轮机是风电产业的核心技术，他们用关键词跟专利分类代码混合方法详细介绍了风力涡轮机技术的专利检索方法[9]。随后 Benson 和 Magee 构建了风力涡轮机技术、太阳能技术、电池技术、电容技术等四个领域的技术性能/成本改善曲线，发现了四个技术的不同特点[10]。Park 等采用 TRIZ方法，运用专利数据预测了飞艇式风力涡轮机的技术发展趋势[11]。牛妞对涡轮机的主要部件"叶片技术"进行了专利计量分析，发现我国企业的叶片技术申请还局限于传统的生产制造环节，缺少对制造服务领域的研究和专利布局[12]。吴晓瑜和杨洋分析了 2010 年我国风电专利的情况，指出风电专利数量和质量与风电强国还有较大差距[13]。陈旭娟通过比较和查阅国内外专利和研究动态，找出了我国风电设备制造业风能开发利用核心竞争技术[14]。高冉晖和张晓阳[15]、王晓梅等[16]分别对江苏省的风电专利进行了统计与分析，发现江苏省的风电技术研究具有一定的基础。

虽然已有众多学者关注风力涡轮机或其相关领域的专利分析，但是我们尚未发现对美国风力涡轮机专利的详细计量分析，特别是对技术科学基础与技术研究热点的可视化分析。因此，本章以美国专利商标局中的风力涡轮机技术的相关专利数据表征技术，运用基础专利计量手段，对专利属性数据的计量分析，实现对风力涡轮技术在美风电产业有全面的宏观把握，同时运用数据挖掘的方法，对专利文本进行可视化分析，实现对美国风力涡轮机技术的全面监测。

12.2　数据来源与研究方法

数据主要分为两类：属性数据和关系数据[17]，专利文献中既包括了申请号、申请人、发明人、国际专利分类号(international patent classification，IPC)分类号等标志专利属性的属性数据，也包含了发明人引用关系、引文关系等标示专利在专利网络中地位的关系数据[18]。专利计量学视角下的专利分析主要基于这两种数据展开。专利属性数据常伴随基础的数理统计，用以定量描述专利或专利群组的基本信息，直观描述企业或行业专利态势。专利的关系数据在专利中主要表现为专利的引用与被引，借助社会学、文献计量学与科学计量学相关指标，专利关系数据可以用来辨识技术质量，探求具体技术在技术系统中的地位，探索科学与技术的互动关系。

考虑到数据的类型与丰富性及转确定，本章的数据选自美国专利商标局的专利库，该数据库全文收录了 1976 年以来的所有在美申请和被授权的专利数据。美国专利商标局与欧洲专利局（European Patent Office，EPO）及相关的商业专利数据库等相比，其拥有严格的专利审查模式，并拥有更严格的参考文献格式。但其不能像德温特创新索引、Thomson Innovation 等商业数据库批量下载、分析专利数据，因此一般需要自编程序搜集整理美国专利商标局的专利数据。在美国专利商标局专利在线检索系统中，以"title=wind turbine"，截止到 2012 年 10 月 16 日，共检索到 1710 条相关专利文献。运用自编程序对每条数据进行分类整理和标准化处理。数据包括专利号码、发明者相关信息、专利权人相关信息、UPC 分类号、IPC 分类号属性数据，同时也包括专利前向引用关系、专利后向引用关系等相关关系数据。

本章运用的方法是专利计量方法，专利计量方法进入研究人员的视野已经有 50 多年的发展历史。美国的 IBM 公司从 20 世纪 60 年代开始就运用专利分析竞争对手的技术发展趋势、日本则绘制了世界上第一张专利地图，使专利可视化成为可能。现在许多国家以专利计量的手段来分析国家间及企业间的竞争态势，预测技术发展方向。探索技术前沿，预测技术未来发展路向。纳林作为国际上有关专利计量研究最早和最权威的学者，使专利计量方法学科化体系化。1994 年，纳林发表了专利计量研究的经典之作《专利文献计量学》，认为科学论文文献计量学与专利文献计量学有着惊人的相似性，可以适用于相同的范畴[19]。他认为专利计量学应该跟文献计量学一样，成为一种系统化科学化的研究方法。当前已经有众多学者们在不同领域运用专利计量方法（图 12-1），他们探索技术不同企业以及产业等的国家竞争[20]，技术生命周期[21]、R&D 投入与专利产出的关系[22]、技术合作战略等[23]，以及新兴技术预测等。

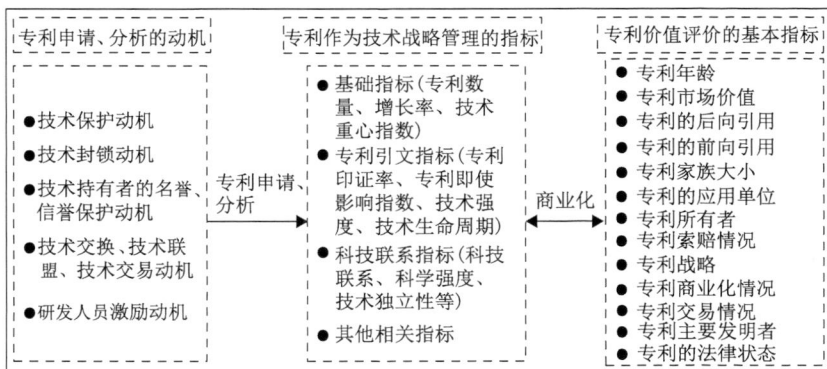

图 12-1 专利研究的主要内容分布[24]
资料来源：据 Tseng 等文章翻译整理而来

12.3　专利计量分析结果

为了探索风力涡轮机技术的相关情况．对美国专利商标局中的风力涡轮机专利进行统计分析，在美国专利商标局中，我们共检索到相关专利文献 1710 条，其年度分布如图 12-2 所示。从图 12-2 中我们可以看出，风力涡轮机的专利量在 1980～1988 年有一个缓慢的增长，但之后又出现缓慢的下滑，这主要是当时因为整个风电系统的技术还不够完善，风电入网难，专利在一定程度上很难商业化。同样，我们也能看出风力涡轮机相关技术在经历了 1988～2004 年的缓慢发展后，在 2005 年出现迅猛增长，在 2010 年增长率达到顶峰。2011 年开始，增长速度开始减缓，风电涡轮机技术进入平稳发展阶段，这与全球风电产业的发展趋势相吻合。

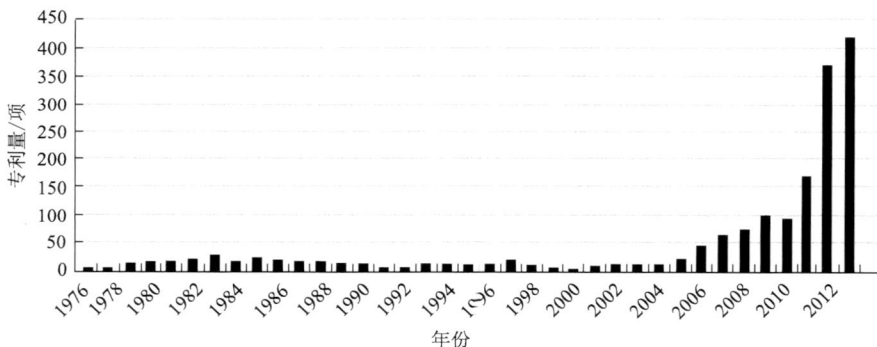

图 12-2　风力涡轮机专利在美国的年度分布

12.3.1　国家竞争态势

为了探索风力涡轮机相关专利在美国的竞争情况，我们对数据中的数据从两方面进行分析。首先从获得专利权机构的国家属性来看，美国获得了 605 项相关专利，占所有专利的 35.4%；丹麦获得授权专利 199 项，占所有专利的 11.6%；日本获得授权专利 115 项，占所有专利的 6.72%。专利授权占前 10 位的国家占所有专利 66.7%。详细分布如表 12-1 所示。

表 12-1　风力涡轮机专利的国家分布（前 10 位）

国家	专利数量/项	技术重心指数
美国	605	0.091 66
丹麦	199	1.869 07
日本	115	0.013 09

续表

国家	专利数量/项	技术重心指数
德国	91	0.034 49
西班牙	38	0.795 98
加拿大	26	0.041 49
英国	18	0.042 49
比利时	10	0.085 39
法国	7	0.006 80
中国	7	0.006 16
合计	1116	0.051 88

同全球风能理事会统计的全球风电累计市场排名前 10 位的国家，中国（62 364 兆瓦）、美国（46 919 兆瓦）、德国（29 060 兆瓦）、西班牙（21 674 兆瓦）、印度（16 084 兆瓦）、法国（6800 兆瓦）、意大利（6737 兆瓦）、英国（6540 兆瓦）、加拿大（5265 兆瓦）和葡萄牙（4083 兆瓦）等 10 个国家相比，日本，比利时、丹麦在专利方面进入了前 10 而在累计市场排名未进入前 10，其中丹麦由葡萄牙代替，首次退出风电市场累计前 10。值得我们注意的是，中国内地仅有 7 项专利获得授权，这与我国市场风电市场累计第一的排名有较大差距，为了确定我国风电企业是否开始关注国外专利市场，我们对美国专利商标局的申请专利进行检索，我们发现中国有 31 项专利正在申请中，申请地集中在北京、江苏与广东。可见我国风电企业与研究机构已经开始关注国外风力涡轮机市场。为了更详细地探索风力涡轮机的国际竞争态势，我们对专利数量前 5 位的国家进行了深入分析，其专利趋势如图 12-3 所示。

对美国、丹麦、日本、德国、西班牙 5 个国家的专利成长率进行统计，其结果如图 12-4 所示，专利成长率是专利权人在某段时间获得专利量/上一阶段的专利数量，其常被用来衡量该领域技术创新的时间变化。从图 12-3、图 12-4 我们看出，5 个国家在 2000 年后在风力涡轮机领域的获得授权的专利数量有明显的增加，其中美国企业在 2006 年开始小批量获得风力涡轮机技术的专利授权，并从 2010 年开始出现迅猛增长，专利成长率维持在 100%～200%，但 2012 年增长趋势开始减缓。丹麦与日本在 2009～2010 年保持着较高的专利成长率，但在 2010 年后开始出现缓慢下滑，但相比较而言，2012 年丹麦的专利数量增长速度开始减慢，这与丹麦风电产业近几年发展速率减慢相吻合。日本仍然保持较高增长。德国与西班牙的专利申请成长率有较大波动，可以看出这两个国家的技术创新周期明显长于其他三国。

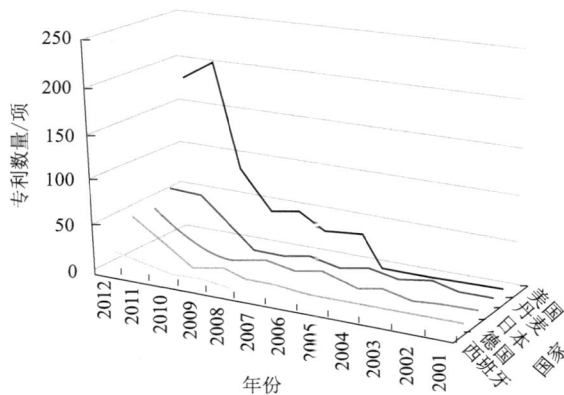

图 12-3　国家专利趋势图(前 5 位)

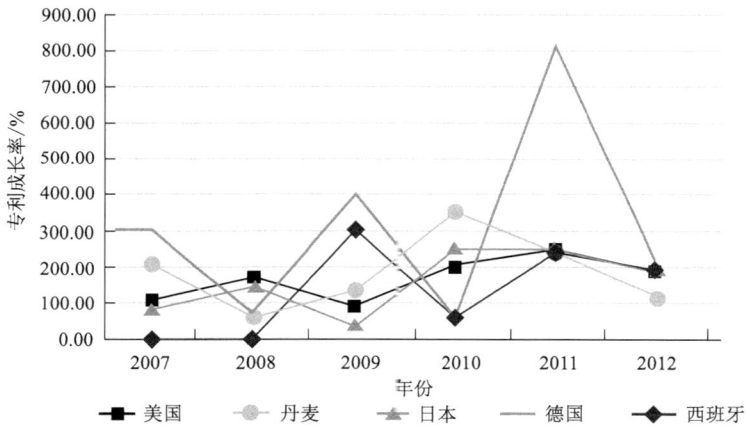

图 12-4　国家专利成长率

技术重心指数，也可翻译为专利集中度[25]，是衡量一个国家或专利权人在该技术领域的关注程度，其计算方法是国内或者权利人在某技术领域的专利申请量/其全部申请量。对专利申请量排在美国前 10 位的技术重心指数进行测度，其结果显示在表 12-1，可以看出丹麦与西班牙的专利重心指数排在国家的前列，说明这两个国家对风力涡轮机相关技术的海外美国市场较为重视，在一定程度上说明这两个国家在风力涡轮机技术方面的关注程变较高。中国与法国的专利技术重心指数较低，说明中国与法国对风力涡轮机技术的关注度仍然较低，对美国市场的重视程度也较低。

12.3.2　专利权人竞争态势

专利权人对专利具有独占处理的权利，可以对专利进行处理而不受其他所有者的干涉。通过对风力涡轮机技术专利权人的统计比较，专利权人主要由研究机构，企业或公司财团及个人组成，对专利权人进行整理，我们发现专利权有 77%集中在企业当中，对专利权人进行深入分析探索美国风力涡轮机专利权人的活跃度。其中通用电气公司拥有专利 418 条，占所有专利比例的 24.4%。维斯塔斯风力系统公司占有专利占 149 条，占所有专利的 8.7%。日本三菱重工拥有专利 68 条，占所有专利比例的 3.97%，处于第三位。西门子拥有专利 55 条占所有专利比例的 3.22%。从这里可以看出，美国通用公司是美国风力涡轮机产业中活跃度最高的公司。对这 4 个公司的发明人进行研究，通用公司的发明人主要来自美国、德国、荷兰、西班牙、印度、中国等国家，国外人员参与的比例最大，可见通用电气公司拥有广泛的专利合作渠道。维斯塔斯风力系统公司的专利发明人主要集中在自己国家，有少量的发明人为新加坡和英国，与这两个国家的科研人员保持较为密切的合作。西门子公司的专利发明人主要来自丹麦与德国，而丹麦的比例较大，西门子对丹麦科研人员的依赖较重，技术的独立性较差。三菱重工的专利发明人全部来自日本，可见本公司对本国的科研人员依赖较强，专利的国际合作差。

12.3.3 科学基础挖掘

科学关联性研究一直是专利计量学研究的热点方面，1980 年，纳林等在 *Research Management* 上发表《基础研究文献与专利之间的关联》文章，分析了专利对论文的引用在数量、时间和种类等方面的不同。而国际自 20 世纪 80～90 年代开始，科学计量学领域的众多学者对其展开了探索。科学-技术的互动关系测度，主要围绕科学文献专利文献之间的关系展开，有两个主要的研究方向：一是基于著者角度，考察同一著者在专利与论文方面不同贡献或考察著者的合作关系；二是基于引文研究，专利中的非专利引文和论文中的专利引文所描绘的科技知识图谱[26]。

对样本数据的非专利文献进行辨识处理，挖掘风力涡轮机技术的科学基础，在样本专利的引文中含有非专利文献的专利有 704 个，占所有专利的 41%，含有非专利引文 2775 条。其中专利审查员标注 77 条，其余为专利申请人标注。根据 Vinkler[27]对非专利中科学文献的定义，在样本专利的非专利引文进行分类识别，识别后的科学文献样本的主要来源为 IEEE 的会议论文，其比例占到所有非专利引文的 17%。因此，风力研究人员应该保持对 IEEE 会议论文的高度关注。在期刊来源方面，还未出现被高频次引用的期刊，但是风力涡轮机专利引用的期刊却常常伴随"太阳能领域期刊"，可见风电与太阳能发电具有较强的关联性且风电与太阳能联合电网的研究是近期的热点问题。需要注意的是，风力涡轮机技术作为风电能源的核心部件，各国政府都对其保持了高度关注。近几年风力涡轮机技术的专利饮用政府报告、年鉴等统计资料的引文数量明显增加，恰当关注政府报告将对专利趋势预测大有裨益。

12.3.4　高被引专利分布

国际上最对专利质量测度主要有三个方法：专利引文分析方法、专利家族分析方法、专利指定有效国分析方法[28]。学者们普遍认同指出，高被引专利通常比一般专利具有更高的质量[29, 30]。对检索数据进行专利被引频次进行统计分析，排名前 10 位的专利如表 12-2 所示。

表 12-2　高被引专利统计分析（前 10 位）

专利号码	公开时间	被引频次	专利权单位	发明者
5225712	1993 年	147	U.S. Windpower, Inc.(美国)	Erdman；William
5083039	1992 年	141	U.S. Windpower, Inc.(美国)	Richardson；Erdman；William
4565929	1983 年	105	The Boeing Company(美国)	Baskin；Miller；Wiesner；Wayne
6137187	2000 年	94	Zond Energy Systems　Inc(美国)	Mikhail；Christenson；Cousineau；Kevin、Erdman；Holley；William
6512966	2003 年	91	ABB AB(SE)	Lof Per-Anders Kristian Gertmar Lars Gustaf 、Ingolf Andren、Lars Anders Tommy (SE)
4297076	1981 年	89	Lockheed Corporation (美国)	Donham；Heimbold；Richard（美国）
6566764	2003 年	88	Vestas Wind Systems A/S, R&D (丹麦)	Rebsdorf；Helle；Lars
5798632	1998 年	87	Midwest Research Institute (美国)	Muljadi；Eduard
4140433	1979 年	83		Eckel；Oliver
5289041	1994 年	80	U.S. Windpower, Inc.(美国)	Holley；William

从高被引专利的国别来看，排名前 10 的专利主要分布在美国，1 个分布在瑞典，1 个分布在丹麦。对排名前 100 的专利进行 IPC 的分类统计，专利主要集中在 F03D、H02P、H02J、G01R、G05D、G06F 这 6 个专利分类下与排名前 10 的专利基本吻合，其对应技术内容如表 12-3 所示。这 6 个领域是风力涡轮机高质量专利的主要研究领域。除 F03D(风力发动机)是这些专利的主要分布领域外，关于电能控制的专利近年来有明显的增加，对风能转换成智能控制与能量转换之后的智能节电是未来风力涡轮机及其相关领域关注的重要问题。

表 12-3　高被引专利的 IPC 领域分布

IPC 分类号	主要技术内容	
	大类	小类
F03D	风力发动机	1/00 具有基本上与风向一致的旋转轴线的风力发动机
		3/00 具有基本上与风向成直角的旋转轴线的风力发动机
		5/00 其他风力发动机
		7/00 风力发动机的控制
		9/00 特殊用途的风力发动机；风力发动机与受它驱动的装置的组合
H02P	电动机、发电机或机电变换器的控制或调节；控制变压器、电抗器或扼流圈	9/00 用于取得所需输出值的发电机的控制装置
		1/00 通过矢量控制
H02J	供电或配电的电路装置或系统；电能存储系统	3/00 交流干线或交流配电网络的电路装置
G01R	测量电变量；测量磁变量	11/00 用于测量电功率或电流的时间积分的机—电装置
		21/00 电功率、功率因数的测量装置
G05D	非电变量的控制或调节系统	3/00 位置或方向的控制
		9/00 液位控制，例如控制存储在容器中的材料量
G06F	电数字数据处理	17/00 特别适用于特定功能的数字计算设备或数据处理设备或数据处理方法

12.3.5　热点技术主题

为了进一步掌握风力涡轮机技术的热点技术主题，对检索到的 1710 条专利数据进行专利标题的分词、整理。在相关领域专家的帮助下，借助软件 VOSviewer，共从 1710 条专利数据的标题中提取出 1207 个风力涡轮机相关的标识词，其中有 263 个词共现频次为两次或两次以上，14 个词共现共现次数大于等于 30 次（图 12-5），对这 263 个单词进行相关性计算（图 12-5），并直观展示在图 12-6 中。

Term	Occurrences ∨	Relevance
wind turbine	668	0.10
method	434	0.06
system	163	0.07
wind turbine blade	125	0.22
wind turbine generator	111	0.66
apparatus	77	0.10
vertical axis wind turbine	61	0.67
use	50	0.08
wind turbine rotor blade	49	0.36
device	42	0.12
rotor blade	34	0.16
wind turbine tower	32	0.32
control	32	0.20
wind turbine generator system	30	0.52

图 12-5　风力涡轮机技术领域主要标识词

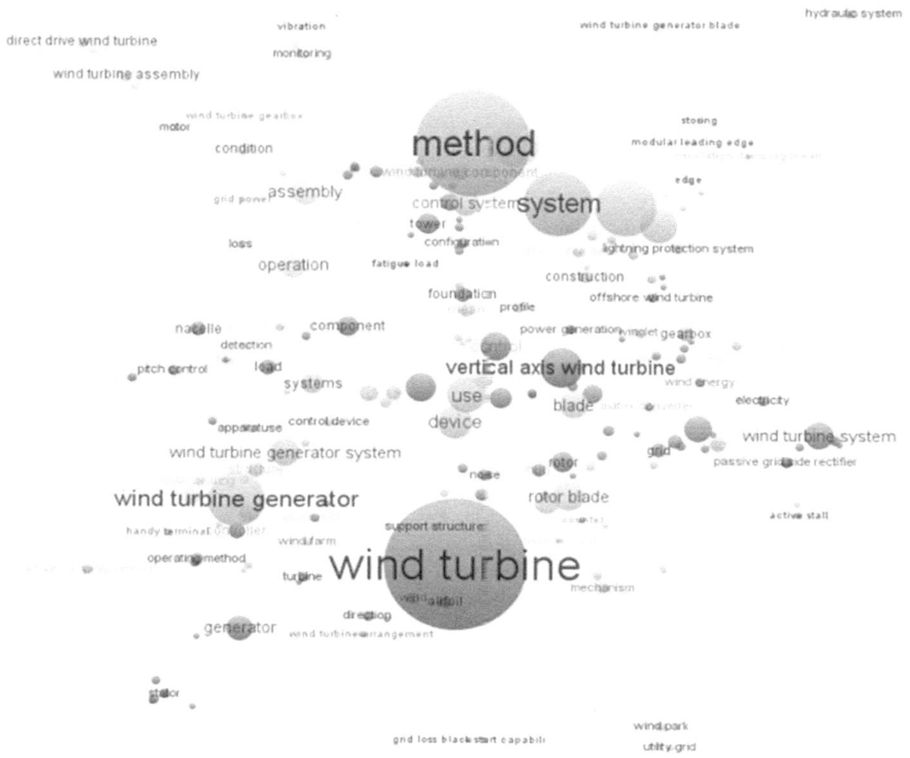

图 12-6　风力涡轮机技术的主要技术

在图 12-6 中，节点共现频次越多，节点的圆圈也就越大，从图 12-6 可以看出，第一，"wind turbine" 和 "wind turbine generator" 出现了较多的共现次数，这说明关于风力涡轮机自身的基础技术研究是该领域研究研究的重点。第二，关于风力涡轮机控制方法、控制系统的研究也是该领域研究的重点。第三，风力涡轮机叶片技术的研究也被该领域技术的发明者所关注，追其原因，主要因为风力涡轮机的叶片性能是决定风力涡轮机效率与功率的重要条件。第四，风电塔筒的研究也被较多的关注，这主要是因为风电塔筒有着承载风力涡轮机机身和吸收机组震动的作用，是整个风电机组发挥作用的重要组成部分。第五，关于垂直轴风电机组的研究也是近些年研究重点，这主要是因为垂直轴在风向改变时无需对风，相对于水平轴风力涡轮机，可以更好地提高风能的利用效率，而且减少了风轮对风时的陀螺力，提高风机寿命。

图 12-7 是风力涡轮机技术研究的密度图，图中的颜色从暖到冷，代表了研究方向的热度有高到底。从图 12-7 中可以看出，关于风电机自身的"元"研究是该技术领域的第一研究领域，而风力涡轮机的控制方法与控制系统研究，也逐渐被

该领域的发明者所重视，成为了该技术领域的第二热点问题；该领域的第三个研究热点便是"垂直轴风力发电机"的研究。

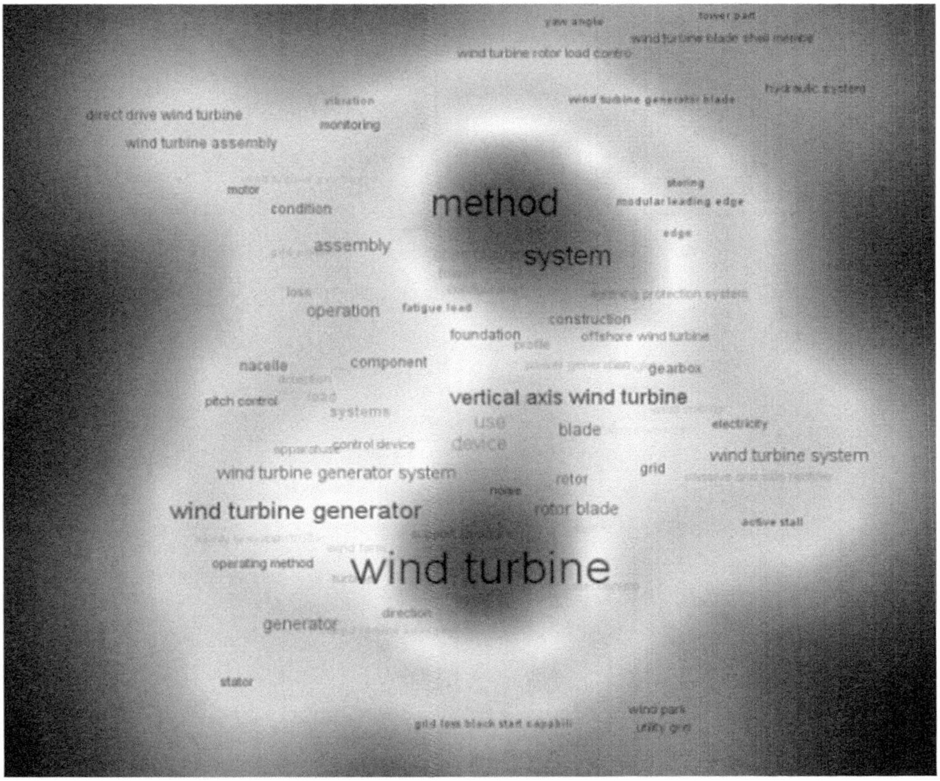

图 12-7　风力涡轮机技术领域研究热点图谱

12.4　本 章 小 结

通过对美国风力涡轮机技术相关专利的统计分析，我们发现以下七点。第一，美国风力涡轮机技术的专利从 2005 年后开始迅速发展，发展速度到 2010 年达到了峰值。第二，在美国风力发动机产业中美国、丹麦与日本具有较强的技术优势，对其他国家有重要的技术遏制作用。第三，在美国风力涡轮机技术专利申请量前 10 位的国家中丹麦对风力涡轮机技术最为重视。第四，在企业层面，通用电气公司、维斯塔斯风力系统公司和日本三菱公司是美国风电产业的领导者。第五，美国风电产业与 IEEE 有密切的联系，关注 IEEE 的出版物对预测美国风力技术有重要帮助作用。第六，近年的研究专利中，增加了太阳能光伏发电与风力发电相结合的专利，这是风力涡轮机未来的一个重要研究方向。

第七，风力涡轮机的技术热点领域可以概括为三个：其一，传统的风力涡轮机的研究仍是该领域的技术重点；其二，是涡轮机控制系统的研究；其三，是垂直轴风力涡轮机的研究。

本章虽然从国家层面、企业层面、科技互动关机，以及高被引频次专利、技术研究热点等方面探讨了美国风力涡轮机技术的特点，在一定程度上对中国相关产业研究人员提供了具有一定价值的情报。然而研究多是基于基础统计的宏观概况分析，对细节性问题并未涉猎过多，如科学与技术的互动周期讨论、专利引文指标的权重讨论等。未来可以细化研究问题，进行相关问题的深入研究，如基于专利引文社会网络构建来测度专利的地位，或结合文本挖掘的技术相似性测度研究等。

本章参考文献

[1] 项真, 江文, 解大, 等. 风电并网系统稳态运行的研究[J]. 华东电力, 2007, 35(3): 35-40
[2] 李俊峰, 等. 2013 中国风电发展报告[M]. 北京: 中国环境科学出版社, 2013
[3] Cullen S. 替代能源蓄势待发——风能、太阳能和波浪能领域专利状况考察[J]. 科学观察, 2010, 5(5): 37-46
[4] 栾春娟. "纳米-生物"会聚技术的测度及启示[J]. 科研管理, 2012, 33(7): 48-58
[5] 方曙, 张娴, 肖国华. 专利情报分析方法及应用研究[J]. 图书情报知识, 2007, 4: 64-69
[6] 贡金涛, 杨帅, 魏晓峰. 基于专利词频和信息可视化的特定竞争对手分析——以通用风力发电技术为例[J]. 现代情报, 2013, 3: 109-114
[7] 雷孝平, 刘润生, 霍翠婷. 美国风电产业及技术发展状况研究[J]. 科技管理研究, 2011, 24: 90-94
[8] 杨中楷, 刘佳. 基于专利引文网络的技术轨道识别研究——以风力发动机领域为例[A]. 第七届中国科技政策与管理学术年会论文集. 2011
[9] Benson C L, Magee C L. A hybrid keyword and patent class methodology for selecting relevant sets of patents for a technological field[J]. Scientometrics, 2013, 96(1): 69-82
[10] Benson C L, Magee C L. On improvement rates for renewable energy technologies: Solar PV, wind turbines, capacitors and batteries[J]. Renewable Energy, 2014, 68: 745-751
[11] Park H, Ree J J, Kim K. Identification of promising patents for technology transfers using TRIZ evolution trends[J]. Expert Systems with Applications, 2013, 40(2): 736-743
[12] 牛妞. 叶片技术中国专利申请概况分析[J] 中国发明与专利, 2012, 2: 64-66
[13] 吴晓瑜, 杨洋. 2010 年我国风电专利情况分析[J]. 风能, 2011, 2: 42-49
[14] 陈旭娟. 风力发电设备制造技术专利趋势分析[J]. 内蒙古科技与经济, 2009, 17: 107-108
[15] 高冉晖, 张晓阳. 江苏风电产业专利竞争情报分析[J]. 图书情报研究, 2012, 2: 31-36
[16] 王晓梅, 吴华珠, 云洁. 江苏省风能领域发明专利统计及 SWOT 分析[J]. 能源研究与利用, 2005, (3): 6-7, 17
[17] 斯科特 J.社会网络分析法[M]. 刘军译. 重庆: 重庆出版社, 2007

[18] 李建蓉. 专利文献与信息[M]. 北京:知识产权出版社, 2002: 16-17

[19] Narin F. Patent bibliometrics[J]. Scientometrics, 1994, 30(1): 147-155

[20] Lo S C. Patent coupling analysis of primary organizations in genetic engineering research[J]. Scientometrics, 2008, 74(1): 143-151

[21] Haupt R, Kloyer M, Lange M. Patent indicators for the technology life cycle development[J]. Research Policy, 2007, 36(3): 387-398

[22] Rassenfosse G, Potterie B V. A policy insight into the R&D-patent relationship[J]. Research Policy, 2009, 38(5): 779-792

[23] Lichtenthaler U. The role of corporate technology strategy and patent portfolios in low-medium-and high-technology firms[J]. Research Policy, 2009, 38(3): 559-569

[24] Tseng F M, Hsieh C H, Peng Y N, et al. Using patent data to analyze trends and the technological strategies of theamorphous silicon thin-film solar cell industry[J].Technological Forecasting & Social Change, 2011, 78(2): 332-345

[25] 骆云中, 陈蔚杰, 徐晓琳. 专利情报分析与利用[M]. 上海: 华东理工大学出版社, 2007

[26] 王刚波, 官建成.纳米科学与技术之间的联系:基于学术型发明人的分析[J].中国软科学, 2009, (12): 71-79

[27] Vinkler P. Relations of relative scientometric impact indicators. The relative publication strategy index[J]. Scientometrics, 1997, 40(1): 163-169

[28] 栾春娟, 王续琨, 刘则渊.基于《德温特》数据库的核心技术确认方法[J]. 科学学与科学技术管理, 2008, (6): 32-34

[29] Chang P L, Wu C C, Leu H J.Using patent analyses to monitor the technological trendsin an emerging field of technology: a case of carbonnanotube field emission display[J]. Scientometrics, 2010, 82: 5-19

[30] Karki M. Patent citation analysis: a policy analysis tool[J]. World Patent Information, 1997, 19: 269-272

13   基于专利家族的核心技术演进分析

利用专利数据进行核心技术演进的分析是当前理论和实践性较强的研究热点问题。以太阳能光伏电池技术为例，基于专利家族的分析视角，从专利家族数量、地区分布、专利引证分析和专利共现网络等方面对核心技术演进路径进行分析。将太阳能光伏技术的发展分为新技术类别涌现期、技术完善期、技术调整期三个阶段。探测其核心技术的演进为 l03-e05b（太阳能电池）→u12-a02a5（太阳能电池装配）→l04-c11c（半导体电极）。分析我匤与美日欧在相关技术专利家族方面的差距，提出我国当前应把握技术调整期这一机遇，缩小与美日欧的技术差距。

十八大报告明确提出，科技创新是提高社会生产力和综合国力的战略支撑，必须摆在国家发展全局的核心位置，要坚持走中国特色自主创新道路、实施创新驱动发展战略。科技创新重在核心技术的掌握与创新，识别核心技术及其演进情况是核心技术创新的前提和基础。据世界知识产权组织统计，全球 90%以上的技术创新会在专利文献中有所体现[1]。因此，专利数据已经成为进行核心技术识别和相关分析的重要数据源。在海量的专利数据中存在着众多的专利家族，狭义的专利家族指一件专利在不同国家申请的集合，即申请人就同一发明在不同国家寻求专利保护。专利授权作为获得技术保护的依据，从专利授权主体方面考虑，具有明显的区域性，一项专利保护范围仅限其授权单位管辖范围之内，若想获得更大范围的技术保护则必须向其他授权单位申请。而形成专利家族的专利是专利权所有人为在相应地区获得专利保护在多个地区提出专利申请并获得了授权。随着寻求保护国家数量的增加，专利成本也在增加，申请人更加愿意为具有经济价值的、高技术质量的发明这样做[2]。因此，形成专利家族的专利是其所在技术领域内的核心专利，代表了领域内的核心技术。基于专利的技术识别功能，借助太阳能光伏电池技术领域的专利数据，从专利家族的角度对其进行了核心技术的识别与演进分析，梳理出太阳能光伏电池技术发展的不同阶段。为我国太阳能光伏电池技术发展的政策制定提供理论依据，对相关产业的未来发展具有一定的实践指导意义。

13.1   核心技术识别的研究现状

在核心专利技术的识别方面，Narin 提出将专利被引用次数作为确认企业重要专利的指标，一项专利被引用的次数越多，就表明该专利涉及的发明创造是一项比较核心的和重要的技术[3]。马永涛等[4]通过对专家智慧法、单一指标法、指标组合法、指标体系法等四种核心专利识别方法的分析，认为最主要的核心专利识别指标有专利被引频次、专利同族家族数量、申请人和发明人数量等。栾春娟等[5]利用《德温特创新索引》的专利数据，探讨并评价了三种确定核心技术的方法：专利引文分析方法、专利家族分析方法、专利指定有效国分析方法。袁润和钱过[6]综合专利地图、文本聚类、专利引文、权利要求、同族专利、政府投资、专利诉讼七个指标构建核心专利识别框架图，并以风能产业为例进行了核心专利及核心技术领域的识别研究。在太阳能光伏技术演进路径研究方面，杨中楷和刘佳[7]通过采集整理太阳能光伏技术相关专利，结合专利引文分析方法考察了其中的关键路径和节点，揭示了1973～2008年太阳能光伏技术的发展历程。黄鲁成等[8]利用专利引文及其所形成的网络识别技术轨道动态性变化的方法，分析了太阳能电池技术的发展历程，并说明了各阶段技术轨道的特点。专利的引证关系体现着技术发展的连续性和技术知识的传承性。因此，引文分析作为一种成熟的科学计量分析方法被许多学者用于分析专利文献数据。然而，专利的引用通常在专利公布后2～4年才能达到峰值[9]，因此专利的引文分析并不能完全展现专利技术领域的发展情况，特别是对技术发展前沿的探测方面显出不足。基于专利家族视角对核心技术的演进进行可视化分析是研究核心技术演进的一个新的视角，现阶段学者在这方面的相关研究相对较少，本章从专利家族的视角出发探测核心技术的发展情况，为核心技术的演进分析提供了新的方法。

13.2　专利数据来源与研究方法

本章使用的专利数据来自德温特世界专利创新索引。首先，以主题="solar energy"，时间以1963～2013年进行检索，检索结果为76 431条数据，对检索结果进行德温特手工代码分析，从中选择占比最大且与太阳能光伏技术直接相关的X15-A02(直接转换的光伏面板细节；光伏电池细节)作为本章数据检索的手工代码。

我们以德温特手工代码=X15-A02，时间以1963～2013年进行二次检索，共得到20 481条数据，对其进行国别分析发现，日本(8121条)、中国(6764条)、美国(5094条)、欧盟(2089条)在数量上位列前四位。由于本章基于专利家族的视角展开，因而结合专利数量选择日本、中国、美国、欧盟为专利家族的主要涉及成员国。然后依据IPC=(US* and EP* and JP* and CN*)、IPC=(US* and EP* and JP*)、IPC=(US* and CN*)、IPC=(EP* and CN*)、IPC=(JP* and CN*)对以主题=X15-A02的检索结果进行精炼，分别得到形成专利家族的专利数据637条、1037条、1261条、883条、978条，将所得数据分别作为包含中美日欧、美日欧、中美、中欧、中日的专利家族统计结果。

在研究方法与数据处理工具方面，运用CiteSpace应用软件对获取的专利数据进行信息可视化分析，通过专利信息的可视化图谱分析，可以直观地识别光伏电池技术的演进路径，以及技术发展过程中的核心专利。通过软件绘制专利数据的共现网络图谱，图谱中涉及的关键词共现频次、突变率、中心度等重要信息对于确定光伏电池核心技术的演进路径具有重要意义。

13.3　光伏电池技术的专利家族分析

对于光伏电池核心技术演进路径的识别，本章首先对形成专利家族的专利数量进行分析，其次结合专利数据的引证情况分析不同授权主体在光伏电池技术领域内的专利技术差异，最后通过 CiteSpace 软件以专利家族数据为基础绘制光伏电池技术的演进图谱，进而实现从专利家族数量、地区分布及引证差异、专利共现网络等三个方面对核心技术演进路径的分析。

13.3.1　专利家族的专利数量分析

本章由不同的检索式获取的专利数据分别表示不同的含义。其中以 IPC=（US* and EP* and JP* and CN*）获取的 637 条专利数据代表着在中日美欧四个地区获得了专利授权，拥有专利技术受保护的权利即专利保护范围包含中美日欧四个地区的专利家族共 637 个。以此类推，其他数据分别表示有 1037 项专利在日美欧地区分别取得专利授权并形成专利家族，有 1261 项专利在中美取得授权并形成专利家族，有 883 项专利在中欧取得授权，有 978 项专利在中日取得授权。同一项专利在不同国家或地区获取授权数越多，其形成的专利家族越大。专利家族的出现是经济全球化与世界范围内科技交流越发频繁的结果，体现着技术与经济两方面的价值，一方面是发明人在取得新的技术成果后为保持对于竞争对手的技术优势提出专利申请，另一方面是发明人为了在市场竞争中利用专利技术限制竞争对手，保护专利商业价值与产品市场竞争优势而提出专利申请。因此，一项专利在多个国家或地区申请，一方面说明了涉及国家的市场对于该专利的重要性，也反映出涉及国家在技术竞争方面的关联度。

太阳能光伏技术在中日美欧取得授权的专利有 637 条，而在美日欧取得授权的专利有 1037 条，形成这一状况的原因是多方面的。第一，中国于 1985 年 4 月 1 日专利法正式实施，而美国早在 1790 年便颁布了《美国专利法》，日本在 1885 年实施专利制度，欧洲专利局于 1978 年成立。因而中国专利制度实施较晚在一定程度上影响了检索结果。第二，光伏电池技术兴起于美欧地区，之后在科技发达的欧美及日本得到发展。世界上第一块实用太阳能光伏电池于 1954 年诞生在美国贝尔实验室，早期由于太阳能光伏电池造价昂贵且空间应用范围有限，主要应用于航天领域。1973 年世界"石油危机"之后，美、日、欧发达地区开始大力发展以太阳能为代表的新能源技术，这一过程中美、日、欧在光伏电池技术方面既竞争激烈又交流频繁，联系紧密。美、日、欧在光伏电池技术领域的技术积累时间更长，因而取得美、日、欧三方授权的专利数量大于取得中、日、美、欧四方授权的专利量。第三，美、日、欧作为发达地区是世界上最主要的光伏电池的需求市场，其市场地位重要，为了保持市场竞争中的优势发明者会更多地在美、日、欧申请专利权保护。

在形成专利家族的专利数量方面，以中美、中欧、中日作为检索条件，得到的专利数量也存在着明显的差异。三组数据反映了在光伏电池技术方面中国与美国、欧盟、日本三方的技术合作及经济竞争关系，其中以中美作为检索条件得到最多的 1261 条专利数据，表明中美双方在光伏技术方面的技术交流相比欧盟、日本更为频繁，中美双方在这一领域的技术与经济竞争也更为激烈，美国的专利发明人对于中国这一最大发展中国家在技术与市场地位方面高度重视。

13.3.2　专利家族的地区分布及引证情况分析

专利家族中的专利在不同国家和地区得到授权从横向上体现出专利家族技术的重要性。同时，专利间的引证关系表征专利技术的传承和技术知识流动的过程，一般而言，专利技术的被引频次越高，说明该专利技术越重要。对于专利家族的被引分析则从纵向上反映专利家族中技术的重要性。本章检索的专利数据涉及中国、美国、欧盟和日本四个国家或地区，每一项专利均在四个地区取得专利授权，但专利权人唯一。结合专利的专利权人对专利的被引情况进行分析可以反映四个地区在光伏电池技术发展过程中不同的地位与作用。

对在中美日欧四个地区获授权的 637 条专利数据和在美日欧获得授权的 1037 条专利进行了被引次数统计，列出了被引次数前 10 位的专利，其中包括专利号、专利优先权时间、专利权人、被引次数四项信息(表 13-1)。专利号包括了该专利在各地区取得的专利号，专利优先权时间指专利申请人就其技术发明第一次在某国提出专利申请后，在法定期限内，就相同技术发明向别国提出专利申请时可以视第一次专利申请日作为其申请日。由表 13-1 可知，在不同专利授权国家取得授权的专利，其被引频次方面存在着明显的差异。在中日美欧授权排名前 10 位专利的被引次数明显低于美日欧所列授权专利的被引次数，所列专利家族在时间分布上主要集中在 20 世纪 90 年代，个别为 20 世纪 80 年代，进入 21 世纪以来未出现高被引的专利家族。这也折射出太阳能光伏技术在 20 世纪 90 年代获得了较大发展，其领域内的关键基础专利也多产生于这一期间，这一时期太阳能光伏技术形成了较为完整的基础技术体系。从专利优先权发生地区来看，表 13-1 左侧美国 5 项、日本 4 项、欧洲 1 项；右侧美国 6 项、日本 3 项、欧洲 1 项。所列专利的地区分布差异显示出了美国、日本在太阳能光伏专利技术方面的优势明显。另外，右侧的高被引专利家族只有一项在中国进行了专利申请，结合相关专利的优先权时间可以看出，当时国外企业在专利布局方面并未将中国视为主要的专利技术竞争地区，其在中国的专利布局更多的考虑是其经济竞争而非技术竞争，这从侧面反映出当时中国在太阳能光伏电池技术方面的落后。

表 13-1 中美日欧和美日欧专利家族被引次数分布

序号	专利号	优先权时间	被引频次	专利权人	序号	专利号	优先权时间	被引频次	专利权人
	中美日欧专利家族					美日欧专利家族			
1	US5641362-A EP776051-A2 JP9172196-A CN1158011-A	1995 年	79	埃伯乐太阳能公司	1	US5565322-A EP620822-A JP7502992-W	1991 年	203	Nanotronics 公司
2	US5497587-A EP599497-A1 JP6158798-A CN1087696-A	1992 年	60	平井基苷株式会社	2	US4335266-A EP67860-B1 JP57502196-W	1980 年	151	波音公司
3	US5942048-A EP684652-A JP7321351-A CN1150338-A	1994 年	59	佳能	3	US6111189-A EP977274-A1 EP977274-A	1998 年	139	英国石油
4	US5683832-A EP718288-A JP8259543-A CN1132746-A	1994 年	55	阿苏拉布股份公司	4	US4678679-A EP166383-A JP6102429-A	1984 年	131	ENERGY CONVERSION DEVICES INC
5	US5336558-A EP591375-A1 JP6508678-W CN1068067-A	1991 年	55	明尼苏达州采矿制造公司	5	US4309225-A EP35561-A JP56501508-W	1979 年	117	MASSACHUSETTS INST TECHNOLOGY (MASI-C)
6	US4906962-A EP377271-A JP2201840-A CN1044732-A	1989 年	52	BABCOCK IND INC 巴布科克公司	6	US6105317-A EP905795-A2 JP11093345-A	1997 年	111	MATSUSHITA ELECTRIC WORKS LTD(MATW-C)

续表

中美日欧专利家族

序号	专利号	优先权时间	被引频次	专利权人
7	US5151377-A EP528027-A1 JP5506753-W CN1065551-A	1991 年	51	美孚太阳能公司
8	US4711972-A EP255900-A JP63102279-A CN87106958-A	1984 年	47	恩泰克公司
9	US6018123-A EP788171-A2 JP9210472-A CN1162729-A	1996 年	41	佳能
10	US5651837-A EP768721-A2 JP9107119-A CN1147698-A	1995 年	41	佳能

美日欧专利家族

序号	专利号	优先权时间	被引频次	专利权人
7	US5525440-A EP584307-A (DE4207659) JP6511113-W	1992 年	80	ABB PATENT GMBH (ALLM-C)
8	US5641362-A EP776051-A2 JP9172196-A	1995	79	EBARA SOLAR INC 埃伯乐太阳能公司
9	US5500055-A EP554877-A JP5218469-A	1992	78	CANON KK 佳能
10	US5476717-A EP600022-B (FR2680583-A) JP6510608-W	1991	77	COMMISSARIAT ENERGIE ATOMIQUE 法国原子能委员会

　　通过对专利家族引证情况进行分析，可以发现美国与日本在太阳能光伏电池技术发展的过程中起着巨大的推动作用，在该领域拥有众多的高质量专利。中国显然在太阳能光伏技术方面仍有很长的路要走，然而也应注意到，表 13-1 中均未出现 21 世纪以来申请的专利，说明近年来太阳能光伏电池技术已经趋于成熟。

13.3.3　光伏电池技术演进分析

　　数据选择过程中考虑美日欧取得授权的 1037 条专利在数量上较多，专利家族质量方面，这 1037 条专利数据中包含了所有高被引的专利，为保证专利家族对太阳能光伏核心技术发展历程的完整展现，研究选择了涉及美日欧三方的专利家族数据作为太阳能光伏电池核心技术演进分析的基本数据。运用 CiteSpace 软件对选取的专利数据进行分析，结合 PathFincer 算法，绘制了以德温特手工代码作为关键专利的共现网络知识图谱，同时为了更好地展示技术演进脉络，对专利共现网络进行了聚类分析，并按照时间维度(Time Zoon 视图)展示关键词演进情况(图 13-1)。对于光伏技术中各专利的突现率分布情况也进行了分析(表 13-2)，以反映当前该技术领域的研究前沿。

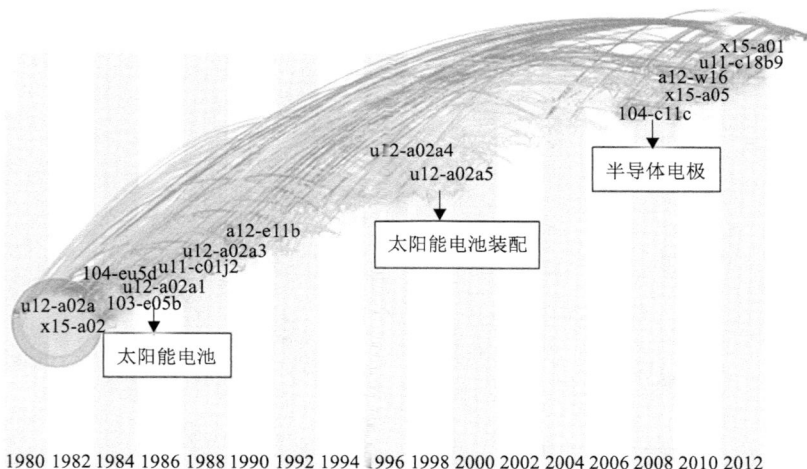

1980 1982 1984 1986 1988 1990 1992 1994 1996 1998 2000 2002 2004 2006 2008 2010 2012

图 13-1　光伏电池技术专利家族共类网络图谱(Time Zoon 视图)

表 13-2　专利家族专利突现率列表(前 20 项)

序号	专利号	突现率	共现频次/次	年份	序号	专利号	突现率	共现频次/次	年份
1	u12-a02a	55.50	156	1980	3	l03-d04e	18.13	46	1980
2	l03-e05	18.37	32	1980	4	u12-a02a5	18.09	85	1994

序号	专利号	突现率	共现频次/次	年份	序号	专利号	突现率	共现频次/次	年份
5	l04-c11c	13.49	108	2004	13	u11-b	7.61	14	1980
6	u12-a02a4e	11.11	28	1996	14	u11-c18b9	7.06	75	2008
7	l04-e05d	10.53	55	1984	15	u11-c01b	6.77	32	1980
8	u11-c01	9.50	16	1980	16	l03-d03	5.88	10	1980
9	w06-b03b	9.21	18	1992	17	u11-a09	5.85	19	1980
10	u12-a02a9	8.38	26	1984	18	l03-d03a	5.15	8	1980
11	u11-c03	8.00	27	1980	19	x15-a08	4.93	39	2008
12	u12-a02a4d	7.64	37	1992	20	g06-f06	4.88	8	1991

根据光伏电池技术领域内专利家族数据的聚类图谱并结合专利家族的专利号共现突现率的分布情况，将光伏电池技术的演进分为三个阶段。第一阶段为新技术类别涌现期，时间为 1980 年至 1990 年前后，表现为在光伏电池技术领域内出现了多个小的技术类别。这一时期代表性的专利有 u12-a02a（辐射能量转换的敏感器件）、l03-e05b（太阳能电池）、u12-a02a1（单一太阳能电池）、u11-c01j2（非晶形半导体）、u12-a02a3（太阳能电池制造）、a12-e11b（光电池）等，在这一阶段，研究者对光伏电池技术的研究相对宽泛，既包括基础技术研究也包含具体太阳能电池制造技术，这些研究为技术的进一步发展提供了多个研究方向，开辟了多个技术范畴。从专利家族的视角，结合专利家族专利共现的频率和网络图谱的结构，确定 l03-e05b 为这一阶段的核心技术，包含了光伏技术发展初期涉及的各个方面，这在反映高被引专利家族的表 13-1 中也得到了印证，表 13-1 中 US4335266-A、US4678679-A 均属于这一技术领域。

第二阶段为技术完善期，时间为 1990 年至 2006 年前后，在这一阶段中专利家族中新出现的专利数量较少，包括 u12-a02a4（太阳能电池基板及封装）、u12-a02a5（太阳能电池装配）。1992 年，联合国在巴西召开"世界环境与发展大会"，会议通过的一系列重要文件旨在把环境与发展纳入统一的框架，确立可持续发展的新型发展模式。在这次会议之后，各国加强了对于清洁能源技术的研发，并将太阳能利用与环境保护结合在一起。在 1997～1998 年，美国、日本及欧洲各国政府相继推出了太阳能屋顶计划，这一计划为光伏电池提供了广阔的市场需求，极大地激发了企业和研究机构对于光伏电池技术研究的热情。因而这一阶段光伏电池技术得到了全面发展。表现在专利家族方面，在这一时期形成了众多的专利家族，其中包括高被引专利家族也多出现在这一阶段。然而，这一阶段虽然光伏电池技术获得了极大发展，但从这一阶段的专利也不难看出，其呈现的技术主题与太阳能光伏电池的实际应用联系紧密，如装配、封装均为应用阶段的重要技术，但基础技术方面并未形成真正地技术突破或新的技术研究方向，其研究成果多表现为对于上一阶段出现的技术研究方向的完善，光伏电池技术也在这一阶段日趋成熟，因而本章将这一阶段界定为技术完善期。此外，由表 13-2 可知在技术完善期出现了众多高被引专利，其中 US6105317-A 以 u12-a02a5 为关键词，且 u12-a02a5 在 1994 年的突现率达到 18.09，频次为 85，说明 u12-a02a5 为这一阶段的核心技术。

第三阶段为技术调整期，时间为 2004 年至今，这一时期内又一次出现较多新的专利家族技术专利，包括 l04-c11c（半导体电极）、x15-a05（大规模太阳能电池）、a12-w16（可再生能源）、u11-c18b9（其他设备制造）、x15-a01（太阳热收集）。经过上一阶段光伏电池技术的完善与技术积累，第一阶段出现的关键技术日趋完备，太阳能光伏电池技术发展进入调整期，开始出现新的研究方向，试图形成区别于第一阶段的技术创新点进而推动光伏技术的进步。因此，在这一阶段再一次出现了较多新的专利技术，如太阳热收集、大规模太阳能、半导体电极等，这些专利显示了太阳能光伏电池领域新的研究方向，如太阳热收集为太阳能的利用提供了全新的视角，而大规模太阳能利用则为太阳能的规模化利用提供了支持。发生在2008 年的金融危机，对太阳能光伏电池技术及应用产生了明显的影响，包括中国、美国在内的各国纷纷将新能源行业的发展作为经济改革的重要战略，太阳能作为新能源的代表之一，受到各国的关注，这也是这一阶段得以出现多个新专利技术的有利的外部推动因素。太阳能光伏技术的研究在这一阶段出现新的转机，新的发展方向，将这一阶段归纳为技术调整期。这一阶段暂未出现高被引专利，因此在这一阶段核心技术的选择上，主要在共现网络知识图谱的基础上，更多地考虑了专利技术的突现率，确定 l04-c11c（半导体电极）为核心技术，这一技术直接关系到光伏电池转换效率的提升，伴随光伏技术发展对于其转换率的要求越来越高，也就要求半导体电极技术方面不断进步。

综合太阳能光伏技术发展三个阶段的专利演进情况，进一步确认太阳能光伏技术领域核心技术的演进路径，由技术类别涌现期的 l03-e05b（太阳能电池）到技术完善期 u12-a02a5（太阳能电池装配）再到技术调整期的 l04-c11c（半导体电极）。各个阶段特点明显，其专利家族也都围绕阶段内的核心技术展开。当前，太阳能光伏技术正处于技术调整期，这对于我国来说是难得的机遇期，我国应把握机会鼓励各方尤其是作为创新主体的企业，支持企业加大对于现阶段太阳能光伏技术新技术领域的研究创新，继而促进我国太阳能光伏电池事业的发展。

13.4　本章小结

伴随不可再生能源的日益紧缺和人们环境保护意识的不断增强，各国对于新能源开发的投入越来越大，对于太阳能光伏电池技术的发展也越发重视，通过深入开发利用太阳能来缓解能源紧缺状况。本章从专利家族的视角出发，收集了1963～2013年的中国、美国、日本、欧洲的专利家族数据，并分别从专利家族数量、引证情况和专利共现网络等方面对太阳能光伏核心技术的演进进行研究，得出以下结论。

第一，在光伏电池技术领域，我国同美国、日本、欧洲相比涉及中国的专利家族数量少，同时专利家族的引证次数较低，说明了我国与美日欧在专利技术方面存在明显的差距。

第二，利用专利家族数据，运用 CiteSpace 软件绘制的专利共现网络知识图谱，将光伏电池技术的演进划分为新技术类别涌现期、技术完善期和技术调整期三个发展阶段，其中三个阶段各自有相对应的专利技术。结合专利家族引证情况与专利技术的突现率得出太阳能光伏核心技术的演进路径为 l03-e05b（太阳能电池）→u12-a02a5（太阳能电池装配）→l04-c11c（半导体电极）。

第三，结合当前光伏技术所处发展阶段，我国应把握技术调整期这一机遇，促进太阳能光伏电池技术的创新发展，激励更多的企业、科研院所进行光伏技术研究。提升专利技术质量，让我国不仅是专利数量大国也应成为拥有众多高质量专利的国家，使我国真正完成太阳能利用大国到太阳能利用技术强国的转变。

本章根据专利家族数据对太阳能光伏电池核心技术演进进行研究，保证了研究数据与结果的客观性，然而也未能充分考虑国家政策、市场需求对于太阳能光伏电池技术发展的影响，在完整反映其发展历程方面可能会存在偏差。另外，研究中发现该技术领域内并未所有高被引的专利均形成专利家族，由于研究有限，也未对这一现象作进一步分析，这也正是未来研究期待完善的地方。

本章参考文献

[1] 李建蓉. 专利文献与信息[M]. 北京: 知识产权出版社, 2006
[2] 孙涛涛, 唐小利, 李越. 核心专利的识别方法及其实证研究[J]. 竞争情报, 2012, 56(4): 80-84
[3] Narin F. Patent bibliometrics[J]. Scientometrics, 1994, 30(1): 147-155
[4] 马永涛, 张旭, 傅俊英, 等. 核心专利及其识别方法综述[J]. 情报杂志, 2012, 33(5): 38-43
[5] 栾春娟, 王续琨, 刘则渊. 基于《德温特》数据库的核心技术确认方法[J]. 科学学与科学技术管理, 2008, 29(6): 32-34
[6] 袁润, 钱过. 战略性新兴产业核心专利的识别[J]. 情报杂志, 2013, 32(3): 38-43
[7] 杨中楷, 刘佳. 太阳能光伏技术演进路径的可视化分析[A]. 北京: 中国科学学与科技政策研究会, 2010
[8] 黄鲁成, 石媛嫄, 吴菲菲. 基于专利引用的技术轨道动态分析——以太阳能电池为例[J]. 科学学研究, 2013, 31(3): 358-366
[9] Abert M B, Avery D, Narin F, et al. Direct validation of citation counts as indicators of industrially important patents[J]. Research Policy, 1991, 20(3): 251-259

14　基于专利指标的技术预测评价体系及其实证研究

专利已经成为技术发展最重要的信息源，同时也为技术预测提供了技术条件。在当前研究的基础上，从技术发展趋势、成熟度和演化方向三个方面，以专利指标为基础构建技术预测模型及评价指标体系，借助德温特专利数据库的专利数据，针对固体氧化物燃料电池(solid oxide fuel cell，SOFC)技术开展技术预测研究，以验证模型的可行性。未来 SOFC 技术将继续致力于固体电解质和密封材料的改进，结果证明了所构建的预测模型和评价指标体系具有较高程度的可行性和有效性。

随着全球化进程的不断深入，技术的生命周期逐渐缩短，使得对技术预测的需求不断增加，近年来在国内外引起了广泛关注。技术预测分为两大类——探测性预测和规范性预测。探测性预测立足于现有技术，对未来技术发展做出预报；规范性预测是在探测性预测成立的前提下，研究实现这些技术的方式或方法[1]。目前技术预测更加偏重于德尔菲法等定性的预测，缺乏定量的数据分析[2]，这大大降低了技术预测的客观性和有效性。本章立足于客观的专利数据，进行定量的探测性预测。技术预测不仅能为政府职能部门制定科技政策和发展战略，指导国家的研发活动提供客观依据，也为产业升级和企业制定发展战略提供技术基础，促进社会各方面的合作和交流，最终形成充满活力的技术创新网络。

14.1　技术预测模型设计

专利作为技术信息最有效的载体，囊括了全球九成以上的最新技术情报，相比其他平台所提供的信息早 5～6 年，而且内容准确翔实，因此专利成为技术预测所依赖的核心指标。Chen 等[3]利用专利申请量与授权量的比率及平均滞后期构建了两个模型，对磁阻式随机存取记忆体和有机发光二极管进行了技术预测，结果显示，构建的算法对技术预测显示出明显的优越性。Jun[4]通过建立核心技术预测模型，利用社会网络图谱揭示技术节点之间的关系，并通过纳米技术的专利数据进行实证研究。其后，Jun 等[5]通过专利文献分析，利用矩阵映射和 KM-SVC 算法对技术空白领域进行定量且客观的预测，并用此方法比较了美国、欧洲、中国等国技术的发展趋势及相应的技术空白领域。Lee 等[6]提出，利用随机专利引文分析的方法来评估技术未来影响力,其核心是一个帕累托/NBO(负二项分布)模型,用以考量专利动态特质的影响,并证明此方法适用于专利价值、技术预测和规划等各种研究领域。Chen 等[7]运用技术生命周期理论对燃料电池和氢能源技术进行预测分析,根据分析美国专利商标局的相关专利数据,发现燃料电池整体处于技术成熟阶段,而制氢和储氢的技术尚未成熟。Lee 等[8]利用专利数据绘制专利地图,重点关注专利地图中密度低但面积大的技术空白区,并对其进行有效性测试,以此作为识别新技术机会的依据。

　　通过专利信息对相关技术领域进行预测分析越来越成为近年来技术预测研究的重要手段和方法。分析的视角和使用的指标等日益增加,有较大的针对性和有效性。然而,大多数的研究都是通过单一指标进行分析,这就降低了技术预测分析的有效性和客观性。本章综合运用多种专利指标和辅助技术手段,以专利指标评价为主体,构建多层次综合指标评价体系,从技术发展趋势、技术成熟度及技术演化方向三个方面建立技术预测模型(图 14-1),并以 SOFC 为例进行实证研究以验证基于专利指标综合评价体系的技术预测模型的可行性。

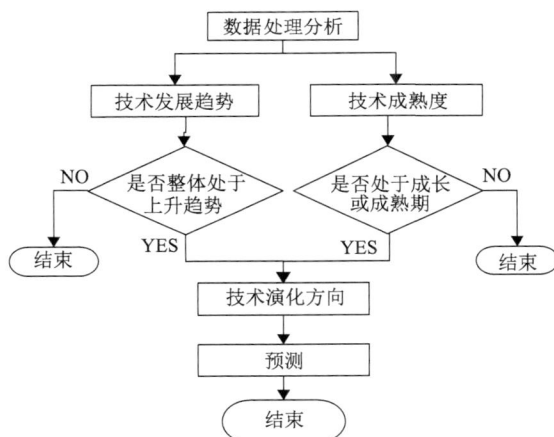

图 14-1　基于专利指标的技术预测分析流程图

　　确定技术领域所对应的专利检索式是进行技术预测分析的基础工作,并且对检索的专利数据进行分析处理。进而从技术发展趋势和技术成熟两个角度进行分析,若所预测的技术整体处于下降趋势,说明该技术已经趋于陈旧,对其进行技术预测已无较大意义,不在本章的技术预测范畴之内;若该技术处于生命周期的萌芽期,考虑到萌芽期技术尚未成型,未来又有巨大的发展空间和不确定性,不是技术预测的最佳时期,而处于衰退期的技术已经超过了成熟的技术阶段,所以直接结束预测。因此,当技术整体发展趋势良好且处于成长阶段或成熟阶段时,表示在未来一段时间内拥有较大发展潜力,并且现有技术信息足以支撑技术预测活动的开展。本章将同时满足以上两点的技术项目进入到下一阶段的分析，即技术演化方向分析。技术演化方向分析主要是研究该技术领域核心(关键)技术的发展轨道和演化趋势，据此预测该技术的未来发展趋势和发展机会。

通过技术预测，捕获相应技术的发展水平、动态、发展趋势等情报，以发现技术空白区及技术密集领域的技术发展机会点作为最终目标，为国家或企业制定科学技术发展规划、专利战略、选定开发目标等提供参考。

14.2 基于专利的技术预测评价指标体系

在构建的技术预测模型基础上，设计技术预测的具体评价指标，包括技术发展趋势、成熟度和演化方向三个方面。设计了评价的一级指标和二级指标，一级指标采用的是最基础、使用最广泛的数量指标和质量指标；二级指标的选取主要以评价项目为基础，再根据一级指标分类，考虑到数据获取的难易程度，二级指标还参考了德温特专利数据库和美国专利商标局等权威数据库所能提供的数据源。因为技术演化方向分析主要通过相关的社会网络分析软件(social network analysis，SNA)实现，所以指标以软件提供的专利网络指标为主，本章采用的是 CiteSpace 信息可视化软件。具体内容如表 14-1 所示。

表 14-1 基于专利的技术预测评价指标体系列表

评价项目	评价指标		表征意义
	一级指标	二级指标	
技术发展趋势	数量指标	历年专利授权量	各技术领域、国家、企业、个人等每年获得授权的专利数量
		三方专利数量	在美国、欧洲和日本三方中任何两方以上都申请的专利数
	质量指标	专利他引率	专利他引率=他引量/被引总量
		专利家族	专利权人在不同国家或地区申请公布的具有共同优先权的一组专利
技术成熟度	数量指标	技术成熟度系数 α	α=发明专利数量/(发明专利数量+实用新型专利数量)
		技术衰老系数 β	β=(发明专利数量+实用新型专利数量)/所有专利数量
	质量指标	技术成长曲线	衡量技术所处的阶段以及相应的性能
		技术生命周期	

续表

评价项目	评价指标		表征意义
	一级指标	二级指标	
技术演化方向	数量指标	高频词	某一时间段内出现频次高的关键词，多为该时间段的研究热点
		专利权人	呈现某一技术的时间和空间分布
		德温特手工代码	技术研究热点
	质量指标	聚类分析	技术机会发现
		凝聚子群分析	技术群体及其内部联系
		结构洞分析	技术密集区与空白区
		网络位置分析	技术所处位置
		层次分析	技术体系中具体技术的重要性
		神经网络分析	技术发展规律

14.2.1　技术发展趋势分析

对于专利技术的发展趋势分析，数量评价指标主要通过历年专利授权数量和三方专利数量进行。其中，历年专利授权数量包括总体数量、主要国家和企业的授权数量，反映整个技术的时间和空间分布趋势。三方专利数量反映该专利属于高技术含量的专利，若数量在增加，则表明该技术领域依旧是企业或国家关注的重点[9]。质量评价指标主要包括专利他引率和专利家族。专利他引率代表某一技术被后来申请的专利所引用的次数，他引率越高说明此专利在该领域内占有的位置越重要，对后续的技术研究越具有较高的参考价值。若某项专利的他引率处于不断上升趋势，则表明该技术正得到广泛的关注，并且会逐渐成为相关领域研究的热点问题。专利家族指专利权人在不同国家或地区申请公布的具有共同优先权的一组专利，专利家族成员数越多，说明企业越重视该专利，从而能反映出该企业在国际上的专利布局情况[10]。专利家族成员数不断增加，则意味着企业越重视该技术的发展，同时也从侧面反映了该技术在市场上处于扩张趋势，具有较大的发展潜力。通过以上四项指标的分析，可以初步判断某一技术是否处于技术发展的上升期。

14.2.2　技术成熟度分析

技术成熟度的分析主要依据技术成熟度系数 α、衰老系数 β、技术成长曲线和技术生命周期等进行衡量。在数量评价指标方面，技术成熟度系数 α 表示当年发明专利数量占发明专利和实用新型专利数量的比例，若 α 逐年递减，说明该技术正趋于成熟。技术衰老系数 β 表示当年发明专利和实用新型专利数量在所有专利中所占的比例，若 β 逐年递增，则表明该技术正日趋陈旧。在质量评价指标方面，根据技术成长曲线，在技术发展初期，性能改进速度相对缓慢；随着技术越来越易于理解、控制和扩散，技术改进速度增加；到成熟期，技术逐渐逼近物理极限，获得改进就需要更长的时间或更多的技术投入。技术的生命周期主要分为四个阶段，萌芽阶段专利数量较少；发展阶段数量激增，其中发明专利比例增大；成熟期专利数量增速减缓，实用新型比例增加；衰退期则专利出现负增长[11]。结合四个指标对技术的成熟度进行分析，可以探测技术是否处于成长阶段或成熟阶段。

14.2.3　技术演化方向分析

技术的演化方向主要通过专利共现网络指标进行分析，本章使用 CiteSpace 信息可视化软件实现，评价指标以该软件提供的网络指标为主。在数量评价指标中，依据高频词、专利权人代码和德温特手工代码可以初步确定该技术领域的研究热点、重点，以及该技术在各个国家和地区及企业的分布情况。质量评价指标主要通过软件对德温特手工代码的加工，结合聚类分析，便可以明确其重点技术的演化方向[12]。凝聚子群分析展现了技术体系内部的关系和对应的专利权人的合作情况，如果技术网络存在凝聚子群，并且凝聚子群的密度较高，说明处于这个凝聚子群内部的这部分技术和机构之间联系紧密，在信息分享和科研合作方面交往频繁，而处于子群外部的成员则不能得到足够的信息和科研合作机会，边缘技术也容易被忽视。而结构洞分析则明确了该技术体系的密集区和空白区，二者结合有利于发现技术密集区新的发展机会及如何弥补空白区的发展。网络位置分析主要是分析技术所处的位置，即核心-边缘位置分析法，通过对核心和边缘技术的筛选，探求核心技术的改进方法和边缘技术的发展战略。再配合层次分析，可以清晰地展现整个技术体系中各项技术发展所处的位置和重要性[13]。神经网络分析是一种具有高度并行计算能力、自学能力和容错能力的处理方法。其结构由一个输入层、若干个中间隐含层和一个输出层组成。神经网络分析法能够从未知模式的大量的复杂数据中发现技术演化过程的规律，从而为技术预测奠定基础。综合运用各项指标的分析结果，进行客观的技术预测，可以为技术演化方向提供科学有效的预测分析。

14.3　实证研究——以 SOFC 为例

SOFC 以氧化物陶瓷膜为电解质，所以也称陶瓷膜燃料电池，是一种直接将化学能转化为电能的环境友好型发电装置。SOFC 的开发始于 20 世纪 40 年代，但是在 20 世纪 80 年代以后才得到蓬勃发展。被普遍认为是在未来会与质子交换膜燃料电池

(proton exchange membrane fuel cell，PEMFC)一样得到广泛普及应用的一种燃料电池。目前，SOFC 主要应用于固定电站、车用辅助电源、社区供电等方面。本章使用的数据源于德温特专利数据库，检索时间段为 2003～2012 年。以德温特手工代码 X16-C01A 检索共得 4504 条数据，然后根据所需的专利指标对原始数据进行筛选、整理和标准化等处理。

14.3.1　SOFC 发展趋势分析

1. SOFC 历年专利分布图

整理出主要国家的 SOFC 历年专利分布情况，包括世界整体趋势，以及在日本、美国、韩国、中国和德国五个主要国家的分布情况(图 14-2)。

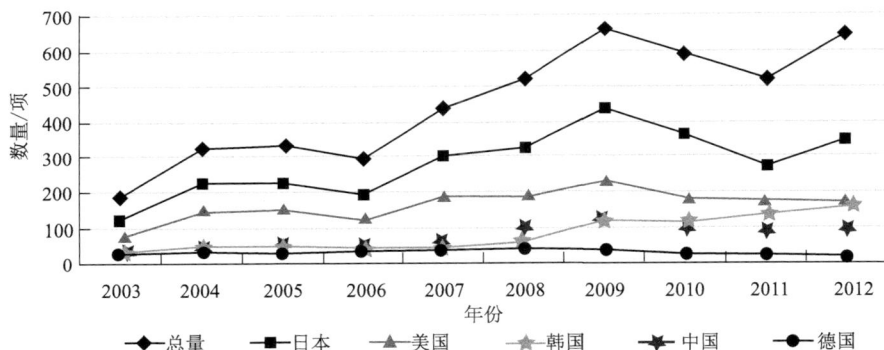

图 14-2　SOFC 历年专利分布图

由图 14-2 可知，SOFC 专利授权数量在 2003～2012 年整体上呈上升趋势，且各国具体分布情况与总体发展趋势基本一致。2003～2005 年处于缓慢增加的状态，直到 2006 年呈现出明显的增势，在 2009 年到达一个峰值，即 652 件专利，随即有回落的迹象，但仍然保持了较高的发展水平。

在研究领域方面，根据中德日美韩五国 SOFC 主要研究领域的国际专利分类情况(表 14-2)，整理出五大国在 SOFC 方面的主要研究方向。整体来看，五国的研究侧重点大体一致，除中国是以研究固体电解质的燃料电池为主外，德日美韩四国的技术重心都为高温工作的具有稳定性的电解质，这主要是因为 SOFC 在运作过程中产生的高温环境。此外，五国的专利数量差异较大。日本作为技术强国，专利高达 2815 件，居世界首位。美国以总量 1555 件紧随其后，但较之日本差距较大。近几年韩国电子产业的迅猛发展，其规模效应也带动了相关技术的研发热潮，专利数量一直处于上升状态。中国燃料电池技术整体积累不足，但得力于国家对新兴技术产业发展的大力扶持，中国 SOFC 方面的专利有了较大提升，而"十二五"规划的出台无疑给 SOFC 带来了新的发展契机。燃料电池行业在德国兴起较早，技术成熟且一直走在世界尖端，但是专利数量近年来整体处于下降趋势，专利技术布局重心倾向于海外，这是造成这种情况的主要原因之一。例如，根据中国知识产权局的数据，申请量前 10 的公司有 9 家来自德国，而中国只有一家企业上榜。

表 14-2   中德日美韩五国 SOFC 主要研究领域 IPC 对照表

国别	主要 IPC 代码	IPC 注释
中国	HO1M-008/10 HO1M-008/02 HO1M-008/12	固体电解质的燃料电池 零部件 高温工作的具有稳定性的电解质
德国	HO1M-008/12 HO1M-008/02 HO1M-008/04	高温工作的具有稳定性的电解质 零部件 辅助装置或方法
日本	HO1M-008/12 HO1M-008/02 HO1M-008/04	高温工作的具有稳定性的电解质 零部件 辅助装置或方法
美国	HO1M-008/12 HO1M-008/10 HO1M-008/02	高温工作的具有稳定性的电解质 固体电解质的燃料电池 零部件
韩国	HO1M-008/12 HO1M-008/02 HO1M-008/04	高温工作的具有稳定性的电解质 零部件 辅助装置或方法

2. SOFC 主要竞争企业分布图

根据专利权人的数据分析，统计数量排在前五的所属机构(图 14-3)。

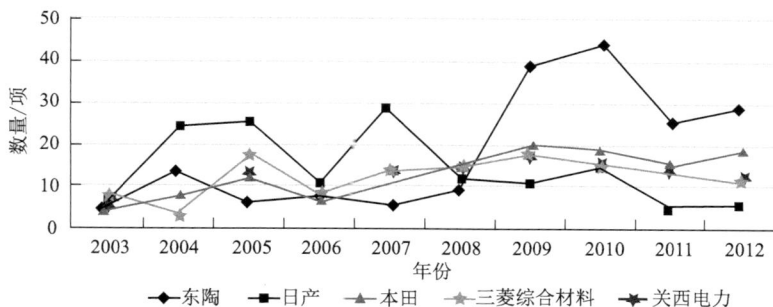

图 14-3   SOFC 主要竞争企业专利分布图

SOFC 专利拥有量排名前五的企业分别是东陶公司、日产汽车公司、本田汽车公司、三菱综合材料和关西电力。五家企业全部来自日本，可见日本企业在 SOFC

技术发展方面的超强实力。本田、三菱和关西电力发展趋势整体一致，呈现出稳中有升的态势。东陶公司 2006 年设立了研究中心并在 2009 年登陆欧洲市场，这都为其在 2008 年后专利数量的突增奠定了基础。卡洛斯·戈恩在 2001 年出任日产汽车公司首席执行官(chief executive officer，CEO)，进而实行了一系列改革，使日产一跃成为全球第四大汽车巨头，对于注重技术的日产来说，随之迅速增长的就是专利数量。然而受金融危机的影响，2008 年之后专利数量不断下降。

从表 14-3 可知，SOFC 专利授权量排名前 20 名的机构中有 80%来自日本，15%是美国企业，韩国有 1 家企业上榜。技术水平一直处于世界前列的德国没有企业上榜，而日本企业几乎垄断了整个 SOFC 技术领域。纵观美国企业，2010～2012 年专利的比例均未超过 50%，发展略显颓势，后起之秀韩国的浦项制铁公司在 SOFC 领域的专利始于 2006 年，2010～2012 年的专利比例也高达 80%，所以未来几年会有良好的发展势头。近几年注重发展 SOFC 技术的企业还有东陶公司、碍子株式会社和日本电报电话公司。在 2008 年，日本电报电话公司(Nippon Telegraph & Telephone，NTT)已成功研发出了高效且持久的 SOFC，能量效率达 54%，运行超过 1000 小时，并计划在 2～5 年内研发出能运行上万小时的电池，而专利数据也表明了 NTT 这几年持续研究的成果。日本碍子株式会社在 2009 年成功研发出发电效率全球最高的(63%)SOFC，此款电池使用氢气燃料，工作温度 800℃，输出功率仅 700 瓦，并在便利店、购物中心等商业设施及家庭用电方面进行推广。

表 14-3　SOFC 主要研发机构专利信息表

企业	国别	数量	2010～2012 年专利所占比例/%	企业	国别	数量	2010～2012 年专利所占比例/%
东陶公司	日本	187	52.94	东京煤气公司	日本	93	34.41
日产公司	日本	156	16.03	NGK SPARK PLUG	日本	92	46.74
本田汽车公司	日本	134	41.04	BLOOM ENERGY	美国	85	36.47
三菱综合材料	日本	128	32.81	日本电报电话公司	日本	83	56.63
关西电力	日本	126	34.13	德尔福技术有限公司	美国	73	27.40
日本印刷	日本	125	31.20	日本石油公司	日本	70	38.57
丰田株式会社	日本	125	43.20	日本触媒化学公司	日本	61	47.54
京瓷株式会社	日本	113	43.36	浦项制铁公司	韩国	58	81.03
三菱重工业株式会社	日本	99	32.32	通用电气	美国	54	5.56
碍子株式会社	日本	95	68.42	日立制作所	日本	49	26.53

综上所述，可知 SOFC 技术整体处于上升阶段，主要国家和核心竞争企业呈现良好发展势头，其中在排名前 20 的研发机构中有近 50%的机构 2010～2012 年的专利数量占总数的 40%以上，表明 SOFC 技术具有巨大的发展潜力，未来仍是市场关注的热点。由此可得，SOFC 技术符合此预测模型研究范围。

14.3.2　SOFC 技术成熟度分析

根据全部专利数量和专利权人数量，按时间顺序统计绘制 SOFC 技术生命周期图(图 14-4)。

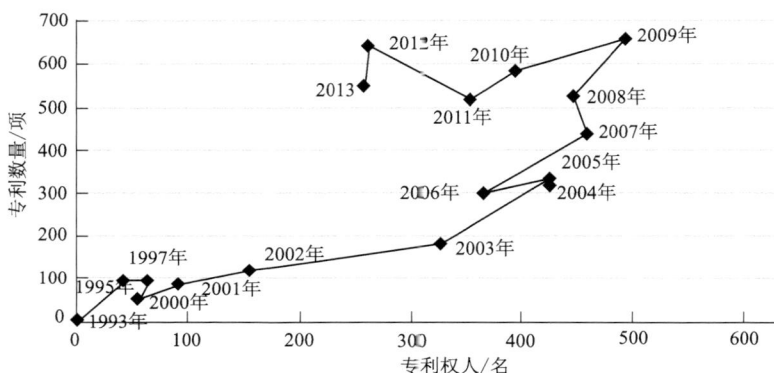

图 14-4　SOFC 技术生命周期图

因为考量的是技术的生命周期，所以数据的时间范围是 1983～2013 年。另外，专利申请到授权有大约 18 个月的滞后期，所以 2013 年数据尚不完整，只供参考。

由图 14-4 可以看到，1996 年以前，曲线变化非常小，专利申请量和申请人数量一直在原点附近徘徊，没有明显变化，说明技术处于萌芽期。1996 年以后，专利申请量和申请人数量都有明显的增加，特别是从 2003 年开始，增长的趋势非常明显，整体来说是申请人数量的增速高于专利申请量的增速。从 2009 年后，专利申请量和专利申请人数量都有所减少，但是这并不意味着技术进入了衰退期。对应技术生命周期的四阶段，说明 SOFC 在 2009 年前后进入了成熟期，之后几年的专利数量没有太大的变化，而专利申请人数量则骤降，所以技术进入成熟期后，核心技术会聚集到少数有实力的大企业，进而推进产业化的进程。因此，进入成熟期的 SOFC 技术符合此预测模型的研究范围，可以进行下一步的技术演进分析。

14.3.3　SOFC 技术演进分析

1. SOFC 专利的聚类分析图

为了更清晰地展现 SOFC 技术的演化过程，将利用 CiteSpace 软件对 SOFC

在 2003~2012 年的专利数据绘制可视化图谱，如图 14-5 所示，在专利共现网络的基础上进行聚类分析，按照 TF*IDF 算法获取聚类标识词，整理前 10 个研究热点主题如表 14-4 所示。

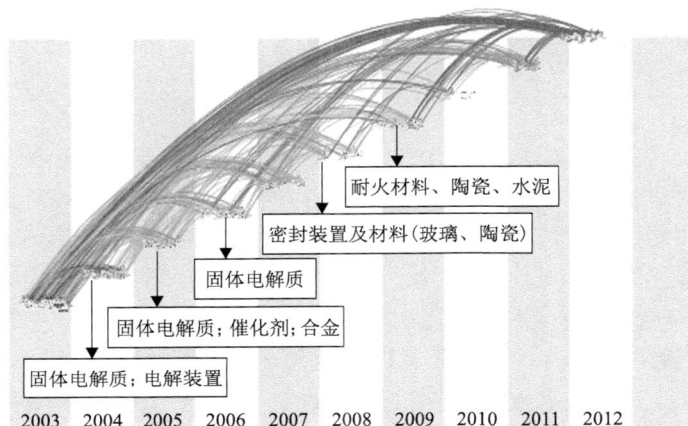

图 14-5　SOFC 领域的关键技术发展时间序列图

表 14-4　SOFC 专利的德温特手工代码聚类分析结果列表

聚类号	节点数	纯度	年份	主题标识德温特手工代码（TF*IDF）	核心研究主题
0	39	0.748	2004	（20.37）x16-c01a l03-e04；（20.14）x16-c01a l03-e04a；（19.98）x16-c01a l03-e04a1；（19.59）x16-c01a x16-c；（19.58）x16-c01a x16-c01	燃料电池及其组成（固体电解质）
1	34	0.679	2005	（13.56）e34；（13.26）j04-e；（12.62）j04-e04；（11.7）e34-e；（11.13）h04-f	催化剂
2	33	0.695	2006	（22.48）x16-c01a l03-e04；（22.26）x16-c01a l03-e04a；（22.1）x16-c01a l03-e04a1；（21.71）x16-c01a x16-c；（21.69）x16-c01a x16-c01	燃料电池及其组成（固体电解质）
3	32	0.762	2005	（27.07）x16-c01a l03-e04；（26.84）x16-c01a l03-e04a；（26.68）x16-c01a l03-e04a1；（26.29）x16-c01a x16-c；（26.28）x16-c01a x16-c01	燃料电池及其组成（固体电解质）
4	28	0.657	2005	（20.37）x16-c01a l03-e04；（20.14）x16-c01a l03-e04a；（19.98）x16-c01a l03-e04a1；（19.59）x16-c01a x16-c；（19.58）x16-c01a x16-c01	燃料电池及其组成（固体电解质）
5	25	0.76	2008	（10.8）l01-h09c；（10.76）l01-h09a；（10.1）l01-l04；（9.68）l04-c20b；（9.15）x16-f01a	密封装置及材料（玻璃、陶瓷）
6	25	0.654	2004	（11.42）v01-b01；（11.16）x21-a01f；（10.86）x12-d01e；（10.53）s03-e03c；（9.87）l03-a02c	电解装置
7	22	0.643	2005	（9.76）l03-h03a；（9.53）w01-c01e；（9.53）w01-c01d3c；（9.53）w01-c01e5b；（9.45）a12-m	数据存储单元以及电源供应

聚类号	节点数	纯度	年份	主题标识德温特手工代码（TF*IDF）	核心研究主题
8	20	0.092	2009	（10.45）102-g；（10.02）102-a03；（9.87）102-g12；（9.5）102-j02b；（9.5）102-g12a	耐火材料、陶瓷、水泥
9	14	0.782	2005	（11.54）m27-a04；（9.97）m27-a；（9）m27-b04；（8.36）m27-a04c；（8.22）m27-a04m	合金

从图 14-5 和表 14-4 可知，SOFC 2003～2012 年的研究侧重于固体电解质、催化剂和密封材料等方面。2004 年主要以研究固体电解质和电解装置为主。2005年固体电解质则受到更广泛的关注和研究，成为当年的研究热点。同时合金材料和数据存储单元以及电源供应也引起了大家的关注。2006 年固体电解质的研究热潮依旧持续，直到 2008 年燃料电池材料这个新的研究主题出现，主要聚焦于玻璃和陶瓷两种密封材料，其中日本陶瓷技术研究处于世界领先地位，早在 2005 年日本就启动了"先进陶瓷反应器"项目，研发 650℃或更低温度的陶瓷反应系统，用作辅助电源。2009 年延续了上一年的研究方向，但具体的主题是耐火材料、陶瓷、水泥，其中陶瓷复合材料备受关注，但是其属于脆性材料，所以有很大的改良空间。在国内，陶瓷缝合材料的研制备受"十二五"规划的重视，因此未来几年陶瓷复合材料会受到广泛的关注。

2. SOFC 关键技术分析

Sigma 指标是 CiteSpace 信息可视化软件中的一个综合度量指标，代表了网络中同时具备高中心度和高突现值的节点。这些点在网络中具有重要的战略位置，反映在专利计量中，突现值高说明该技术是某一段时间内的热点研究问题，中心度越高表示该专利技术的重要性越高，所以 Sigma 值越高，该专利技术越是研究者关注的焦点。计算公式：$Sigma=(Centrality+1)^{Burst}$，整理出 SOFC 专利共现网络中 Sigma 值前 10 位的专利信息（表 14-5）。

表 14-5　SOFC 专利共现网络中高 Sigma 值专利信息列表

序号	德温特手工代码	突现值	中心度	Sigma 值
1	x16-j01c(无机电解质)	41.26	0.16	467.56
2	l03-e04(燃料电池（通用）)	12.22	0.29	22.47
3	x16-c09(控制)	17.08	0.18	16.05
4	x16-c18(外壳、堆、密封装置)	16.35	0.14	8.46
5	NSMO(国家科技组织)	17.42	0.10	4.90
6	x16-e06a1(电极材料)	8.85	0.16	3.69

续表

序号	德温特手工代码	突现值	中心度	Sigma 值
7	a10-e05b(化学改质的碳化)	10.57	0.13	3.60
8	x16-c17a1(制氢)	9.55	0.13	3.22
9	l03-e04a1(固体电解质)	9.01	0.12	2.83
10	a12-m01(丙烯酸聚合电解质)	9.51	0.12	2.82

2003～2012 年,SOFC 技术的研究主要集中在电解质、材料、装置等方面。其中,Sigma 值前三的依次是 x16-j01c(无机电解质)、l03-e04(燃料电池(通用))、x16-c09(控制)。其中,x16-j01c 在 2003 年的突现值达到 41.26,Sigma 值高达 467.56 且中心度较高,这说明无机电解质在整个技术网络中的重要位置,并且未来一段时间内仍是研究者关注的重点。

14.4 本章小结

专利已经成为技术发展最重要的信息源,专利承载的信息也是对技术进行预测分析的重要来源和基础。本章分别从技术发展趋势、技术成熟度及技术演化方向等三个方面构建技术预测模型和综合评价指标体系。通过对 SOFC 技术进行实证研究,验证了模型和评价指标体系的可行性和有效性,根据选用的指标对检索的专利数据进行分析,发现 SOFC 技术当前处于技术成熟阶段,未来技术研究重点主要是固体电解质和密封材料(玻璃、陶瓷为主)技术。由于实证研究中指标的选取问题,对于技术空白区的分析尚不到位,导致预测结果侧重于技术密集区域。本章旨在提供一个技术预测模型,研究者可根据具体研究目的和需求选择相应的指标。此外,技术预测是一项复杂的系统分析,本章主要是基于专利数据指标的层面进行的,客观性较强,然而影响技术预测的因素却十分复杂。例如,国家的政策导向、市场产品导向等因素尚未纳入预测模型中,因此预测结果和实际情况会有一定的偏差,而要减小这种误差,构建更为系统和有效的评价指标体系成为未来研究中需要改进的重点。

本章参考文献

[1] 王瑞祥, 穆荣平. 从技术预测到技术预见:理论与方法[J]. 世界科学, 2003, (4):49-51

[2] 赵莉晓. 基于专利分析的 RFID 技术预测和专利战略研究——从技术生命周期角度[J]. 科学学与科学技术管理, 2012, 33(11):24-30

[3] Chen D Z, Lin C P, Huang M H, et al. Technology forecasting via published patent applications

and patent grants[J]. Journal of Marine Science and Technology-Taiwan, 2012, 20(4): 345-356

[4] Jun S. Central technology forecasting using social network analysis [C].Communications in Computer and Information Science, 2012, 340: 1-3

[5] Jun S, Sang S P, Dong S J. Technology forecasting using matrix map and patent clustering[J]. Industrial Management & Data Systems, 2012, 112(5): 786-807

[6] Lee C Y, Cho Y R, Seol H. A stochastic patent citation analysis approach to assessing future technological impacts[J]. Technological Forecasting and Social Change , 2012, 79(1): 16-29

[7] Chen Y H, Chen C, Lee S. Technology forecasting and patent strategy of hydrogen energy and fuel cell technologies[J]. International Journal Hydrogen Energy , 2011, 36(12): 6957-6969

[8] Lee S J, Yoon B G, Park Y R. An approach to discovering new technology opportunities: keyword-based patent map approach[J]. Technovation, 2009, 29(6): 481-497

[9] 高继平, 丁堃. 专利计量指标研究述评[J]. 情报研究, 2011, 55(20): 40-43

[10] 王凌燕, 方曙, 季培培. 利用专利文献识别新兴技术主题的技术框架研究[J]. 竞争情报, 2011, 55(18): 74-78

[11] 吴贵生, 王毅. 技术创新管理[M]. 北京: 清华大学出版社, 2009

[12] 历研. 基于专利的技术发展趋势研究[D]. 北京:北京工业大学硕士学位论文, 2011

[13] 王陆. 典型的社会网络分析软件工具及分析方法[J]. 中国电化教育, 2009,(4): 95-100

15　提升我国战略性新兴产业发展的策略

战略性新兴技术是战略性新兴产业的重要支撑和基础，战略性新兴产业是战略性新兴技术的物质载体和依托，二者有机结合、相互促进、协同演化。以战略性新兴技术培育和发展战略性新兴产业是当前各国发展经济，抢占技术竞争制高点的重要举措。我国自 2009 年提出大力培育和发展战略性新兴产业以来，在产业发展、结构调整和转变经济发展方式等方面取得了积极的成效，但仍然存在制约新兴技术自主创新和新兴产业发展的问题，因此，在未来我国战略性新兴产业发展中，从技术方面来说需要着重提升自主创新能力、加强技术与市场的联系、加快成果转化；从产业方面来说国家应加大调控力度，协助建立完善的金融投资体系，强化高层次人才队伍建设等方面。

15.1　我国战略性新兴技术发展的对策建议

我国战略性新兴技术主要存在的问题是自主创新能力薄弱、技术与市场需求联系不足、成果转化不足，针对这些问题，提出了以下建议来促进我国战略性新兴技术发展。其中，提高自主创新能力是我国战略性新兴技术发展的根本；加强成果转化是其必要条件；与市场的结合是其发展的经济要求。它们对我国战略性新兴技术的发展来说都是必不可少的。

15.1.1　大力支持企业技术创新，提高新兴技术的自主创新能力

在当前的"产业革命"中，我国要大力发展战略性新兴产业就必须要以技术创新为根本，在加强引进消化吸收外来技术的基础上，应当尽快提高我国在新兴技术上的自主创新能力，在一些核心技术及关键技术上要拥有属于自己的自主知识产权，打造出一大批具有较强自主创新能力的战略性新兴企业和世界品牌。并且在技术创新过程中要以中小企业为主力军，因为中小企业在复杂和高度不确定性的市场环境中具有较强的灵活应变能力，而且相对于大型企业来说，中小型企业对于市场需求的把握更加敏感。因此，政府为营造技术创新的良好环境和推动技术创新的发展，可以通过设立相应管理机构来解决中小企业发展过程中的突出问题，通过完善金融体系，解决中小企业在技术创新中的资金问题，以及建立法律法规来扶持中小企业的发展和保护中小企业的知识产权。

15.1.2　要注重新兴技术与市场需求统一结合

新兴技术的发展离不开市场的需求，市场需求也离不开新兴技术的研发，所以新兴技术与市场需求应当高度统一，相辅相成，协调发展。目前，我国政府在主导技术开发时过于关注技术创新的供给，忽视了技术创新的市场需求，割裂了技术供求空间的内在联系，使高科技成果难以为企业所吸收和应用，技术成果过剩和不足的现象同时并存，这大大降低了技术资源的投入产出率[1]。因此，在新兴技术的研发中我们应注重新兴技术与市场需求的统一结合。

15.1.3　加强新兴技术成果向现实生产力的转化

中国目前在新兴技术产业方面存在着科研与生产脱节的严重现象。尽管近几年我国科技投入和科技成果数量持续增长，但是我国的科技成果转化率和产业转化率仍然偏低，形势不容乐观。中国科学院院士王志珍在 2010 年全国政协会议期间指出，我国目前的科技成果转化率与发达国家科技成果转化率相比相差甚远，我国科技成果转化率为 25%左右，发达国家科技成果转化率已经达到 80%。虽然我国为提高科技成果的转化颁布了《促进科技成果转化法》《关于促进科技成果转化的若干规定》等法律法规，但是在目前政策的操作上仍然存在许多困难和盲区。因此，我国目前应完备法律法规体系，重视基础理论，加快战略性新兴技术成果向现实生产力的转化。

15.2　我国战略性新兴产业发展的对策建议

我国战略性新兴产业发展中主要存在金融环境不支持、高层次人才缺失、政府引导不足三大问题，从这三个方面出发，认为我国战略性新兴产业发展的当务之急是加大财政投入，建立完善的金融投资体系、强化高层次人才队伍建设，建立完善的科技人才队伍、加强规划，充分发挥政府引导作用。

15.2.1　加大财政投入，建立完善的金融投资体系

要推动战略性新兴产业的快速发展，就必须要加大技术研发上的财政投入。战略性新兴产业与技术创新和高新技术密切相连，而技术创新又有着投资大、风险高的特性，所以在发展战略性新兴产业的过程中，要促进高新技术的快速发展，就要建立完备的科技投资体系。目前，从发达国家的成功经验来看，建立完善的高新技术产业的投资体系，是解决科技成果向企业生产转化过程中资金困难的有效途径。因此，我国应建立一套健全的科技金融投资体系，构建多元化的财政投

入，以保证在发展战略性新兴产业过程中风险投资资金充足，并且要制定完善的金融政策来支持风险投资体系。另外，各级政府应当综合运用专项资金补助、贴息、以奖代补及税收优惠等形式，来强化政府对战略性新兴产业的扶持。并且国家政府应当制定各省份科技的投入特别是 R&D 投入的目标，以推动财政在新兴产业科技投入水平的提高。

15.2.2　强化高层次人才队伍建设，建立完善的科技人才队伍

人才资源是发展战略性新兴产业的关键，发展战略性新兴产业应当以人才资源为基础。广泛吸收引进人才，是建立完善的高技术人才队伍长久有效的机制。在强化高层次人才队伍建设，建立完善的科技人才队伍中，我们应做到以下两方面。第一，加强人才的吸收引进力度。通过各省、市设立基金项目及国家基金项目，依托企业、高校、科研院所等，围绕着战略性新兴产业中的重点项目或重点领域，吸收引进一些掌握核心技术，拥有自主知识产权成果，能承担重大科研项目任务的高层次人才及海内外创新科研团队。政府应对带来巨大经济效益和社会效益的人才或团队给予一定的资金上的奖励。第二，要积极地为战略性新兴产业的发展培养人才。在人才的培养过程中，高校应当加快教育体制的改革，积极培养创新型人才，使人才能满足战略性新兴产业的发展需求。并且相关高校要加强与战略性新兴产业相关专业的学科建设，政府也要鼓励支持企业与高校或科研机构联合培养的战略性新兴产业人的局面。

15.2.3　加强规划，充分发挥政府的引导作用

规划和引导是国家政府引导战略性新兴产业发展的重要手段。国家相关部门要从各省市的实际情况出发，明确各省市中不同区域的重点建设发展方向，以及战略性新兴产业规模、战略性新兴产业市场动态等，科学合理地规划战略性新兴产业布局。在政府引导的过程中，一方面，政府不仅要培育战略性新兴产业的龙头企业，使战略性新兴产业的龙头企业充分发挥带头和导向作用，也要促进中小企业的发展以便于增加在战略性新兴产业中的就业机会。并且要大力引导规划发展高端装备制造、新能源、新材料及生物医药等拥有巨大发展前景的战略性新兴产业，以便于突破传统产业的包围，引领战略性新兴产业的发展方向。另一方面，政府要对战略性新兴产业初次投入市场的产品，以及一时没有被市场广泛接受但又符合我国经济发展需求，且含有高科技、市场前景巨大的战略性新兴产业的产品，政府应该首先购买，重点扶持，以便于推动新兴产业商品的市场化，使我国战略性新兴产业有序发展。

15.3　对我国战略性新兴产业未来发展的展望

在全球新一轮"新兴产业"革命的推动下,战略性新兴产业在未来将继续保持良好的发展形势,并且国内的战略性新兴产业将在国家政策的大力支持下进入稳步提升阶段。而且新能源等战略性新兴环保产业将进入快速增长期、创新型中小企业集聚发展步伐加快、战略性新兴产业的发展将趋于国际化,技术融合更加明显。

15.3.1　新能源等战略性新兴环保产业将进入快速的增长期

随着一部分战略性新兴产业领域的不断优化和提升,新能源等节能环保产业将进入快速增长期。一方面,随着当前人类赖以生存的地球环境逐渐恶化,绿色低碳经济、节能减排、节能环保已成为当今时代最活跃的词语。而且,由于近年来全球气候变暖等原因,低碳及节能减排已成为大多数国家战略性新兴产业的发展方向。2009 年,韩国为促进本国的环保产业的发展,提出了"绿色增长"的战略,强调发展清洁能源和环保产业。另一方面,我国政府高度重视引领和扶持战略性新兴产业的发展。并且绿色消费排在我国国务院要求重点推进的六大消费领域的第二位。而且国家通过专项计划、产业基金等措施加快了对集成电路、新能源汽车等环保产业的布局。近日,我国工信部宣布国家集成电路产业投资基金正式成立,市场预计一期规模将超过 1300 亿元,按国家政策设计目标,国家及各省份产业基金规模将达到 6000 亿元,未来十年则将拉动 5 万亿元的资金投入,资金密集的投入必然会带来该战略性新兴产业的快速发展[2]。

15.3.2　创新型中小企业区域集聚,承担着越来越重要的作用

随着战略性新兴产业的发展,创新型中小企业在全国所有企业中将占据着越来越重要的地位,逐渐成为战略性新兴产业发展的重要力量。一方面,引领和扶持发展战略性新兴产业的中小企业的发展一直都是各国政府发展战略性新兴产业的战略目标。由于发展战略性新兴产业的中小企业大多处于成长的初期,战略性新兴产业在研发、市场规模、需求等方面的不确定性,很多发达国家都在对中小企业的引领和扶持的过程中逐渐建立了完备的政策支持体系。例如,德国出台了中小企业创新计划、数字德国 2015 计划等一系列措施,推动了创新型和研究型中小企业的快速发展,2012 年德国大约有 3.4 万家研究型企业和超过 11 万家创新型企业,到 2020 年研究型企业将增加到 4 万家、创新型企业将增加到 14 万家,中小企业已经成为德国新兴产业发展的主体力量。[3]另一方面,我国各省市的战略

性新兴产业空间分布将会进一步集聚，如广州已经形成的电子技术产业集群，深圳已经形成的基因、生物技术药物等产业集群。随着我国战略性新兴产业空间布局的逐步显现，各地战略性新兴产业初步具备规模，预计在未来战略性新兴产业空间布局将会进一步加强。目前，产业园区已经成为战略性新兴产业发展的重要基地。据统计，2013 年前三季度，广州首批的 24 个战略性新兴产业基地完成投资 640 亿元，形成了超过 6000 亿元的产业规模，其中花都纯电动汽车等 4 个基地的产业规模超过 1000 亿元；青岛则加快"千万平方米"产业园区建设，国际创新园、青岛信息谷园区初步具备规模，重点园区相继开工，新引进企业拉动软件业务收入增长 30 亿元。[4]随着产业园区建设的加快和公共服务体系的完善，将会吸引越来越多的拥有高技术的中小企业加入。

15.3.3 战略性新兴产业的发展将趋于国际化，技术融合更加明显

在经济全球化发展的影响下，随着世界科技前沿领域的重大突破，战略性新兴产业的发展也将呈现国际化的发展趋势，技术融合更加明显。随着战略性新兴产业的快速发展，如果只依靠国内市场，必然会制约战略性新兴产业的发展。因为在战略性新兴技术突破上，如果没有国际市场的依托、大企业、产业的支撑，以及高级科研机构的联合开发、通力合作，战略性新兴产业将很难取得长久的发展与进步。所以为实现战略性新兴产业的快速发展以及高新技术上的突破，我们必将会通过国际合作等方式来实现我国的战略性新兴技术的创新和突破，加快培育我国战略性新兴产业的发展。在低碳产业领域，欧盟和我国等多个国家联合开展的气候合作等方面就已取得了显著的成效。随着技术的融合和交叉更加明显，战略性新兴产业之间相互渗透、融合也更加明显。在当前的"产业革命"中，新兴技术和"产业革命"的方向不仅依赖于某一单一技术和一两类产业，而是依靠多产业多技术领域的高度的交叉与融合。现在在纳米、生物等领域的渗透、融合十分广泛。例如，纳米技术也已拓展到信息、生物、医药、能源、资源、环境、空间等诸多领域，成为各国创新投资的重点，而且俄罗斯在 2009 年 6 月宣布将 2000 亿卢布发展纳米技术、使其成为国家"科技战略的火车头"。[5]技术交叉与融合的趋势使战略性新兴产业与其他产业之间的联系更加紧密、与其他产业之间的界限更加模糊，并且更加有利于战略性新兴产业在未来的崛起。

15.4 本 章 小 结

提升我国战略性新兴产业发展，其核心是在加快推进新兴技术的创新驱动上下工夫。通过不断提高战略性新兴技术的创新能力和水平加快带动相关领域战略

性新兴产业发展步伐。本章在前文对战略性新兴技术研究的基础上，针对战略性新兴技术的基本特征，应着重从提高技术自主创新能力，坚持市场导向和加快成果转化等方面入手，即大力支持以企业为核心的技术创新，提高新兴技术的自主创新能力，注重新兴技术与市场需求统一结合，加强新兴技术成果向现实生产力的转化。本章的研究认为，我国战略性新兴产业发展的当务之急是加大财政投入，建立完善的金融投资体系、强化高层次人才队伍建设，建立完善的科技人才队伍、加强规划，充分发挥政府引导作用。在我国未来的战略性新兴产业发展中，新能源等战略性新兴环保产业将进入快速的增长期，创新型中小企业区域集聚，承担着越来越重要的作用，特别是新兴产业的发展将趋于国际化，技术融合更加明显。

本章参考文献

[1] 聂鸣，杨大进.从目标导向到能力导向：我国技术创新政策的演进方向[J].科学学与科学技术管理, 2003,（10）: 68-71

[2] 工业和信息化部赛迪智库战略性新兴产业形势分析课题组. 展望 2015 之五战略性新兴产业[J]. 装备制造, 2015,（Z1）: 47-49

[3] 工业和信息化部赛迪研究院战略性新兴产业形势分析课题组. 展望中国战略性新兴产业的发展形势[N]. 中国信息化周报, 2014-12-29

[4] 工信部赛迪智库. 2114 年中国战略性新兴产业发展形势展望[J].电器工业, 2014,（2）:12-15

[5] 于新东，牛少凤. 全球战略性新兴产业发展的主要异同点与未来趋势[J].国际经贸探索, 2011,（10）: 4-11